西南联大国文课

大一国文编撰委员会 编

图书在版编目(CIP)数据

西南联大国文课 / 大一国文编撰委员会编.
-- 北京:团结出版社,2020.10
ISBN 978-7-5126-8349-5

Ⅰ.①西… Ⅱ.①大… Ⅲ.①国学—高等学校—教材
Ⅳ.①Z126

中国版本图书馆CIP数据核字(2020)第194810号

出版：团结出版社
（北京市东城区东皇城根南街84号 邮编：100006）
电话：(010) 65228880　　65244790 （传真）
网址：www.tjpress.com
Email：65244790@163.com
经销：全国新华书店
印刷：北京天宇万达印刷有限公司

开本：145×210　1/32
印张：11.25
字数：190千字
版次：2020年12月　第1版
印次：2025年6月　第2次印刷

书号：978-7-5126-8349-5
定价：46.00元

前　言

这本《西南联大国文课》是抗战时期西南联合大学编印的《西南联合大学国文选》和《西南联大语体文示范》的合编。

《西南联合大学国文选》是西南联大为全校大一新生学习国文而编撰的教材。西南联大虽是一所仅存八年的大学，但其在极为艰苦的历史条件下，取得了卓越的办学成绩而闻名世界。

西南联大的课程是由共同必修课、专业必修课和选修课三部分组成。在各院系的公共必修课里，"大一国文"课是共同必修课程。《西南联合大学国文选》分上、中、下三篇。上篇选取了先秦至晚清的经典文章，中篇选取了新文化运动前后的文章，下篇则选取了包括《诗经》在内的古代诗歌。其目的很明确，就是使学生养成阅读古今书籍的能力，欣赏中国古今文学的代表作品。

本书是由杨振声、朱自清、浦江清、罗庸等人主持参与的大一国文编撰委员会编订而成的。

朱自清先生在《论大学国文选目》一文里，曾专门提到这本旧版的《西南联合大学国文选》。他征引朱光潜先生的话："大学国文不是中国学术思想，也还不能算是中国文学，它主要的是一种语文训练。"

实际上，朱自清先生认为，大学国文不但是一种语文训练，而且是一种文化训练。这本《西南联合大学国文选》,实际就起到了语文训练和文化训练的两种功用。这本书共收录了诗文70多篇,多注重作品的思想之深和语言之美,且又不忘兼顾时代呼声。从入选文章不难看出,其编选者以一片炽烈的家国情怀,与西南联大"刚毅坚卓"的校训精神相呼应,真正将语文训练与文化训练相结合,开创出大学国文教学的新天地。

多年前,汪曾祺先生在回忆西南联大中文系时就曾这样写道:"如果说西南联大中文系有一点什么'派',那就只能说是'京派'。西南联大有一本《大一国文》,是各系共同必修。这本书编得很有倾向性。文言文部分突出地选了《论语》,其中最突出的是《子路曾皙冉有公西华侍坐》。'莫春者,春服既成,冠者五六人,童子六七人,浴乎沂,风乎舞雩,咏而归',这种超功利的生活态度,接近庄子思想的率性自然的儒家思想,对联大学生有相当深广的潜在影响。还有一篇李清照的《金石录后序》。一般中学生都读过一点李清照的词,不知道她能写这样感情深挚、挥洒自如的散文。这篇散文对联大文风是有影响的。语体文部分,鲁迅作品选的是《示众》。选一篇徐志摩的《我所知道的康桥》,是意料中事。选了丁西林的《一只马蜂》,就有点特别。更特别的是选了林徽因的《窗子以外》。这一本《大一国文》可以说是一本'京派国文'。严家炎先生编中国流派文学史,把我算作最后一个'京派',这大概跟我读过联大有关,甚至是和这本《大一国文》有点关系。这是我走上文学道路的一本启蒙的书。这本书现在大概是很难找到了。如果找得到,翻印一下,也怪有意思的。"

这本书中除收录古典诗文和现代散文以外,还收录了鲁迅《我怎么做起小说来》、周作人《希腊的小诗》、沈从文《我的创作与水的关系》三篇涉及了语言知识和写作知识的文章，意在培养学生的写作能力。

著名哲学家张世英先生回忆说："在联大的'大一国文'课堂上，我第一次用白话文写文章。(我从小学到高中，一直都是写文言文)，这是西南联大的特殊规定，我不习惯，问李(广田)先生是否可以写文言文，李先生说：'应该改一改了。'没有多作解释。李先生出的作文题是'人与枯骨的对话'，我写的内容主要是寄托自己的大同理想。李先生在文末批写了一句评语：'有妙想自有妙文。'给了我92分。我有点得意，后来投稿到昆明一家报纸的文艺副刊上，很快就发表了。"可见西南联大国文课激发了学生对白话文的兴趣和提高运用白话文的能力。

可以说，这部国文教材做到了古今兼顾、文白并收，不限文章体裁，按照一定的顺序编选文章，具有深刻的意义。而且据大量资料记载，这门国文课程始终好评如潮，深受众多当年的学生回忆和挚爱。

这部书收录广泛，按照时间顺序、文章体裁进行编排。值得注意的是，下篇收录了44首诗词，其中著名爱国诗人杜甫和陆游两人的诗词一共收录了18首，可见与当时的环境有密切的关系。爱国和培养学生的爱国主义情感永不过时，可以这么说，这本国文课在一定程度上超越了时空限制，对于今天的语文教学有借鉴意义。

《西南联合大学国文选》一书自1939年起编辑，连续几年不断编选和增补，形成了几种版本，至1940年，终于形成了现在的模样。以后，到了1944年，又从中挑选出语体文部分，加上新编选出来的语体文，形成了《西南联大语体文示范》，并交由重庆作家书屋出版。《西南联大语体文示范》收录的全部是白话文,其中一些篇目和《西南联合大学国文选》是重复的。

此次出版的《西南联大国文课》是《西南联合大学国文选》和《西南联大语体文示范》两书合编而成的。但是《西南联大语体文示范》有些文章是从国文选当中挑选出来的,故而两书存在重复的文章。所以此次出版的《西南联大国文课》,以国文选为准,而出现在《西南联大语体文示范》重复的文章则不再收录,但在附编目录中作存目处理。国文选原有蒋中正《暑假期间对于救国最有效的工作是什么》一文,以及附录的《教育部公布新式标点符号案》,与本书对学生传授国文选知识的精神无甚关系,故而都删去,亦不做存目处理。

为了便于现代读者阅读,改原来的繁体竖排为简体横排,改正了其中明显的错讹。由于编者水平所限,其中定有不妥之处,请读者诸君指正。

编 者

目 录

上 编

《论语》选读(十章) …………………………………… 3

左传·崤之战 …………………………………… 22

战国策·鲁仲连义不帝秦 …………………………………… 26

史记·司马穰苴列传 …………………………………… 29

汉书·李陵苏武传 …………………………………… 31

三国志·诸葛亮传 …………………………………… 41

世说新语(选录) …………………………………… 48

大唐大慈恩寺三藏法师传
    (起长安终伊吾)慧立 彦悰 …………………………………… 52

史通·自叙 刘知几 …………………………………… 58

封建论 柳宗元 …………………………………… 62

资治通鉴·钜鹿之战 …………………………………… 66

梦溪笔谈(选录)沈 括 …………………………………… 70

金石录后序 李清照 …………………………… 76

西山十记 袁中道 …………………………… 80

日知录·廉耻 顾炎武 ………………………… 87

文 说（三篇）焦 循 ………………………… 89

圣哲画像记 曾国藩 ………………………… 91

史可法传 王先谦 …………………………… 96

国故论衡·原学 章炳麟 ……………………… 102

人间词话（选录）王国维 …………………… 106

中 编

建设的文学革命论（节录）胡 适 …………… 113

示 众 鲁 迅 ………………………………… 122

希腊的小诗 周作人 ………………………… 128

我所知道的康桥（节录）徐志摩 …………… 134

薄 奠 郁达夫 ……………………………… 144

往 事（节录）谢冰心 ……………………… 157

闲 话 陈西滢 ……………………………… 166

一只马蜂 丁西林 …………………………… 171

连环图画小说 茅 盾 ………………………… 191

父与女 巴 金 ……………………………… 195

窗子以外 林徽因 …………………………… 210

文艺与道德（节录）朱光潜 ………………… 219

自然美与自然丑(节录)朱光潜 ·················· 222
我怎么做起小说来鲁迅 ························· 231
我的写作与水的关系沈从文 ······················ 235

下 编

诗经·小雅·六月 ····························· 241
楚辞·九歌·国殇 ····························· 242
古诗八首 ······································ 243
七哀诗(一首)王粲 ····························· 246
咏荆轲(一首)陶渊明 ··························· 247
饮 酒(五首)陶渊明 ··························· 248
从军行(四首)王昌龄 ··························· 250
出 塞(一首)王昌龄 ··························· 251
轮台歌奉送封大夫出师西征(一首)岑参 ············· 252
走马川行奉送出师西征(一首)岑参 ················· 253
悲陈陶(一首)杜甫 ····························· 254
悲青坂(一首)杜甫 ····························· 255
述 怀(一首)杜甫 ····························· 256
羌 村(三首)杜甫 ····························· 257
茅屋为秋风所破歌(一首)杜甫 ···················· 258
闻官军收河南河北(一首)杜甫 ···················· 259
登 楼(一首)杜甫 ····························· 260

登岳阳楼(一首)杜 甫 …… 261

新乐府·缚戎人白居易 …… 262

新乐府·官牛白居易 …… 264

夜泊水村陆 游 …… 265

书 愤陆 游 …… 266

纵 笔(第一首)陆 游 …… 267

纵 笔(第三首)陆 游 …… 268

书 愤陆 游 …… 269

夜登千峰榭陆 游 …… 270

北望感怀陆 游 …… 271

示 儿陆 游 …… 272

附 编　西南联大语体文示范

卷头语 …… 275

建设的文学革命论(节录)胡适(存目)

狂人日记鲁 迅 …… 278

示 众鲁 迅(存目)

我所知道的康桥(节录)徐志摩(存目)

死 城(节录)徐志摩 …… 288

论世说新语和晋人的美宗白华 …… 296

文艺与道德朱光潜(存目)

无言之美朱光潜 …… 317

哥德与李白 梁宗岱 ………………………… 329

诗、诗人与批评家 梁宗岱 …………………… 336

往　事（节录）谢冰心（存目）

压　迫 丁西林 ……………………………………… 340

上 篇

《论语》选读(十章)

一

子曰:"吾十有五而志于学,三十而立,四十而不惑,五十而知天命,六十而耳顺,七十而从心所欲,不逾矩。"(为政)

颜渊季路侍。子曰:"盍各言尔志?"
子路曰:"愿车马衣裘与朋友共敝之而无憾。"
颜渊曰:"愿无伐善,无施劳。"
子路曰:"愿闻子之志。"
子曰:"老者安之,朋友信之,少者怀之。"(公冶长)

子曰:"志于道,据于德,依于仁,游于艺。"(述而)

子夏曰:"百工居肆以成其事,君子学以致其道。"(子张)

子曰:"士志于道,而耻恶衣恶食者,未足与议也。"(里仁)

子夏曰:"博学而笃志,切问而近思,仁在其中矣。"(子张)

子曰:"苟志于仁矣,无恶也。"(里仁)

子曰:"志士仁人,无求生以害仁,有杀身以成仁。"(卫灵公)

子曰:"三军可夺帅也,匹夫不可夺志也。"(子罕)

孔子曰:"生而知之者上也,学而知之者次也;困而学之,又其次也;困而不学,民斯为下矣。"(季氏)

子曰:"饱食终日,无所用心,难矣哉!不有博弈者乎?为之,犹贤乎已。"(阳货)

子曰:"我非生而知之者,好古,敏以求之者也。"(述而)

子曰:"述而不作,信而好古,窃比于我老彭。"(述而)

卫公孙朝问于子贡曰:"仲尼焉学?"子贡曰:"文武之道,未坠于地,在人。贤者识其大者,不贤者识其小者。莫不有文武之道焉。夫子焉不学?而亦何常师之有?"(子张)

子曰:"三人行,必有我师焉:择其善者而从之,其不善者而改之。"(述而)

子曰:"盖有不知而作之者,我无是也。多闻,择其善者而从之;多见而识之;知之次也。"(述而)

子贡问曰:"孔文子何以谓之'文'也?"子曰:"敏而好学,不耻下问,是以谓之'文'也。"(公冶长)

曾子曰:"以能问于不能,以多问于寡;有若无,实若虚,犯而不校——昔者吾友尝从事于斯矣。"(泰伯)

子曰:"由!诲女知之乎!知之为知之,不知为不知,是知也。"(为政)

子路使子羔为费宰。子曰:"贼夫人之子。"
子路曰:"有民人焉,有社稷焉,何必读书,然后为学?"
子曰:"是故恶夫佞者。"(先进)

子曰:"由也!女闻六言六蔽矣乎?"
对曰:"未也。"
"居!吾语女。好仁不好学,其蔽也愚;好知不好学,其蔽也荡;好信不好学,其蔽也贼;好直不好学,其蔽也绞;好勇不好学,其蔽也乱;好刚不好学,其蔽也狂。"(阳货)

子曰:"十室之邑,必有忠信如丘者焉,不如丘之好学也。"

（公冶长）

子曰："君子食无求饱，居无求安，敏于事而慎于言，就有道而正焉，可谓好学也已。"（学而）

子曰："吾尝终日不食，终夜不寝，以思，无益，不如学也。"（卫灵公）

子曰："学而不思则罔，思而不学则殆。"（为政）

子曰："弟子，入则孝，出则悌，谨而信，泛爱众，而亲仁。行有余力，则以学文。"（学而）

子曰："学而时习之，不亦说乎？"（学而）

子曰："温故而知新，可以为师矣。"（为政）

子曰："譬如为山，未成一篑，止，吾止也。譬如平地，虽覆一篑，进，吾往也。"（子罕）

子曰："学如不及，犹恐失之。"（泰伯）

子曰："笃信好学，守死善道。危邦不入，乱邦不居。天下有道

则见,无道则隐。邦有道,贫且贱焉,耻也。邦无道,富且贵焉,耻也。"(泰伯)

子曰:"富而可求也,虽执鞭之士,吾亦为之。如不可求,从吾所好。"(述而)

子曰:"饭疏食饮水,曲肱而枕之,乐亦在其中矣。不义而富且贵,于我如浮云。"(述而)

叶公问孔子于子路,子路不对。
子曰:"女奚不曰:其为人也,发愤忘食,乐以忘忧,不知老之将至云尔。"(述而)

子曰:"默而识之,学而不厌,诲人不倦,何有于我哉?"(述而)

子曰:"若圣与仁,则吾岂敢?抑为之不厌,诲人不倦,则可谓云尔已矣。"公西华曰:"正唯弟子不能学也。"(述而)

哀公问:"弟子孰为好学?"孔子对曰:"有颜回者好学,不迁怒,不贰过。不幸短命死矣。今也则亡,未闻好学者也。"(雍也)

颜渊喟然叹曰:"仰之弥高,钻之弥坚。瞻之在前,忽焉在后。

夫子循循然善诱之，博我以文，约我以礼，欲罢不能。既竭吾才，如有所立卓尔。虽欲从之，末由也矣。"（子罕）

子曰："语之而不惰者，其回也与！"（子罕）

子谓颜渊曰："惜乎！吾见其进也，未见其止也。"（子罕）

子曰："吾与回言终日，不违，如愚。退而省其私，亦足以发，回也不愚。"（为政）

子夏曰："日知其所亡，月无忘其所能，可谓好学也已矣。"（子张）

子曰："贤哉，回也！一箪食，一瓢饮，在陋巷，人不堪其忧，回也不改其乐。贤哉，回也！"（雍也）

冉求曰："非不说子之道，力不足也。"
子曰："力不足者，中道而废。今女画。"（雍也）

子曰："德之不修，学之不讲，闻义不能徙，不善不能改，是吾忧也。"（述而）

子曰："君子不重，则不威；学则不固。主忠信，无友不如己者。过则勿惮改。"（学而）

达巷党人曰:"大哉孔子!博学而无所成名。"

子闻之,谓门弟子曰:"吾何执?执御乎?执射乎?吾执御矣。"(子罕)

太宰问于子贡曰:"夫子圣者与?何其多能也?"

子贡曰:"同天纵之将圣,又多能也。"

子闻之,曰:"太宰知我乎!吾少也贱,故多能鄙事。君子多乎哉?不多也。"(子罕)

子曰:"赐也,女以予为多学而识之者与?"

对曰:"然。非与?"

曰:"非也,予一以贯之。"(卫灵公)

子曰:"参乎!吾道一以贯之。"

曾子曰:"唯。"

子出,门人问曰:"何谓也?"

曾子曰:"夫子之道,忠恕而已矣。"(里仁)

子贡问曰:"有一言而可以终身行之者乎?"

子曰:"其'恕'乎!己所不欲,勿施于人。"(卫灵公)

曾子曰:"士不可以不弘毅,任重而道远。仁以为己任,不亦重

乎？死而后已，不亦远乎？"（泰伯）

子曰："谁能出不由户？何莫由斯道也？"（雍也）

子曰："朝闻道，夕死可矣。"（里仁）

三十而立。

子曰："不患无位，患所以立。不患莫己知，求为可知也。"（里仁）

子贡曰："如有博施于民而能济众，何如？可谓仁乎？"
子曰："何事于仁！必也圣乎？尧舜其犹病诸！夫仁者，己欲立而立人，己欲达而达人。能近取譬，可谓仁之方也已。"（雍也）

子曰："兴于诗，立于礼，成于乐。"（泰伯）

陈亢问于伯鱼曰："子亦有异闻乎？"
对曰："未也。尝独立，鲤趋而过庭。曰：'学《诗》乎？'对曰：'未也。''不学《诗》，无以言。'鲤退而学《诗》。他日，又独立，鲤趋而过庭。曰：'学礼乎？'对曰：'未也。''不学礼，无以立。'鲤退而学礼。闻斯二者。"
陈亢退而喜曰："问一得三：闻《诗》，闻礼，又闻君子之远其子也。"（季氏）

子曰:"不知命,无以为君子也;不知礼,无以立也;不知言,无以知人也。"(尧曰)

子曰:"恭而无礼则劳,慎而无礼则葸,勇而无礼则乱,直而无礼则绞。君子笃于亲,则民兴于仁;故旧不遗,则民不偷。"(泰伯)

颜渊问仁。
子曰:"克己复礼为仁。一日克己复礼,天下归仁焉。为仁由己,而由人乎哉?"
颜渊曰:"请问其目。"
子曰:"非礼勿视,非礼勿听,非礼勿言,非礼勿动。"
颜渊曰:"回虽不敏,请事斯语矣。"(颜渊)

子曰:"礼云礼云,玉帛云乎哉?乐云乐云,钟鼓云乎哉?"(阳货)

子曰:"人而不仁,如礼何?人而不仁,如乐何?"(八佾)

四十而不惑。

子张问崇德辨惑。
子曰:"主忠信,徙义,崇德也。爱之欲其生,恶之欲其死。既欲其生,又欲其死,是惑也。'诚不以富,亦祇以异'。"(颜渊)

樊迟从游于舞雩之下,曰:"敢问崇德,修慝,辨惑。"

子曰:"善哉问!先事后得,非崇德与?攻其恶,无攻人之恶,非修慝与?一朝之忿,忘其身,以及其亲,非惑与?"(颜渊)

子曰:"后生可畏,焉知来者之不如今也?四十、五十而无闻焉,斯亦不足畏也已。"(子罕)

子曰:"君子疾没世而名不称焉。"(卫灵公)

子曰:"年四十而见恶焉,其终也已。"(阳货)

五十而知天命。

子曰:"不知命,无以为君子也;不知礼,无以立也;不知言,无以知人也。"(尧曰)

孔子曰:"君子有三畏:畏天命,畏大人,畏圣人之言。小人不知天命而不畏也,狎大人,侮圣人之言。"(季氏)

子曰:"莫我知也夫!"

子贡曰:"何为其莫知子也?"

子曰:"不怨天,不尤人;下学而上达。知我者其天乎!"(宪问)

子曰:"天生德于予,桓魋其如予何?"(述而)

公伯寮愬子路子季孙。子服景伯以告,曰:"夫子固有惑志于公伯寮,吾力犹能肆诸市朝。"
子曰:"道之将行也与,命也;道之将废也与,命也。公伯寮其如命何!"(宪问)

子罕言利,与命,与仁。(子罕)

子贡曰:"夫子之文章,可得而闻也;夫子之言性与天道,不可得而闻也。"(公冶长)

子曰:"二三子以我为隐乎?吾无隐乎尔。吾无行而不与二三子者,是丘也。"(述而)

子曰:"予欲无言。"
子贡曰:"子如不言,则小子何述焉?"
子曰:"天何言哉?四时行焉,百物生焉。天何言哉?"(阳货)

子绝四:毋意,毋必,毋固,毋我。(子罕)

子曰:"吾有知乎哉?无知也。有鄙夫问于我,空空如也。我叩其两端而竭焉。"(子罕)

子在川上曰:"逝者如斯夫!不舍昼夜。"(子罕)

六十而耳顺,七十而从心所欲,不逾矩。

二

仪封人请见,曰:"君子之至于斯也,吾未尝不得见也。"从者见之。

出,曰:"二三子何患于丧乎?天下之无道也久矣,天将以夫子为木铎。"(八佾)

三

子击磬于卫。

有荷蒉而过孔氏之门者,曰:"有心哉,击磬乎!"既而曰:"鄙哉,硁硁乎!莫己知也,斯已而已矣,深则厉,浅则揭。"

子曰:"果哉!末之难矣。"(宪问)

四

微生亩谓孔子曰:"丘何为是栖栖者与?无乃为佞乎?"

孔子曰:"非敢为佞也,疾固也。"(宪问)

五

楚狂接舆歌而过孔子,曰:

"凤兮凤兮!何德之衰?

往者不可谏,来者犹可追。

已而!已而!今之从政者殆而!"

孔子下,欲与之言。趋而辟之,不得与之言。(微子)

六

长沮、桀溺耦而耕,孔子过之,使子路问津焉。

长沮曰:"夫执舆者为谁?"

子路曰:"为孔丘。"

曰:"是鲁孔丘与?"

曰:"是也。"

曰:"是知津矣。"

问于桀溺。

桀溺曰:"子为谁?"

曰:"为仲由。"

曰:"是鲁孔丘之徒与?"

对曰:"然。"

曰:"滔滔者天下皆是也,而谁以易之?且而与其从辟人之士也,岂若从辟世之士哉?"耰而不辍。

子路行以告。

夫子怃然曰:"鸟兽不可与同群,吾非斯人之徒与而谁与?天下有道,丘不与易也。"(微子)

七

子路从而后,遇丈人,以杖荷蓧。

子路问曰:"子见夫子乎?"

丈人曰:"四体不勤,五谷不分,孰为夫子?"植其杖而芸。

子路拱而立。止子路宿,杀鸡为黍而食之,见其二子焉。

明日,子路行以告。子曰:"隐者也。"使子路反见之。至,则行矣。

子路曰:"不仕无义。长幼之节,不可废也;君臣之义,如之何其废之?欲洁其身,而乱大伦。君子之仕也,行其义也。道之不行,已知之矣。"(微子)

八

子路宿于石门。

晨门曰:"奚自?"

子路曰:"自孔氏。"

曰:"是知其不可而为之者与?"(宪问)

九

逸民：伯夷、叔齐、虞仲、夷逸、朱张、柳下惠、少连。

子曰："不降其志，不辱其身，伯夷、叔齐与！"谓："柳下惠、少连，降志辱身矣，言中伦，行中虑，其斯而已矣。"谓："虞仲、夷逸，隐居放言，身中清，废中权。我则异于是，无可无不可。"（微子）

十

子路、曾皙、冉有、公西华侍坐。

子曰："以吾一日长乎尔，毋吾以也。居则曰：'不吾知也！'如或知尔，则何以哉？"

子路率尔而对曰："千乘之国，摄乎大国之间，加之以师旅，因之以饥馑；由也为之，比及三年，可使有勇，且知方也。"夫子哂之。

"求！尔何如？"

对曰："方六七十，如五六十，求也为之，比及三年，可使足民。如其礼乐，以俟君子。"

"赤！尔何如？"

对曰："非曰能之，愿学焉。宗庙之事，如会同，端章甫，愿为小相焉。"

"点！尔何如？"

鼓瑟希，铿尔，舍瑟而作，对曰："异乎三子者之撰。"

子曰:"何伤乎? 亦各言其志也。"

曰:"莫春者,春服既成,冠者五六人,童子六七人,浴乎沂,风乎舞雩,咏而归。"

夫子喟然叹曰:"吾与点也!"

三子者出,曾皙后。

曾皙曰:"夫三子者之言何如?"

子曰:"亦各言其志也已矣。"

曰:"夫子何哂由也?"

曰:"为国以礼,其言不让,是故哂之。"

"唯求则非邦也与?"

"安见方六七十,如五六十而非邦也者?"

"唯赤则非邦也与。"

"宗庙会同,非诸侯而何? 赤也为之小,孰能为之大?"(先进)

附:论语解·序(谢良佐)

天下同知尊孔氏,同知贤于尧、舜,同知《论语》书弟子记当年言行,不诬也。然自秦、汉以来,开门授徒者,不过分章析句尔。魏、晋而降,谈者益稀。既不知读其书,谓足以识圣人心,万无是理。既不足以知圣人心,谓言能中伦,行能中虑,亦万无是理。言行不类,谓为天下国家有道,亦万无是理。君子于此,盍阙乎? 盖溺心于浅近无用之地,聪明日就雕丧,虽欲读之,顾不得其门而入也。

《论语》选读(十章)

圣人辞近而指远,辞有尽,指无穷,有尽者可以索之于训诂,无穷者要当会之以神。譬诸观人,他日识其面,今日见其心,在我则改容更貌矣,人则犹故也。为是故难读。今试以读此书之法语诸君焉:勿以为浅近而忽,勿以为太高而惊,勿以为简我而忿且怒,勿以为妄诞而直不信。圣人之言,不可以训诂形容其微意。今不复撰次成文,直以意之所到,辞达而已矣。

盖此书存于世,论其切于用而收近效,则无之。与道家使人精神专一之学,西方见性之说,并驾争衡,孰全孰驳,未易以口舌争也。谈天语命,伟词雄辩,使人可骇可慕,曾不如庄周、列御寇曼衍之言。笼络万象,葩华百出,读之使人亹亹不厌,曾不如班、马雄深雅健之文。正名百物,分辨六气,区昧别性,可以愈疾引年,曾不如黄帝、岐伯之对问,神农之药书。可以资听讼折狱,可以饰簿书期会,曾不如申、韩之刑名。陶冶尘思,模写物态,曾不如颜、谢、徐、庾流连光景之诗。以至神怪卜相之书,书数博奕之技,其皆可玩,获售于人,而此书乃一无有也。欲使敏秀豪俊之士留精神于其间,几何其不笑,且受侮与!邈乎希声,一唱而三叹,谁其听之!淡乎无味,酒玄而俎腥,谁其嗜之!虽家藏人有,不委尘埃者几希矣!

余昔者供洒扫于河南夫子之门,仅得毫厘于句读文义之间,而益信此书之难读也。盖"不学操缦,不能安弦;不学博依,不能安诗;不学杂服,不能安礼";唯近似者易入也。彼其道高深溥博,不可涯挨如此,傥以童心浅智窥之,岂不大有迳庭乎?方其物我太深,胸中矛戟者读之,谓终身可行之恕诚何味。方其胁肩谄笑,以言餂人者读之,谓巧言令色宁病仁。未能素贫贱而耻恶衣恶食者读之，岂知饭疏食饮水，曲肱而枕之未妨吾乐。注心于利，未得而已，有颠冥之患者读之，孰信不义之富贵真如浮云。过此而往，益高深矣，可胜数哉！是皆越人视秦人之肥瘠也。

唯同声然后相应，唯同气然后相求。是心与是书，声气同乎？不同乎？宜其卒无见也。是书远于人乎？人远于书乎？盖亦勿思尔矣！能反是心者，可以读是书矣。孰能脱去凡近，以游高明，莫为婴儿之态而有大人之器，莫为一身之谋而有天下之志，莫为终身之计而有后世之虑，不求人知而求天知，不求同俗而求同理者乎？是人虽未必中道，然其心当广矣，明矣，不杂矣，其于读是书也，能无得乎？当不唯念之于心，必能体之于身矣。油然内得，难以语人，谓圣人之言真不我欺者，其亦自知而已矣。岂特虑思之效，乃力行之功。至此，盖书与人互相发也。及其久也，习益察，行益著，知视听言动盖皆至理，声气容色无非妙用。父子君臣，岂人能秩叙。仁义礼乐，岂人能强名。心与天地同流，体与神明为一。若动若植，何物非我。有形无形，谁其间之。至此，盖人与书相忘也。则向所谓"辞近而指远"者，可不信乎？宜其贤者识其大者，不贤者识其小者。好恶取舍之相远也。

学者傥以此言为可信，则亦何远之有！以为无隐乎尔，则天何言哉，夫子之言性与天道，不可得而闻也。以为有隐乎尔，则四时行焉，百物生焉，夫子之文章可得而闻也。是岂真不可得而闻也哉！《诗》云："鸢飞戾天，鱼跃于渊"，此天下之至显，圣人恶得而隐哉？所谓"无行而不与二三子"者也。"上天之载，无声无臭"，此天下之至赜,圣人亦恶得而显哉?宜其二三子为有隐乎我者也。知有隐、无隐之不二者,舍此书其何以见之哉!知有隐、无隐之不二者,岂非闳博明允君子哉!诸君可无意于斯乎?

左传·鞌之战

孙桓子还于新筑，不入，遂如晋乞师。臧宣叔亦如晋乞师。皆主郤献子。晋侯许之七百乘。郤子曰："此城濮之赋也。有先君之明与先大夫之肃，故捷。克于先大夫，无能为役，请八百乘。"许之。郤克将中军，士燮佐上军，栾书将下军，韩厥为司马，以救鲁、卫。臧宣叔逆晋师，且道之。季文子帅师会之。及卫地，韩献子将斩人，郤献子驰，将救之。至，则既斩之矣。郤子使速以徇，告其仆曰："吾以分谤也。"

师从齐师于莘。六月壬申，师至于靡笄之下。齐侯使请战，曰："子以君师辱于敝邑，不腆敝赋，诘朝请见。"对曰："晋与鲁、卫，兄弟也。来告曰：'大国朝夕释憾于敝邑之地。'寡君不忍，使群臣请于大国，无令舆师淹于君地。能进不能退，君无所辱命。"齐侯曰："大夫之许，寡人之愿也；若其不许，亦将见也。"齐高固入晋师，桀石以投人，禽之而乘其车，系桑本焉，以徇齐垒，曰："欲勇者贾余余勇。"

癸酉，师陈于鞌。邴夏御齐侯，逢丑父为右。晋解张御郤克，郑丘缓为右。齐侯曰："余姑翦灭此而朝食。"不介马而驰之。郤克伤于矢，流血及屦，未绝鼓音，曰："余病矣！"张侯曰："自始合，而矢贯余手及肘，余折以御，左轮朱殷，岂敢言病？吾子忍之！"缓曰:"自始合,苟有险,余必下推车,子岂识之?然子病矣!"张侯曰:"师之耳目,在吾旗鼓,进退从之。此车一人殿之,可以集事,若之何其以病败君之大事也?擐甲执兵,固即死也。病未及死,吾子勉之!"左并辔,右援枹而鼓。马逸不能止,师从之。齐师败绩。逐之,三周华不注。

韩厥梦子舆谓己曰:"且辟左右。"故中御而从齐侯。邴夏曰:"射其御者,君子也。"公曰:"谓之君子而射之,非礼也。"射其左,越于车下。射其右,毙于车中。綦毋张丧车,从韩厥曰:"请寓乘。"从左右,皆肘之,使立于后。韩厥俯,定其右。逢丑父与公易位。将及华泉,骖絓于木而止。丑父寝于轏中,蛇出于其下,以肱击之,伤而匿之,故不能推车而及。

韩厥执絷马前,再拜稽首,奉觞加璧以进,曰:"寡君使群臣为鲁、卫请,曰:'无令舆师陷入君地。'下臣不幸,属当戎行,无所逃隐。且惧奔辟,而忝两君,臣辱戎士,敢告不敏,摄官承乏。"丑父使公下,如华泉取饮。郑周父御佐车,宛茷为右,载齐侯以免。韩厥献丑父,郤献子将戮之,呼曰:"自今无有代其君任患者,有一于此,将为戮乎!"郤子曰:"人不难以死免其君,我戮之,不祥,赦之,以劝事君者。"乃免之。

齐侯免,求丑父,三入三出。每出,齐师以帅退。入于狄卒,狄卒皆抽戈楯冒之。以入于卫师,卫师免之。遂自徐关入。齐侯见保者,曰:"勉之!齐师败矣。"辟女子,女子曰:"君免乎?"曰:"免矣。"曰:"锐司徒免乎?"曰:"免矣。"曰:"苟君与吾父免矣,可若何!"乃奔。齐侯以为有礼,既而问之,辟司徒之妻也。予之石窌。

晋师从齐师，入自丘舆，击马陉。齐侯使宾媚人赂以纪甗、玉磬与地。"不可，则听客之所为。"宾媚人致赂，晋人不可，曰："必以萧同叔子为质，而使齐之封内尽东其亩。"对曰："萧同叔子非他，寡君之母也。若以匹敌，则亦晋君之母也。吾子布大命于诸侯，而曰：'必质其母以为信。'其若王命何？且是以不孝令也。《诗》曰：'孝子不匮，永锡尔类。'若以不孝令于诸侯，其无乃非德类也乎？先王疆理天下，物土之宜，而布其利。故《诗》曰：'我疆我理，南东其亩。'今吾子疆理诸侯，而曰'尽东其亩'而已，唯吾子戎车是利，无顾土宜，其无乃非先王之命也乎？反先王则不义，何以为盟主？其晋实有阙。四王之王也，树德而济同欲焉；五伯之霸也，勤而抚之，以役王命。今吾子求合诸侯，以逞无疆之欲。《诗》曰：'布政优优，百禄是遒。'子实不优，而弃百禄，诸侯何害焉！不然，寡君之命使臣，则有辞矣，曰：'子以君师辱于敝邑，不腆敝赋，以犒从者。畏君之震，师徒桡败，吾子惠徼齐国之福，不泯其社稷，使继旧好，唯是先君之敝器、土地不敢爱。子又不许，请收合余烬，背城借一。敝邑之幸，亦云从也。况其不幸，敢不唯命是听？'"

鲁、卫谏曰："齐疾我矣！其死亡者，皆亲昵也。子若不许，仇我必甚。唯子，则又何求？子得其国宝，我亦得地，而纾于难，其荣多矣！齐、晋亦唯天所授，岂必晋？"晋人许之，对曰："群臣帅赋舆，以为鲁、卫请，若苟有以借口，而复于寡君，君之惠也。敢不唯命是听？"

禽郑自师逆公。

秋七月，晋师及齐国佐盟于爰娄，使齐人归我汶阳之田。公会晋师于上鄏，赐三帅先路三命之服，司马、司空、舆帅、候正、亚旅皆受一命之服。

……

晋师归，范文子后入。武子曰："无为吾望尔也乎？"对曰："师有功，国人喜以逆之，先入，必属耳目焉，是代帅受名也，故不敢。"武子曰："吾知免矣。"郤伯见，公曰："子之力也夫！"对曰："君之训也，二三子之力也，臣何力之有焉！"范叔见，劳之如郤伯，对曰："庚所命也，克之制也，燮何力之有焉！"栾伯见，公亦如之，对曰："燮之诏也，士用命也，书何力之有焉！"

战国策·鲁仲连义不帝秦

秦围赵之邯郸。魏安釐王使将军晋鄙救赵,畏秦,止于荡阴,不进。魏使客将军辛垣衍间入邯郸,因平原君谓赵王曰:"秦所以急围赵者,前与齐闵王争强为帝,已而复归帝,以齐故。今齐闵王已益弱。方今唯秦雄天下,此非必贪邯郸,其意欲求为帝。赵诚发使尊秦昭王为帝,秦必喜,罢兵去。"平原君犹豫未能有所决。

此时鲁仲连适游赵,会秦围赵,闻魏将欲令赵尊秦为帝,乃见平原君曰:"事将奈何矣?"平原君曰:"胜也何敢言事!百万之众折于外,今又内围邯郸而不能去。魏王使将军辛垣衍令赵帝秦,今其人在是,胜也何敢言事?"鲁连曰:"始吾以君为天下之贤公子也,吾乃今然后知君非天下之贤公子也。梁客辛垣衍安在?吾请为君责而归之。"平原君曰:"胜请召而见之于先生。"平原君遂见辛垣衍曰:"东国有鲁连先生,其人在此,胜请为绍介而见之于将军。"辛垣衍曰:"吾闻鲁连先生,齐国之高士也。衍,人臣也,使事有职,吾不愿见鲁连先生也。"平原君曰:"胜已泄之矣。"辛垣衍许诺。

鲁连见辛垣衍而无言。辛垣衍曰:"吾视居北围城之中者,皆有求于平原君者也。今吾视先生之玉貌,非有求平原君者,曷为久居此围城之中而不去也?"鲁连曰:"世以鲍焦无从容而死者,皆非也。今众人不知，则为一身。彼秦者，弃礼义而上首功之国也，权使其士，虏使其民；彼则肆然而为帝，过而遂正于天下，则连有赴东海而死矣，吾不忍为之民也！所为见将军者，欲以助赵也。"辛垣衍曰："先生助赵奈何？"鲁连曰："吾将使梁及燕助之，齐、楚则固助之矣。"辛垣衍曰："燕则吾请以从矣。若乃梁，则吾乃梁人也，先生恶能使梁助之耶？"鲁连曰："梁未睹秦称帝之害故也，使梁睹秦称帝之害，则必助赵矣。"

辛垣衍曰："秦称帝之害将奈何？"鲁仲连曰："昔齐威王尝为仁义矣，率天下诸侯而朝周。周贫且微，诸侯莫朝，而齐独朝之。居岁余，周烈王崩，诸侯皆吊，齐后往。周怒，赴于齐曰：'天崩地坼，天子下席，东藩之臣田婴齐后至，则斮之。'威王勃然怒曰：'叱嗟，而母婢也。'卒为天下笑。故生则朝周，死则叱之，诚不忍其求也。彼天子固然，其无足怪。"辛垣衍曰："先生独未见夫仆乎？十人而从一人者，宁力不胜智不若耶？畏之也。"鲁仲连曰："然梁之比于秦若仆耶？"辛垣衍曰："然。"鲁仲连曰："然吾将使秦王烹醢梁王。"辛垣衍怏然不悦曰："嘻，亦太甚矣，先生之言也！先生又恶能使秦烹醢梁王？"鲁仲连曰："固也，待吾言之。昔者，鬼侯、鄂侯、文王，纣之三公也。鬼侯有子而好，故入之于纣，纣以为恶，醢鬼侯。鄂侯争之急，辩之疾，故脯鄂侯。文王闻之，喟然而叹，故拘之于牖里之库百日，而欲令之死。曷为与人俱称帝王，卒就脯醢之地也？

齐闵王将之鲁，夷维子执策而从，谓鲁人曰：'子将何以待吾君？'鲁人曰：'吾将以十太牢待子之君。'维子曰：'子安取礼而来待吾君？彼吾君者，天子也。天子巡狩，诸侯辟舍，纳筦键，摄衽抱几，视膳于堂下，天子已食，退而听朝也。'鲁人投其籥，不果纳。不得入于鲁。将之薛，假途于邹。当是时，邹君死，闵王欲入吊。夷维子谓邹之孤曰：'天子吊，主人必将倍殡柩，设北面于南方，然后天子南面吊也。'邹之群臣曰：'必若此，吾将伏剑而死。'故不敢入于邹。

邹、鲁之臣，生则不得事养，死则不得饭含，然且欲行天子之礼于邹、鲁之臣，不果纳。今秦万乘之国，梁亦万乘之国，俱据万乘之国，交有称王之名，睹其一战而胜，欲从而帝之，是使三晋之大臣不如邹、鲁之仆妾也。且秦无已而帝，则且变易诸侯之大臣。彼将夺其所谓不肖而予其所谓贤，夺其所憎而与其所爱；彼又将使其子女谗妾为诸侯妃姬，处梁之宫，梁王安得晏然而已乎？而将军又何以得故宠乎？"

于是，辛垣衍起，再拜谢曰："始以先生为庸人，吾乃今日而知先生为天下之士也。吾请去，不敢复言帝秦。"秦将闻之，为却军五十里。适会魏公子无忌夺晋鄙军以救赵击秦，秦军引而去。

于是平原君欲封鲁仲连。鲁仲连辞让者三，终不肯受。平原君乃置酒，酒酣，起，前，以千金为鲁连寿。鲁连笑曰："所贵于天下之士者，为人排患、释难、解纷乱而无所取也。即有所取者，是商贾之人也，仲连不忍为也。"遂辞平原君而去，终身不复见。

史记·司马穰苴列传

司马穰苴者，田完之苗裔也。齐景公时，晋伐阿、甄，而燕侵河上，齐师败绩。景公患之。晏婴乃荐田穰苴曰："穰苴虽田氏庶孽，然其人文能附众，武能威敌，愿君试之。"景公召穰苴，与语兵事，大说之，以为将军，将兵扞燕晋之师。穰苴曰："臣素卑贱，君擢之闾伍之中，加之大夫之上，士卒未附，百姓不信，人微权轻，愿得君之宠臣，国之所尊，以监军，乃可。"于是景公许之，使庄贾往。

穰苴既辞，与庄贾约曰："旦日日中会于军门。"穰苴先驰至军，立表下漏待贾。贾素骄贵，以为将己之军而己为监，不甚急；亲戚左右送之，留饮。日中而贾不至。穰苴则仆表决漏，入，行军勒兵，申明约束。约束既定，夕时，庄贾乃至。穰苴曰："何后期为？"贾谢曰："不佞大夫亲戚送之，故留。"穰苴曰："将受命之日则忘其家，临军约束则忘其亲，援枹鼓之急则忘其身。今敌国深侵，邦内骚动，士卒暴露于境，君寝不安席，食不甘味，百姓之命皆悬于君，何谓相送乎！"召军正问曰："军法期而后至者云何？"对曰："当斩。"庄贾惧，使人驰报景公，请救。既往，未及反，于是遂斩庄贾以徇三军。三军之士皆振栗。

久之，景公遣使者持节赦贾，驰入军中。穰苴曰："将在军，君令有所不受。"问军正曰："驰三军法何？"正曰："当斩。"使者大惧。穰苴曰："君之使不可杀之。"乃斩其仆，车之左驸，马之左骖，以徇三军。遣使者还报，然后行。

士卒次舍井灶饮食问疾医药，身自拊循之。悉取将军之资粮享士卒，身与士卒平分粮食。最比其羸弱者，三日而后勒兵。病者皆求行，争奋出为之赴战。晋师闻之，为罢去。燕师闻之，度水而解。于是追击之，遂取所亡封内故境而引兵归。

未至国，释兵旅，解约束，誓盟而后入邑。景公与诸大夫郊迎，劳师成礼，然后反归寝。既见穰苴，尊为大司马。

田氏日以益尊于齐。已而大夫鲍氏、高、国之属害之，谮于景公。景公退穰苴，苴发疾而死。

田乞、田豹之徒由此怨高、国等。其后及田常杀简公，尽灭高子、国子之族。

至常曾孙和，因自立为齐威王，用兵行威，大放穰苴之法，而诸侯朝齐。齐威王使大夫追论古者《司马兵法》而附穰苴于其中，因号曰《司马穰苴兵法》。

太史公曰：余读《司马兵法》，闳廓深远，虽三代征伐，未能竟其义，如其文也，亦少褒矣。若夫穰苴，区区为小国行师，何暇及《司马兵法》之揖让乎？世既多《司马兵法》，以故不论，著穰苴之列传焉。

汉书·李陵苏武传

陵字少卿，少为侍中建章监。善骑射，爱人，谦让下士，甚得名誉。武帝以为有广之风，使将八百骑，深入匈奴二千余里，过居延视地形，不见虏，还。拜为骑都尉，将勇敢五千人，教射酒泉、张掖以备胡。数年，汉遣贰师将军伐大宛，使陵将五校兵随后。行至塞，会贰师还。上赐陵书，陵留吏士，与轻骑五百出敦煌，至盐水，迎贰师还，复留屯张掖。

天汉二年，贰师将三万骑出酒泉，击右贤王于天山。召陵，欲使为贰师将辎重。陵召见武台，叩头自请曰："臣所将屯边者，皆荆楚勇士奇材剑客也，力扼虎，射命中，愿得自当一队，到兰干山南以分单于兵，毋令专乡贰师军。"上曰："将恶相属邪！吾发军多，毋骑予女。"陵对："无所事骑，臣愿以少击众，步兵五千人涉单于庭。"上壮而许之，因诏强弩都尉路博德将兵半道迎陵军。博德故伏波将军，亦羞为陵后距，奏言："方秋匈奴马肥，未可与战，臣愿留陵至春，俱将酒泉、张掖骑各五千人并击东西浚稽，可必禽也。"书奏，上怒，疑陵悔不欲出而教博德上书，乃诏博德："吾欲予李陵骑，云'欲以少击众'。今虏入西河，其引兵走西河，遮钩营之道。"诏陵："以九月发，出遮虏鄣，至东浚稽山南龙勒水上；徘徊观虏，即亡所见，从浞野侯赵破奴故道抵受降城休士，因骑置以闻。所与博德言者云何？具以书对。"陵于是将其步卒五千人出居延，北行三十日，至浚稽山止营，举图所过山川地形，使麾下骑陈步乐还以闻。步乐召见，道陵将率得士死力，上甚说，拜步乐为郎。

　　陵至浚稽山，与单于相直，骑可三万，围陵军。军居两山间，以大车为营。陵引士出营外为陈，前行持戟盾，后行持弓弩，令曰："闻鼓声而纵，闻金声而止。"虏见汉军少，直前就营，陵搏战攻之，千弩俱发，应弦而倒。虏还走上山，汉军追击，杀数千人。单于大惊，召左右地兵八万余骑攻陵。陵且战且引，南行数日，抵山谷中。连战，士卒中矢伤，三创者载辇，两创者将车，一创者持兵战。陵曰："吾士气少衰而鼓不起者，何也？军中岂有女子乎？"始军出时，关东群盗妻子徙边者随军为卒妻妇，大匿车中。陵搜得，皆剑斩之。明日复战，斩首三千余级。引兵东南，循故龙城道，行四五日，抵大泽葭苇中，虏从上风纵火，陵亦令军中纵火以自救。南行至山下，单于在南山上，使其子将骑击陵，陵军步斗树木间，复杀数千人，因发连弩射单于，单于下走。是日捕得虏，言："单于曰：'此汉精兵，击之不能下，日夜引吾南近塞，得毋有伏兵乎？'诸当户、君长皆言：'单于自将数万骑击汉数千人不能灭，后无以复使边臣，令汉益轻匈奴。复力战山谷间，尚四五十里得平地，不能破，乃还。'"

　　是时陵军益急，匈奴骑多，战一日数十合，复伤杀虏二千余人。虏不利，欲去，会陵军候管敢为校尉所辱，亡降匈奴，具言"陵军无后救，射矢且尽，独将军麾下及成安侯校各八百人为前行，以黄与白为帜，当使精骑射之，即破矣"。成安侯者，颍川人，父韩千秋，故济南相，奋击南越，战死，武帝封子延年为侯，以校尉随陵。单于得敢大喜，使骑并攻汉军，疾呼曰："李陵、韩延年趣降！"遂遮道急攻陵。陵居谷中，虏在山上，四面射，矢如雨下。汉军南行，未至鞮汗山，一日五十万矢皆尽，即弃车去。士尚三千余人，徒斩车辐而持之，军吏持尺刀，抵山入狭谷。单于遮其后，乘隅，下垒石，士卒多死，不得行。昏后，陵便衣独步出营，止左右："毋随我，丈夫一取单于耳！"良久，陵还，太息曰："兵败，死矣！"军吏或曰："将军威震匈奴，天命不遂，后求道径还归，如浞野侯为虏所得，后亡还，天子客遇之，况于将军乎！"陵曰："公止！吾不死，非壮士也。"于是尽斩旌旗，及珍宝埋地中，陵叹曰："复得数十矢，足以脱矣。今无兵复战，天明坐受缚矣！各鸟兽散，犹有得脱归报天子者。"令军士人持二升糒，一半冰，期至遮虏障者相待。夜半时，击鼓起士，鼓不鸣。陵与韩延年俱上马，壮士从者十余人。虏骑数千追之，韩延年战死，陵曰："无面目报陛下！"遂降。军人分散，脱至塞者四百余人。

陵败处去塞百余里，边塞以闻。上欲陵死战，召陵母及妇，使相者视之，无死丧色。后闻陵降，上怒甚，责问陈步乐，步乐自杀。群臣皆罪陵，上以问太史令司马迁，迁盛言："陵事亲孝，与士信，常奋不顾身以殉国家之急。其素所畜积也，有国士之风。今举事一不幸，全躯保妻子之臣随而媒蘖其短，诚可痛也！且陵提步卒不满五千，深蹂戎马之地，抑数万之师，虏救死扶伤不暇，悉举引弓之民共攻围之。转斗千里，矢尽道穷，士张空拳，冒白刃，北首争死敌，得人之死力，虽古名将不过也。身虽陷败，然其所摧败亦足暴于天下。彼之不死，宜欲得当以报汉也。"初，上遣贰师大军出，财令陵为助兵,及陵与单于相值,而贰师功少。上以迁诬罔,欲沮贰师,为陵游说,下迁腐刑。

久之,上悔陵无救,曰:"陵当发出塞,乃诏强弩都尉令迎军。坐预诏之,得令老将生奸诈。"乃遣使劳赐陵余军得脱者。

陵在匈奴岁余,上遣因杅将军公孙敖将兵深入匈奴迎陵。敖军无功还,曰:"捕得生口,言李陵教单于为兵以备汉军,故臣无所得。"上闻,于是族陵家,母弟妻子皆伏诛。陇西士大夫以李氏为愧。其后,汉遣使使匈奴,陵谓使者曰:"吾为汉将步卒五千人横行匈奴,以亡救而败,何负于汉,而诛吾家?"使者曰:"汉闻李少卿教匈奴为兵。"陵曰:"乃李绪,非我也。"李绪本汉塞外都尉,居奚侯城,匈奴攻之,绪降,而单于客遇绪,常坐陵上。陵痛其家以李绪而诛,使人刺杀绪。大阏氏欲杀陵,单于匿之北方,大阏氏死乃还。

单于壮陵,以女妻之,立为右校王,卫律为丁灵王,皆贵用事。卫律者,父本长水胡人。律生长汉,善协律都尉李延年,延年荐言律使匈奴。使还,会延年家收,律惧并诛,亡还降匈奴。匈奴爱之,常在单于左右。陵居外,有大事,乃入议。

昭帝立,大将军霍光、左将军上官桀辅政,素与陵善,遣陵故人陇西任立政等三人俱至匈奴招陵。立政等至,单于置酒赐汉使者,李陵、卫律皆侍坐。立政等见陵,未得私语,即目视陵,而数数自循其刀环,握其足,阴谕之,言可还归汉也。

后陵、律持牛酒劳汉使,博饮,两人皆胡服椎结。立政大言曰:"汉已大赦,中国安乐,主上富于春秋,霍子孟、上官少叔用事。"以此言微动之。陵默不应,孰视而自循其发,答曰:"吾已胡服矣!"有顷,律起更衣,立政曰:"咄,少卿良苦!霍子孟、上官少叔谢女。"陵曰:"霍与上官无恙乎?"立政曰:"请少卿来归故乡,毋忧富贵。"陵字立政曰:"少公,归易耳,恐再辱,奈何!"语未卒,卫律还,颇闻余语,曰:"李少卿贤者,不独居一国。范蠡遍游天下,由余去戎入秦,今何语之亲也!"因罢去。立政随谓陵曰:"亦有意乎?"陵曰:"丈夫不能再辱。"

陵在匈奴二十余年,元平元年病死。

苏建,杜陵人也。以校尉从大将军青击匈奴,封平陵侯。以将军筑朔方。后以卫尉为游击将军,从大将军出朔方。后一岁,以右将军再从大将军出定襄,亡翕侯,失军当斩,赎为庶人。其后为代郡太守,卒官。有三子;嘉为奉车都尉,贤为骑都尉,中子武最知名。

武字子卿,少以父任,兄弟并为郎,稍迁至栘中厩监。时汉连伐胡,数通使相窥观,匈奴留汉使郭吉、路充国等,前后十余辈。匈奴使来,汉亦留之以相当。天汉元年,且鞮侯单于初立,恐汉袭之,乃曰:"汉天子我丈人行也。"尽归汉使路充国等。武帝嘉其义,乃遣武以中郎将使持节送匈奴使留在汉者,因厚赂单于,答其善意。武与副中郎将张胜及假吏常惠等募士斥候百余人俱。既至匈奴,置币遗单于。单于益骄,非汉所望也。

方欲发使送武等,会缑王与长水虞常等谋反匈奴中。缑王者,昆邪王姊子也,与昆邪王俱降汉,后随浞野侯没胡中。及卫律所将降者,阴相与谋劫单于母阏氏归汉。会武等至匈奴,虞常在汉时素与副张胜相知,私候胜曰:"闻汉天子甚怨卫律,常能为汉伏弩射杀之。吾母与弟在汉,幸蒙其赏赐。"张胜许之,以货物与常。后月余,单于出猎,独阏氏子弟在。虞常等七十余人欲发,其一人夜亡,告之。单于子弟发兵与战。缑王等皆死,虞常生得。

单于使卫律治其事。张胜闻之,恐前语发,以状语武。武曰:"事如此,此必及我。见犯乃死,重负国。"欲自杀,胜、惠共止之。虞常果引张胜。单于怒,召诸贵人议,欲杀汉使者。左伊秩訾曰:"即谋单于,何以复加?宜皆降之。"单于使卫律召武受辞,武谓惠等:"屈节辱命,虽生,何面目以归汉!"引佩刀自刺。卫律惊,自抱持武,驰召医。凿地为坎,置煴火,覆武其上,蹈其背以出血。武气绝,半日复息。惠等哭,舆归营。单于壮其节,朝夕遣人候问武,而收系张胜。

武益愈,单于使使晓武。会论虞常,欲因此时降武。剑斩虞常已,律曰:"汉使张胜谋杀单于近臣,当死,单于募降者赦罪。"举剑欲击之,胜请降。律谓武曰:"副有罪,当相坐。"武曰:"本无谋,又非亲属,何谓相坐?"复举剑拟之,武不动。律曰:"苏君,律前负汉归匈奴,幸蒙大恩,赐号称王,拥众数万,马畜弥山,富贵如此。苏君今日降,明日复然。空以身膏草野,谁复知之!"武不应。律曰:"君因我降,与君为兄弟,今不听吾计,后虽欲复见我,尚可得乎?"武骂律曰:"女为人臣子,不顾恩义,畔主背亲,为降虏于蛮夷,何以女为见?且单于信女,使决人死生,不平心持正,反欲斗两主,观祸败。南越杀汉使者,屠为九郡;宛王杀汉使者,头县北阙;朝鲜杀汉使者,即时诛灭。独匈奴未耳。若知我不降明,欲令两国相攻,匈奴之祸从我始矣。"

律知武终不可胁,白单于。单于愈益欲降之,乃幽武置大窖中,绝不饮食。天雨雪,武卧啮雪与旃毛并咽之,数日不死,匈奴以为神,乃徙武北海上无人处,使牧羝,羝乳乃得归。别其官属常惠等,各置他所。

武既至海上,廪食不至,掘野鼠去草实而食之。杖汉节牧羊,卧起操持,节旄尽落。积五六年,单于弟於靬王弋射海上。武能网纺缴,檠弓弩,於靬王爱之,给其衣食。三岁余,王病,赐武马畜服匿穹庐。王死后,人众徙去。其冬,丁令盗武牛羊,武复穷厄。

初,武与李陵俱为侍中,武使匈奴明年,陵降,不敢求武。久之,单于使陵至海上,为武置酒设乐,因谓武曰:"单于闻陵与子卿素厚,故使陵来说足下,虚心欲相待。终不得归汉,空自苦亡人之地,信义安所见乎?前长君为奉车,从至雍棫阳宫,扶辇下除,触柱折辕,劾大不敬,伏剑自刎,赐钱二百万以葬。孺卿从祠河东后土,宦骑与黄门驸马争船,推堕驸马河中溺死,宦骑亡,诏使孺卿逐捕不得,惶恐饮药而死。来时,大夫人已不幸,陵送葬至阳陵。子卿妇年少,闻已更嫁矣。独有女弟二人,两女一男,今复十余年,存亡不可知。人生如朝露,何久自苦如此!陵始降时,忽忽如狂,自痛负汉,加以老母系保宫,子卿不欲降,何以过陵?且陛下春秋高,法令亡常,大臣亡罪夷灭者数十家,安危不可知,子卿尚复谁为乎?愿听陵计,勿复有云。"武曰:"武父子亡功德,皆为陛下所成就,位列将,爵通侯,兄弟亲近,常愿肝脑涂地。今得杀身自效,虽蒙斧钺汤镬,诚甘乐之。臣事君,犹子事父也,子为父死,亡所恨。愿勿复再言。"陵与武饮数日,复曰:"子卿一听陵言。"武曰:"自分已死久矣!王必欲降武,请毕今日之欢,效死于前!"陵见其至诚,喟然叹曰:

"嗟乎,义士!陵与卫律之罪上通于天。"因泣下沾衿,与武决去。

陵恶自赐武,使其妻赐武牛羊数十头。后陵复至北海上,语武:"区脱捕得云中生口,言太守以下吏民皆白服,曰上崩。"武闻之,南乡号哭,欧血,旦夕临数月。

昭帝即位数年,匈奴与汉和亲。汉求武等,匈奴诡言武死。后汉使复至匈奴,常惠请其守者与俱,得夜见汉使,具自陈道。教使者谓单于,言天子射上林中,得雁,足有系帛书,言武等在某泽中。使者大喜,如惠语以让单于。单于视左右而惊,谢汉使曰:"武等实在。"于是李陵置酒贺武曰:"今足下还归,扬名于匈奴,功显于汉室,虽古竹帛所载,丹青所画,何以过子卿!陵虽驽怯,令汉且贳陵罪,全其老母,使得奋大辱之积志,庶几乎曹柯之盟,此陵宿昔之所不忘也。收族陵家,为世大戮,陵尚复何顾乎?已矣!令子卿知吾心耳。异域之人,壹别长绝!"陵起舞,歌曰:"径万里兮度沙幕,为君将兮奋匈奴。路穷绝兮矢刃摧,士众灭兮名已隤。老母已死,虽欲报恩将安归!"陵泣下数行,因与武决。单于召会武官属,前以降及物故,凡随武还者九人。

武以始元六年春至京师。诏武奉一太牢谒武帝园庙,拜为典属国,秩中二千石,赐钱二百万,公田二顷,宅一区。常惠、徐圣、赵终根皆拜为中郎,赐帛各二百匹。其余六人老,归家,赐钱人十万。复终身。常惠后至右将军,封列侯,自有传。武留匈奴凡十九岁,始以强壮出,及还,须发尽白。

武来归明年,上官桀子安与桑弘羊及燕王、盖主谋反。武子男元与安有谋,坐死。

初，桀、安与大将军霍光争权，数疏光过失予燕王，令上书告之。又言苏武使匈奴二十年不降，还乃为典属国，大将军长史无功劳，为搜粟都尉，光颛权自恣。及燕王等反诛，穷治党与，武素与桀、弘羊有旧，数为燕王所讼，子又在谋中，廷尉奏请逮捕武。霍光寝其奏，免武官。

数年，昭帝崩，武以故二千石与计谋立宣帝，赐爵关内侯，食邑三百户。久之，卫将军张安世荐武明习故事，奉使不辱命，先帝以为遗言。宣帝即时召武待诏宦者署，数进见，复为右曹典属国。以武著节老臣，令朝朔望，号称祭酒，甚优宠之。

武所得赏赐，尽以施予昆弟故人，家不余财。皇后父平恩侯、帝舅平昌侯、乐昌侯、车骑将军韩增、丞相魏相、御史大夫丙吉皆敬重武。武年老，子前坐事死，上闵之，问左右："武在匈奴久，岂有子乎？"武因平恩侯自白："前发匈奴时，胡妇适产一子通国，有声问来，愿因使者致金帛赎之。"上许焉。后通国随使者至，上以为郎。又以武弟子为右曹。武年八十有余，神爵二年病卒。

甘露三年，单于始入朝。上思股肱之美，乃图画其人于麒麟阁，法其形貌，署其官爵姓名。唯霍光不名，曰大司马大将军博陆侯姓霍氏，次曰卫将军富平侯张安世，次曰车骑将军龙额侯韩增，次曰后将军营平侯赵充国，次曰丞相高平侯魏相，次曰丞相博阳侯丙吉，次曰御史大夫建平侯杜延年，次曰宗正阳城侯刘德，次曰少府梁丘贺，次曰太子太傅萧望之，次曰典属国苏武。皆有功德，知名当世，是以表而扬之，明著中兴辅佐，列于方叔、召虎、仲山甫焉。凡十一人，皆有传。自丞相黄霸、廷尉于定国、大司农朱邑、京兆尹张敞、右扶风尹翁归及儒者夏侯胜等，皆以善终，著名宣帝之世，然不得列于名臣之图，以此知其选矣。

三国志·诸葛亮传

诸葛亮字孔明，琅邪阳都人也。汉司隶校尉诸葛丰后也。父圭，字君贡，汉末为太山郡丞。亮早孤，从父玄为袁术所署豫章太守，玄将亮及亮弟均之官。会汉朝更选朱皓代玄。玄素与荆州牧刘表有旧，往依之。玄卒，亮躬耕陇亩，好为《梁父吟》。身高八尺，每自比于管仲、乐毅，时人莫之许也。惟博陵崔州平、颍川徐庶元直与亮友善，谓为信然。

时先主屯新野。徐庶见先主，先主器之，谓先主曰："诸葛孔明者，卧龙也，将军岂愿见之乎？"先主曰："君与俱来。"庶曰："此人可就见，不可屈致也。将军宜枉驾顾之。"由是先主遂诣亮，凡三往，乃见。因屏人曰："汉室倾颓，奸臣窃命，主上蒙尘。孤不度德量力，欲信大义于天下，而智术浅短，遂用猖獗，至于今日。然志犹未已，君谓计将安出？"亮答曰："自董卓已来，豪杰并起，跨州连郡者不可胜数。曹操比于袁绍，则名微而众寡，然操遂能克绍，以弱为强者，非惟天时，抑亦人谋也。今操已拥百万之众，挟天子以令诸侯，此诚不可与争锋。孙权据有江东，已历三世，国险而民附，贤能为之用，此可以为援而不可图也。荆州北据汉、沔，利尽南海，东连吴会，西通巴、蜀，此用武之国，而其主不能守，此殆天所以资将军，将军岂有意乎？益州险塞，沃野千里，天府之土，高祖因之以成帝业。刘璋暗弱，张鲁在北，民殷国富而不知存恤，智能之士思得明君。将军既帝室之胄，信义著于四海，总揽英雄，思贤如渴，若跨有荆、益，保其岩阻，西和诸戎，南抚夷越，外结好孙权，内修政理；天下有变，则命一上将将荆州之军以向宛、洛，将军身率益州之众出于秦川，百姓孰敢不箪食壶浆以迎将军者乎？诚如是，则霸业可成，汉室可兴矣。"先主曰："善！"于是与亮情好日密。关羽、张飞等不悦，先主解之曰："孤之有孔明，犹鱼之有水也。愿诸君勿复言。"羽、飞乃止。

刘表长子琦，亦深器亮。表受后妻之言，爱少子琮，不悦于琦。琦每欲与亮谋自安之术，亮辄拒塞，未与处画。琦乃将亮游观后园，共上高楼，饮宴之间，令人去梯，因谓亮曰："今日上不至天，下不至地，言出子口，入于吾耳，可以言未？"亮答曰："君不见申生在内而危，重耳在外而安乎？"琦意感悟，阴规出计。会黄祖死，得出，遂为江夏太守。俄而表卒，琮闻曹公来征，遣使请降。先主在樊闻之，率其众南行，亮与徐庶并从，为曹公所追破，获庶母。庶辞先主而指其心曰："本欲与将军共图王霸之业者，以此方寸之地也。今已失老母，方寸乱矣，无益于事，请从此别。"遂诣曹公。

先主至于夏口，亮曰："事急矣，请奉命求救于孙将军。"时权拥军在柴桑，观望成败，亮说权曰："海内大乱，将军起兵据有江东，刘豫州亦收众汉南，与曹操并争天下。今操芟夷大难，略已平矣，遂破荆州，威震四海。英雄无所用武，故豫州遁逃至此。将军量力而处之，若能以吴、越之众，与中国抗衡，不如早与之绝；若不能当，何不案兵束甲，北面而事之！今将军外托服从之名，而内怀犹豫之计,事急而不断,祸至无日矣!"权曰:"苟如君言,刘豫州何不遂事之乎?"亮曰:"田横,齐之壮士耳,犹守义不辱,况刘豫州王室之胄,英才盖世,众士慕仰,若水之归海,若事之不济,此乃天也,安能复为之下乎!"权勃然曰:"吾不能举全吴之地,十万之众,受制于人。吾计决矣!非刘豫州莫可以当曹操者,然豫州新败之后,安能抗此难乎?"亮曰:"豫州军虽败于长坂,今战士还者及关羽水军,精甲万人,刘琦合江夏战士,亦不下万人。曹操之众,远来疲弊,闻追豫州,轻骑一日一夜行三百余里,此所谓'强弩之末,势不能穿鲁缟'者也。故兵法忌之,曰'必蹶上将军'。且北方之人,不习水战;又荆州之民附操者,逼兵势耳,非心服也。今将军诚能命猛将,统兵数万,与豫州协规同力,破操军必矣。操军破,必北还,如此则荆、吴之势强,鼎足之形成矣。成败之机,在于今日。"权大悦,即遣周瑜、程普、鲁肃等水军三万,随亮诣先主,并力拒曹公。曹公败于赤壁,引军归邺。先主遂收江南,以亮为军师中郎将,使督零陵、桂阳、长沙三郡,调其赋税,以充军实。

建安十六年,益州牧刘璋遣法正迎先主,击张鲁。亮与关羽镇荆州。先主自葭萌还攻璋,亮与张飞、赵云等率众溯江,分定郡县,与先主共围成都。成都平,以亮为军师将军,署左将军府事。先主外出,亮常镇守成都,足食足兵。二十六年,群下劝先主称尊号,先主未许,亮说曰:"昔吴汉、耿弇等初劝世祖即帝位,世祖辞让,前后数四,耿纯进言曰:'天下英雄,喁喁冀有所望。如不从议者,士大夫各归求主,无为从公也。'世祖感纯言深至,遂然诺之。今曹氏篡汉,天下无主,大王刘氏苗族,绍世而起,今即帝位,乃其宜也。

士大夫随大王久勤苦者，亦欲望尺寸之功如纯言耳。"先主于是即帝位，策亮为丞相曰："朕遭家不造，奉承大统，兢兢业业，不敢康宁，思靖百姓，惧未能绥。於戏！丞相亮其悉朕意，无怠辅朕之阙，助宣重光，以照明天下，君其勖哉！"亮以丞相录尚书事，假节。张飞卒后，领司隶校尉。

章武三年春，先主于永安病笃，召亮于成都，属以后事，谓亮曰："君才十倍曹丕，必能安国，终定大事。若嗣子可辅，辅之；如其不才，君可自取。"亮涕泣曰："臣敢竭股肱之力，效忠贞之节，继之以死！"先主又为诏敕后主曰："汝与丞相从事，事之如父。"建兴元年，封亮武乡侯，开府治事。顷之，又领益州牧。政事无巨细，咸决于亮。南中诸郡，并皆叛乱，亮以新遭大丧，故未便加兵，且遣使聘吴，因结和亲，遂为与国。

三年春，亮率众南征，其秋悉平。军资所出，国以富饶，乃治戎讲武，以俟大举。五年，率诸军北驻汉中，临发，上疏曰："先帝创业未半而中道崩殂，今天下三分，益州疲弊，此诚危急存亡之秋也。然侍卫之臣不懈于内，忠志之士忘身于外者，盖追先帝之殊遇，欲报之于陛下也。诚宜开张圣听，以光先帝遗德，恢弘志士之气，不宜妄自菲薄，引喻失义，以塞忠谏之路也。宫中府中，俱为一体，陟罚臧否，不宜异同。若有作奸犯科及为忠善者，宜付有司论其刑赏，以昭陛下平明之理，不宜偏私，使内外异法也。侍中、侍郎郭攸之、费祎、董允等，此皆良实，志虑忠纯，是以先帝简拔以遗陛下。愚以为宫中之事，事无大小，悉以咨之，然后施行，必能裨补阙漏，有所广益。将军向宠，性行淑均，晓畅军事，试用于昔日，先帝称之曰能,是以众议举宠为督。愚以为营中之事,悉以咨之,必能使行阵和睦,优劣得所。亲贤臣,远小人,此先汉所以兴隆也;亲小人,远贤臣,此后汉所以倾颓也。先帝在时,每与臣论此事,未尝不叹息痛恨于桓、灵也。侍中、尚书、长史、参军,此悉贞良死节之臣,愿陛下亲之信之,则汉室之隆,可计日而待也。

"臣本布衣,躬耕于南阳,苟全性命于乱世,不求闻达于诸候。先帝不以臣卑鄙,猥自枉屈,三顾臣于草庐之中,咨臣以当世之事,由是感激,遂许先帝以驱驰。后值倾覆,受任于败军之际,奉命于危难之间,尔来二十有一年矣。先帝知臣谨慎,故临崩寄臣以大事也。受命以来,夙夜忧叹,恐托付不效,以伤先帝之明,故五月渡泸,深入不毛。今南方已定,兵甲已足,当奖率三军,北定中原,庶竭驽钝,攘除奸凶,兴复汉室,还于旧都。此臣所以报先帝,而忠陛下之职分也。

"至于斟酌损益,进尽忠言,则攸之、祎、允之任也。愿陛下托臣以讨贼兴复之效,不效则治臣之罪,以告先帝之灵。(若无兴德之言,则)责攸之、祎、允等之慢,以彰其咎。陛下亦宜自谋,以咨诹善道,察纳雅言,深追先帝遗诏。臣不胜受恩感激。今当远离,临表涕零,不知所言。"遂行,屯于沔阳。

六年春,扬声由斜谷道取郿,使赵云、邓芝为疑军,据箕谷,魏大将军曹真举众拒之。亮身率诸军攻祁山,戎陈整齐,赏罚肃而号令长明,南安、天水、永安三郡叛魏应亮,关中响震。魏明帝西镇长安,命张郃拒亮,亮使马谡督诸军在前,与郃战于街亭。谡违亮节度,举动失宜,大为张郃所破。亮拔西县千余家,还于汉中,戮谡以谢众。上疏曰："臣以弱才,叨窃非据,亲秉旄钺以厉三军,不能训章明法,临事而惧,至有街亭违命之阙,箕谷不戒之失,咎皆在臣,授任无方。臣明不知人,恤事多暗,《春秋》责帅,臣职是当。请自贬三等,以督厥咎。"于是以亮为右将军,行丞相事,所总统如前。

冬,亮复出散关,围陈仓,曹真拒之,亮粮尽而还。魏将军王双率骑追亮,亮与战,破之,斩双。七年,亮遣陈式攻武都、阴平。魏雍州刺史郭淮率众欲击式,亮自出至建威,淮退还,遂平二郡。诏策亮曰:"街亭之役,咎由马谡,而君引愆,深自贬抑,重违君意,听顺所守。前年耀师,馘斩王双;今岁爰征,郭淮遁走;降集氐、羌,兴复二郡,威镇凶暴,功勋显然。方今天下骚扰,元恶未枭,君受大任,干国之重,而久自绝损,非所以光扬洪烈矣。今复君丞相,君其勿辞。"

九年,亮复出祁山,以木牛运,粮尽退军,与魏将张郃交战,射杀郃。十二年春,亮悉大众由斜谷出,以流马运,据武功五丈原,与司马宣王对于渭南。亮每患粮不继,使己志不申,是以分兵屯田,为久驻之基。耕者杂于渭滨居民之间,而百姓安堵,军无私焉。相持百余日。其年八月,亮疾病卒于军,时年五十四。及军退,宣王案行其营垒处所,曰:"天下奇才也!"

亮遗命葬汉中定军山,因山为坟,冢足容棺,敛以时服,不须器物。诏策曰:"惟君体资文武,明睿笃诚,受遗托孤,匡辅朕躬,继绝兴微,志存靖乱;爰整六师,无岁不征,神武赫然,威震八荒,将建殊功于季汉,参伊、周之巨勋。如何不吊,事临垂克,遘疾陨丧!朕用伤悼,肝心若裂。夫崇德序功,纪行命谥,所以光昭将来,刊载不朽。今使使持节左中郎将杜琼，赠君丞相武乡侯印绶，谥君为忠武侯。魂而有灵，嘉兹宠荣。呜呼哀哉！呜呼哀哉！"

初，亮自表后主曰："成都有桑八百株，薄田十五顷，子弟衣食，自有余饶。至于臣在外任，无别调度，随身衣食，悉仰于官，不别治生，以长尺寸。若臣死之日，不使内有余帛，外有赢财，以负陛下。"及卒，如其所言。

亮性长于巧思，损益连弩，木牛流马，皆出其意；推演兵法，作八阵图，咸得其要云。亮言教书奏多可观，别为一集。

景耀六年春，诏为亮立庙于沔阳。秋，魏征西将军锺会征蜀，至汉川，祭亮之庙，令军士不得于亮墓所左右刍牧樵采。亮弟均，官至长水校尉。亮子瞻，嗣爵。

世说新语(选录)

言语篇

过江诸人,每至美日,辄相邀新亭,藉卉饮宴。周侯中坐而叹曰:"风景不殊,正自有山河之异!"皆相视流泪。唯王丞相愀然变色曰:"当共戮力王室,克复神州,何至作楚囚相对!"

卫洗马初欲渡江,形神惨悴,语左右云:"见此芒芒,不觉百端交集。苟未免有情,亦复谁能遣此!"

桓公北征,经金城,见前为琅邪时种柳,皆已十围,慨然曰:"木犹如此,人何以堪!"攀枝执条,泫然流泪。

简文入华林园,顾谓左右曰:"会心处不必在远,翳然林水,便自有濠、濮间想也,觉鸟兽禽鱼自来亲人。"

支道林常养数匹马。或言:"道人畜马不韵。"支曰:"贫道重其神骏。"

荀中郎在京口,登北固望海云:"虽未睹三山,便自使人有凌云意。若秦、汉之君,必当褰裳濡足。"

孝武将讲《孝经》,谢公兄弟与诸人私庭讲习。车武子难苦问谢,谓袁羊曰:"不问则德音有遗,多问则重劳二谢。"袁曰:"必无此嫌。"车曰:"何以知尔?"袁曰:"何尝见明镜疲于屡照,清流惮于惠风?"

谢太傅问诸子侄:"子弟亦何预人事,而正欲使其佳?"诸人莫有言者,车骑答曰:"譬如芝兰玉树,欲使其生于阶庭耳。"

文学篇

殷中军问:"自然无心于禀受,何以正善人少,恶人多?"诸人莫有言者。刘尹答曰:"譬如泻水著地,正自纵横流漫,略无正方圆者。"一时叹绝,以为名通。

方正篇

高贵乡公薨,内外喧哗。司马文王问侍中陈泰曰:"何以静之?"泰云:"唯杀贾充以谢天下。"文王曰:"可复下此不?"对曰:"但见其上,未见其下。"

雅量篇

嵇中散临刑东市,神气不变。索琴弹之,奏《广陵散》。曲终,曰:"袁孝尼尝请学此散,吾靳固不与,《广陵散》于今绝矣!"太学生三千人上书,请以为师,不许。文王亦寻悔焉。

识鉴篇

张季鹰辟齐王东曹掾，在洛，见秋风起，因思吴中菰菜羹、鲈鱼脍，曰："人生贵得适意尔，何能羁宦数千里以要名爵？"遂命驾便归。俄而齐王败，时人皆谓为见机。

夙慧篇

晋明帝数岁，坐元帝膝上。有人从长安来，元帝问洛下消息，潸然流涕。明帝问何以致泣，具以东渡意告之。因问明帝："汝意长安何如日远？"答曰："日远。不闻人从日边来，居然可知。"元帝异之。明日，集群臣宴会，告以此意，更重问之。乃答曰："日近。"元帝失色，曰："尔何故异昨日之言邪？"答曰："举目见日，不见长安。"

容止篇

魏武将见匈奴使，自以形陋，不足雄远国，使崔季珪代，帝自捉刀立床头。既毕，令间谍问曰："魏王何如？"匈奴使答曰："魏王雅望非常；然床头捉刀人，此乃英雄也。"魏武闻之，追杀此使。

伤逝篇

王子猷、子敬俱病笃,而子敬先亡。子猷问左右:"何以都不闻消息?此已丧矣!"语时了不可悲。便索舆来奔丧,都不哭。子敬素好琴,便径入坐灵床上,取子敬琴弹,弦既不调,掷地云:"子敬!子敬!人琴俱亡。"因恸绝良久。月余亦卒。

任诞篇

殷洪乔作豫章郡,临去,都下人因附百许函书。既至石头,悉掷水中,因祝曰:"沉者自沉,浮者自浮,殷洪乔不能作致书邮。"

王子猷居山阴,夜大雪,眠觉,开室命酌酒,四望皎然。因起彷徨,咏左思《招隐》诗。忽忆戴安道。时戴在剡,即便夜乘小船,就之。经宿方至,造门不前而返。人问其故,王曰:"吾本乘兴而行,兴尽而返,何必见戴?"

大唐大慈恩寺三藏法师传（起长安终伊吾）

慧立　彦悰

法师既遍谒众师，备殚其说，详考其理，各擅宗途，验之圣典，亦隐显有异，莫知适从，乃誓游西方，以问所惑。并取《十七地论》以释众疑。即今之《瑜伽师地论》也。又言，昔法显、智严，亦一时之士。皆能求法，导利群生。岂使高迹无追，清风绝后。大丈夫会当继之。于是结侣陈表，有诏不许。诸人咸退，唯法师不屈。既方事孤游，又承西路艰险，乃自试其心以人间众苦。种种调伏，堪任不退。然始入塔启请，申其意志，愿乞众圣冥加，使往还无梗。

初，法师之生也，母梦法师著白衣西去。母曰："汝是我子，今欲何去？"答曰："为求法故去。"此则游方之先兆也。贞观三年秋八月，将欲首涂，又求祥瑞。乃夜梦见大海中有苏迷卢山。四宝所成，极为严丽。意欲登山，而洪涛汹涌。又无船筏。不以为惧，乃决意而入。忽见石莲华涌乎波外，应足而生。却而观之，随足而灭。须臾，至山下。又峻峭不可上。试踊身自腾，有抟飙飒至。扶而上升。到山顶，四望廓然，无复拥碍。喜而寤焉。遂即行矣。时年二十六也。

时有秦州僧孝达，在京学《涅槃经》。功毕还乡。遂与俱去。至秦州，停一宿。逢兰州伴，又随去。至兰州，一宿。遇凉州人送官马归。又随去。至彼。停月余日。道俗请开《涅槃摄论》及《般若经》。法师皆为开发。凉州为河西都会，襟带西蕃、葱右诸国，商侣往来无有停绝。时开讲日，盛有其人，皆施珍宝，稽颡赞叹。归还，各向其君长称叹法师之美，云欲西来求法于婆罗门国。以是西域诸城，无不预发欢心，严洒而待。散会之日，珍施丰厚。金钱、银钱、白马无数。法师受一半燃灯，余外并施诸寺。

时国政尚新，疆埸未远。禁约百姓，不许出蕃。时李大亮为凉州都督。既奉严敕，防禁特切，有人报亮云："有僧从长安来，欲向西国。不知何意。"亮惧，追法师，问来由，法师报云："欲西求法。"亮闻之，逼还京。彼有惠威法师，河西之领袖，神悟聪哲。既重法师辞理，复闻求法之志，深生随喜。密遣二弟子，一曰慧琳，二曰道整。窃送向西。自是不敢公出，乃昼伏夜行，遂至瓜州。时刺史独孤达，闻法师至，甚喜。供事殷厚。法师因访西路。或有报云："从此北行五十余里。有瓠芦河，下广上狭，洄波甚急，深不可渡。上置玉门关，路必由之，即西境之襟喉也。关外西北又有五烽，候望者居之。各相去百里，中无水草。五烽之外，即莫贺延碛，伊吾国境。"闻之愁愦，所乘之马又死，不知计出。

沉默经月余日。未发之间，凉州访牒又至。云："有僧字玄奘，欲入西蕃。所在州县，宜严候捉。"州吏李昌，崇信之士。心疑法师，遂密将牒呈云："师不是此耶？"法师迟疑未报。昌曰："师须实语。必是，弟子为师图之。"法师乃具实而答。昌闻，深赞希有，曰："师实能尔者，为师毁却文书。"即于前裂坏之。仍云："师须早去。"自是益增忧惘。所从二小僧，道整先向燉煌，唯慧琳在。知其不堪远涉，亦放还。遂贸易得马一匹，但苦无人相引。即于所停寺弥勒像前启请，愿得一人相引渡关。其夜寺有胡僧达摩梦法师坐一莲华向西而去。达摩私怪，旦而来白。法师心喜为得行之征。然语达摩云："梦为虚妄，何足涉言。"更入道场礼请。俄有一胡人来，入礼佛。逐法师行二三匝。问其姓名。云姓石，字槃陀。此胡即请受戒，乃为授五戒。胡甚喜，辞还。少时，赍饼果更来。法师见其明健，貌又恭肃，遂告行意，胡人许诺，言送师过五烽。法师大喜。乃更贸衣资为买马而期焉。

明日，日欲下，遂入草间。须臾彼胡更与一胡老翁，乘一瘦老赤马相逐而至。法师心不怿。少胡曰："此翁极谙西路，来去伊吾三十余反。故共俱来。望有平章耳。"胡公因说："西路险恶，沙河阻远，鬼魅热风，过无免者。徒侣众多犹数迷失，况师单独，如何可行。愿自料量，勿轻身命。"法师报曰："贫道为求大法，发趣西方，若不至婆罗门国，终不东归。纵死中途，非所悔也。"胡翁曰："师必去，可乘我此马。此马往反伊吾已有十五度，健而知道。师马少，不堪远涉。"法师乃窃念在长安将发志西方日，有术人何弘达者，诵咒占观，多有所中。法师令占行事。达曰："师得去。去状似乘一老赤瘦马，漆鞍桥，前有铁。"既睹胡人所乘马瘦赤，漆鞍有铁。与何君言合。心以为当。遂即换马。胡翁欢喜，礼敬而别。

于是装束，与少胡夜发。三更许到河，遥见玉关。去关上流十里许。两岸可阔丈余。傍有梧桐树丛。胡乃斩木为桥，布草填沙。驱马而过。法师既渡而喜。因解驾停憩，与胡人相去可五十余步，各下褥而眠。少时，胡人乃拔刀而起，徐向法师，未到十步许又回，不知何意，疑有异心。即起诵经，念观音菩萨。胡人见，已还卧，遂眠。天欲明，法师唤令起取水盥漱，解斋讫，欲发。胡人曰："弟子将前途险远，又无水草，唯五烽下有水，必须夜到，偷水而过。但一处被觉，即是死人，不如归还，用为安隐。"法师确然不回，乃俯仰而进。露刃张弓，命法师前行。法师不肯居前。胡人自行数里而住，曰："弟子不能去，家累既大，而王法不可忤也。"法师知其意，遂任还。胡人曰："师必不达。如被擒捉，相引奈何。"法师报曰："纵使切割此身如微尘者，终不相引。"为陈重誓。其意乃止。与马一匹，劳谢而别。自是孑然孤游沙漠矣。唯望骨聚马粪等渐进。顷间，忽有军众数百队，满沙碛间，乍行乍止。皆裘毼驼马之像，及旌旗槊纛之形。易貌移质，倏忽千变，遥瞻极著，渐近而微。法师初睹，谓为贼众，渐近见灭，乃知妖鬼。又闻空中声言，勿怖勿怖，由此稍安。

经八十余里，见第一烽。恐候者见，乃隐伏沙沟。至夜方发。到烽西，见水下饮。盥手讫，欲取皮囊盛水。有一箭飒来，几中于膝。须臾更一箭来，知为他见，乃大言曰："我是僧，从京师来，汝莫射我。"即牵马向烽，烽上人亦开门而出。相见，知是僧。将入见校尉王祥。祥命蒸火令看曰："非我河西僧，实似京师来也。"具问行意。法师报曰："校尉颇闻凉州人说有僧玄奘欲向婆罗门国求法不？"答曰："闻承奘师已东还。何因到此？"法师引示马上章疏及名字，彼乃信。仍言："西路艰远，师终不达。今亦不与师罪。弟子燉煌人，欲送师向燉煌。彼有张皎法师，钦贤尚德，见师必喜。请就之。"法师对曰："奘桑梓洛阳，少而慕道。两京知法之匠、吴蜀一艺之僧，无不负笈从之。穷其所解，对扬谈说。亦忝为时宗，欲养己修名。岂劣檀越燉煌耶？然恨佛化经有不周，义有所阙。故无贪性命，不惮艰危，誓往西方，遵求遗法。檀越不相励勉，专劝退还，岂谓同厌尘劳，共树涅槃之因也？必欲拘留，任即刑罚。玄奘终不东移一步，以负先心。"祥闻之，悯然曰："弟子多幸，得逢遇师，敢不随喜。师疲倦，且卧，待明白送，指示途路。"遂拂筵安置。至晓，法师食讫，祥使人盛水及麨饼。自送至十余里，云："师从此路径向第四烽，彼人亦有善心，又是弟子宗骨。姓王名伯陇。至彼可言弟子遣师来。"泣拜而别。

既去，夜到第四烽。恐为留难，欲默取水而过。至水未下间，飞箭已至，还如前报。即急向之。彼亦下来。入烽。烽官相问，答欲往天竺，路由于此。第一烽王祥校尉故遣相过。彼闻欢喜，留宿。更施大皮囊及马麦相送，云："师不须向第五烽。彼人疏率，恐生异图。可于此去百里许，有野马泉，更取水。"从是已去。即莫贺延碛，长八百余里。古曰沙河。上无飞鸟，下无走兽，复无水草。是时顾影唯一。心但念观音菩萨及《般若心经》。初，法师在蜀见一病人，身疮臭秽，衣服破污，愍将向寺，施与衣服饮食之直。病者惭愧，乃授法师此经。因常诵习。至沙河间，逢诸恶鬼，奇状异类，绕人前后，虽念观音不能全去。及诵此经，发声皆散。在危获济，实所凭焉。

时行百余里，失道，觅野马泉不得。下水欲饮，袋重，失手覆之。千里之资一朝斯罄。又路盘回，不知所趣。乃欲东归。还第四烽，行十余里，自念我先发愿，若不至天竺，终不东归一步，今何故来。宁可就西而死，岂归东而生。于是旋辔，专念观音，西北而进。

是时四顾茫然，人鸟俱绝。夜则妖魑举火，灿若繁星；昼则惊风拥沙，散如时雨。虽遇如是，心无所惧。但苦水尽，渴不能前。于是时，四夜五日无一滴沾喉，口腹干燋，几将殒绝，不复能进。遂卧沙中，默念观音，虽困不舍。启菩萨曰："玄奘此行，不求财利，无冀名誉。但为无上正法来耳。仰惟菩萨慈念群生，以救苦为务。此为苦矣，宁不知耶？"如是告时，心心无辍。至第五夜半，忽有凉风触身，冷快如沐寒水。遂得目明，马亦能起。体既苏息，得少睡眠。即于睡中梦一大神，长数丈，执戟麾曰："何不强行而更卧也？"法师惊寤，进发，行可十里，马忽异路，制之不回。经数里，忽见青草数亩，下马恣食。去草十步，欲回转，又到一池，水甘澄镜澈。下而就饮。身命重全，人马俱得苏息。计此应非旧水草。固是菩萨慈悲为生。其至诚通神皆此类也。

即就草池一日停息。后日盛水取草进发。更经两日，方出流沙，到伊吾矣。此等危难百千，不能备叙。既至伊吾，止一寺。寺有汉僧三人，中有一老者，衣不及带，跣足出迎。抱法师哭，哀号鲠咽，不能已已，言："岂期今日重见乡人！"法师亦对之伤泣。自外胡僧胡王悉来参谒。王请屈所居，备陈供养。

史通·自叙

刘知几

予幼奉庭训,早游文学。年在纨绮,便受《古文尚书》。每苦其辞艰琐,难为讽读。虽屡逢捶挞,而其业不成。尝闻家君为诸兄讲《春秋左氏传》,每废书而听。逮讲毕,即为诸兄说之。因窃叹曰:"若使书皆如此,吾不复怠矣。"先君奇其意,于是始授以《左氏》,期年而讲诵都毕。于时年甫十有二矣。所讲虽未能深解,而大义略举。父兄欲令博观义疏,精此一经。辞以获麟已后,未见其事,乞且观余部,以广异闻。次又读《史》《汉》《三国志》。既欲知古今沿革,历数相承,于是触类而观,不假师训。自汉中兴已降,迄乎皇家实录,年十有七,而窥览略周。其所读书,多因假赁,虽部帙残缺,篇第有遗,至于叙事之纪纲,立言之梗概,亦粗知之矣。但于时将求仕进,兼习揣摩,至于专心诸史,我则未暇。

洎年登弱冠,射策登朝,于是思有余闲,获遂本愿。旅游京洛,颇积岁年,公私借书,恣情披阅。至如一代之史,分为数家,其间杂记小书,又竟为异说,莫不钻研穿凿,尽其利害。加以自小观书,喜谈名理,其所悟者,皆得之襟腑,非由染习。故始在总角,读班、谢两《汉》,便怪《前书》不应有《古今人表》,《后书》宜为更始立纪。当时闻者共责,以为童子何知,而敢轻议前哲。于是赧然自失，无辞以对。其后见张衡、范晔集，果以二史为非。其有暗合于古人者，盖不可胜纪。始知流俗之士，难与之言。凡有异同，蓄诸方寸。及年以过立，言悟日多，常恨时无同好，可与言者。维东海徐坚，晚与之遇，相得甚欢，虽古者伯牙之识锺期，管仲之知鲍叔，不是过也。复有永城朱敬则、沛国刘允济、义兴薛谦光、河南元行冲、陈留吴兢、寿春裴怀古，亦以言议见许，道术相知。所有榷扬，得尽怀抱。每云："德不孤，必有邻，四海之内，知我者不过数子而已矣。"

昔仲尼以睿圣明哲，天纵多能，睹史籍之繁文，惧览者之不一，删《诗》为三百篇，约史记以修《春秋》，赞《易》道以黜八索，述《职方》以除九丘，讨论坟典，断自唐虞，以迄于周。其文不刊，为后王法。自兹厥后，史籍逾多，苟非命世大才，孰能刊正其失？嗟予小子，敢当此任！其于史传也，尝欲自班、马已降，讫于姚、李、令狐、颜、孔诸书，莫不因其旧义，普加厘革。但以无夫子之名，而辄行夫子之事，将恐致惊末俗，取咎时人，徒有其劳，而莫之见赏。所以每握管叹息，迟回者久之。非欲之而不能，实能之而不敢也。

既朝廷有知意者，遂以载笔见推。由是三为史臣，再入东观。每惟皇家受命，多历年所，史官所编，粗惟纪录。至于纪传及志，则皆未有其书。长安中，会奉诏预修《唐史》。及今上即位，又敕撰《则天大圣皇后实录》。凡所著述，尝欲行其旧议。而当时同作诸士及监修贵臣，每与其凿枘相违，龃龉难入。故其所载削，皆与俗浮沉。虽自谓依违苟从，然犹大为史官所嫉。嗟乎！虽任当其职，而吾道不行；见用于时，而美志不遂。郁怏孤愤，无以寄怀。必寝而不言，嘿而无述，又恐没世之后，谁知予者。故退而私撰《史通》，以见其志。

昔汉世刘安著书，号曰《淮南子》。其书牢笼天地，博极古今，上自太公，下至商鞅。其错综经纬，自谓兼于数家，无遗力矣。然自《淮南》已后，作者无绝。必商榷而言，则其流又众。盖仲尼既没，微言不行；史公著书，是非多谬。由是百家诸子，诡说异辞，务为小辨，破彼大道，故扬雄《法言》生焉。儒者之书，博而寡要，得其糟粕，失其菁华。而流俗鄙夫，贵远贱近，传兹牴牾，自相欺惑，故王充《论衡》生焉。民者，冥也，冥然罔知，率彼愚蒙，墙面而视。或讹音鄙句，莫究本源，或守株胶柱，动多拘忌，故应劭《风俗通》生焉。五常异禀，百行殊执，能有兼偏，知有长短。苟随才而任使，则片善不遗，必求备而后用，则举世莫可，故刘劭《人物志》生焉。夫开国承家，立身立事，一文一武，或出或处，虽贤愚壤隔，善恶区分，苟时无品藻，则理难铨综，故陆景《典语》生焉。词人属文，其体非一，譬甘辛殊味，丹素异彩，后来祖述，识昧圆通，家有诋诃，人相掎摭，故刘勰《文心》生焉。若《史通》之为书也，盖伤当时载笔之士，其义不纯。思欲辨其指归，殚其体统。夫其书虽以史为主，而余波所及，上穷王道，下掞人伦，总括万殊，包吞千有。自《法言》已降，迄于《文心》而往，固以纳诸胸中，曾不惬芥者矣。夫其为义也，有与夺焉，有褒贬焉，有鉴诫焉，有讽刺焉。其为贯穿者深矣，其为网罗者密矣，其所商略者远矣，其所发明者多矣。盖谈经者恶闻服、杜之嗤，论史者憎言班、马之失。而此书多讥往哲，喜述前非。获罪于时，固其宜矣。犹冀知音君子，时有观焉。尼父有云："罪我者《春秋》，知我者《春秋》。"抑斯之谓也。

昔梁征士刘孝标作《叙传》，其自比于冯敬通者有三。而予辄不自揆，亦窃比于扬子云者有四焉。何者？扬雄尝好雕虫小技，老而悔其少作。余幼喜诗赋，而壮都不为，耻以文士得名，期以述者自命。其似一也。扬雄草《玄》，累年不就，当时闻者，莫不哂其徒劳。余撰《史通》，亦屡移寒暑。悠悠尘俗，共以为愚。其似二也。扬雄撰《法言》，时人竞尤其妄，故作《解嘲》以训之。余著《史通》，见者亦互言其短，故作《释蒙》以拒之。其似三也。扬雄少为范竣、刘歆所重，及闻其撰《太玄经》，则嘲以恐盖酱瓿。然刘、范之重雄者，盖贵其文彩，若《长扬》《羽猎》之流耳。如《太玄》深奥，理难探赜。既绝窥逾，故加讥诮。余初好文笔，颇获誉于当时。晚谈史传，遂减价于知己。其似四也。夫才唯下劣，而迹类先贤。是用铭之于心，持以自慰。抑犹有遗恨，惧不似扬雄者有一焉。何者？雄之《玄经》始成，虽为当时所贱，而桓谭以为数百年外，其书必传。其后张衡、陆绩果以为绝伦参圣。夫以《史通》方诸《太玄》，今之君山，即徐、朱等数君是也。后来张、陆，则未之知耳。嗟乎！倘使平子不出，公纪不生，将恐此书与粪土同捐，烟烬俱灭。后之识者，无得而观。此予所以抚卷涟洏，泪尽而继之以血也。

封建论

柳宗元

天地果无初乎？吾不得而知之也。生人果有初乎？吾不得而知之也。然则孰为近？曰："有初为近。"孰明之？由封建而明之也。彼封建者，更古圣王尧舜禹汤文武而莫能去之。盖非不欲去之也，势不可也。势之来，其生人之初乎？不初，无以有封建；封建，非圣人意也。彼其初与万物皆生，草木榛榛，鹿豕狉狉，人不能搏噬，而且无毛羽，莫克自奉自卫。荀卿有言："必将假物以为用者也。"夫假物者必争，争而不已，必就其能断曲直者而听命焉。其智而明者，所伏必众；告之以直而不改，必痛之而后畏；由是君长刑政生焉。故近者聚而为群。群之分，其争必大，大而后有兵有德。又有大者，众群之长又就而听命焉，以安其属。于是有诸侯之列，则其争又有大者焉。德又大者，诸侯之列又就而听命焉，以安其封。于是有方伯、连帅之类，则其争又有大者焉。德又大者，方伯、连帅之类又就而听命焉，以安其人。然后天下会于一。是故有里胥而后有县大夫，有县大夫而后有诸侯，有诸侯而后有方伯、连帅，有方伯、连帅而后有天子。自天子至于里胥，其德在人者，死必求其嗣而奉之。故封建非圣人意也，势也。

夫尧舜禹汤之事远矣，及有周而甚详。周有天下，裂土田而瓜分之,设五等,邦群后。布履星罗,四周于天下,轮运而辐集,合为朝觐会同,离为守臣扞城。然而降于夷王,害礼伤尊,下堂而迎觐者。历于宣王,挟中兴复古之德,雄南征北伐之威,卒不能定鲁侯之嗣。陵夷迄于幽厉,王室东徙,而自列为诸侯矣。厥后,问鼎之轻重者有之,射王中肩者有之,伐凡伯、诛苌弘者有之。天下乖戾,无君君之心。余以为周之丧久矣,徒建空名于公侯之上耳!得非诸侯之盛强,末大不掉之咎欤?遂判为十二,合为七国,威分于陪臣之邦,国殄于后封之秦。则周之败端,其在乎此矣。秦有天下,裂都会而为之郡邑,废侯卫而为之守宰,据天下之雄图,都六合之上游,摄制四海,运于掌握之内,此其所以为得也。不数载而天下大坏,其有由矣:亟役万人,暴其威刑,竭其货贿,负锄梃谪戍之徒,圜视而合从,大呼而成群,时则有叛人而无叛吏。人怨于下而吏畏于上,天下相合,杀守劫令而并起。咎在人怨,非郡邑之制失也。汉有天下,矫秦之枉,徇周之制,剖海内而立宗子,封功臣。数年之间,奔命扶伤之不暇;困平城,病流矢,陵迟不救者三代。后乃谋臣献画,而离削自守矣。然而封建之始,郡邑居半,时则有叛国而无叛郡。秦制之得,亦以明矣。继汉而帝者,虽百代可知也。唐兴,制州邑,立守宰,此其所以为宜也。然犹桀猾时起,虐害方域者,失不在于州而在于兵,时则有叛将而无叛州。州县之设,固不可革也。

或者曰:"封建者,必私其土,子其人,适其俗,修其理,施化易也。守宰者,苟其心,思迁其秩而已,何能理乎?"余又非之。周之事迹,断可见矣。列侯骄盈,黩货事戎,大凡乱国多,理国寡,侯伯不得变其政,天子不得变其君,私土子人者,百不有一。失在于制，不在于政，周事然也。秦之事迹，亦断可见矣。有理人之制，而不委郡邑，是矣。有理人之臣，而不使守宰，是矣。郡邑不得正其制，守宰不得行其理。酷刑苦役，而万人侧目。失在于政，不在于制，秦事然也。汉兴，天子之政行于郡，不行于国，制其守宰，不制其侯王。侯王虽乱，不可变也；国人虽病，不可除也。及夫大逆不道，然后掩捕而迁之，勒兵而夷之耳。大逆未彰，奸利浚财，怙势作威，大刻于民者，无如之何。及夫郡邑，可谓理且安矣。何以言之？且汉知孟舒于田叔，得魏尚于冯唐，闻黄霸之明审，睹汲黯之简靖，拜之可也，复其位可也，卧而委之以辑一方可也。有罪得以黜，有能得以赏。朝拜而不道，夕斥之矣；夕受而不法，朝斥之矣。设使汉室尽城邑而侯王之，纵令其乱人，戚之而已。孟舒、魏尚之术，莫得而施；黄霸、汲黯之化，莫得而行。明谴而导之，拜受而退已违矣。下令而削之，缔交合从之谋，周于同列，则相顾裂眦，勃然而起。幸而不起，则削其半；削其半，民犹瘁矣，曷若举而移之以全其人乎？汉事然也。今国家尽制郡邑，连置守宰，其不可变也固矣。善制兵，谨择守，则理平矣。

或者又曰："夏、商、周、汉封建而延，秦郡邑而促。"尤非所谓知理者也。魏之承汉也，封爵犹建；晋之承魏也，因循不革。而二姓陵替，不闻延祚。今矫而变之，垂二百祀，大业弥固，何系于诸侯哉？或者又以为："殷、周，圣王也，而不革其制，固不当复议也。"是大不然。夫殷周之不革者，是不得已也。盖以诸侯归殷者三千焉，资以黜夏，汤不得而废；归周者八百焉，资以胜殷，武王不得而易。徇之以为安，仍之以为俗，汤、武之所不得已也。夫不得已，非公之大者也，私其力于己也，私其卫于子孙也。秦之所以革之者，其为制，公之大者也；其情私也，私其一己之威也，私其尽臣畜于我也。然而公天下之端自秦始。夫天下之道，理安斯得人者也。使贤者居上，不肖者居下，而后可以理安。今夫封建者，继世而理；继世而理者，上果贤乎？下果不肖乎？则生人之理乱未可知也。将欲利其社稷，以一其人之视听，则又有世大夫世食禄邑，以尽其封略，圣贤生于其时，亦无以立于天下，封建者为之也。岂圣人之制使至于是乎？吾固曰："非圣人之意也，势也。"

资治通鉴·钜鹿之战

二世皇帝二年九月，章邯已破项梁，以为楚地兵不足忧，乃渡河，北击赵，大破之。引兵至邯郸，皆徙其民河内，夷其城郭。张耳与赵王歇走入钜鹿城，王离围之。陈馀北收常山兵，得数万人，军钜鹿北。章邯军钜鹿南棘原。

赵数请救于楚。高陵君显在楚，见楚王曰："宋义论武信君军必败，居数日，军果败。兵未战而先见败征，此可谓知兵矣！"王召宋义与计事而大说之，因置以为上将军。项羽为次将，范增为末将，以救赵。诸别将皆属宋义，号为"卿子冠军"。

（秦二世皇帝）三年冬十月，宋义行至安阳，留四十六日不进。项羽曰："秦围赵急，宜疾引兵渡河；楚击其外，赵应其内，破秦军必矣。"宋义曰："不然。夫搏牛之虻，不可以破虮虱。今秦攻赵，战胜则兵疲，我承其敝；不胜，则我引兵鼓行而西，必举秦矣。故不如先斗秦、赵。夫被坚执锐，义不如公；坐运筹策，公不如义。"因下令军中曰："有猛如虎，狠如羊，贪如狼，强不可使者，皆斩之！"

乃遣其子宋襄相齐，身送之至无盐，饮酒高会。天寒，大雨，士卒冻饥。项羽曰："将戮力而攻秦，久留不行。今岁饥民贫，士卒食半菽，军无见粮，乃饮酒高会；不引兵渡河，因赵食，与赵并力攻秦，乃曰'承其敝'。夫以秦之强，攻新造之赵，其势必举赵。赵举秦强，何敝之承！且国兵新破，王坐不安席，扫境内而专属于将军，国家安危，在此一举。今不恤士卒而徇其私，非社稷之臣也！"

十一月，项羽晨朝上将军宋义，即其帐中斩宋义头。出令军中曰："宋义与齐谋反楚，楚王阴令籍诛之！"当是时，诸将皆慴服，莫敢枝梧，皆曰："首立楚者，将军家也，今将军诛乱。"乃相与共立羽为假上将军。使人追宋义子，及之齐，杀之。使桓楚报命于怀王。怀王因使羽为上将军。

十二月，故齐王建孙安，下济北，从项羽救赵。章邯筑甬道属河，饷王离。王离兵食多，急攻钜鹿。钜鹿城中，食尽兵少，张耳数使人召前陈馀，陈馀自度兵少，不敌秦，不敢前。数月，张耳大怒，怨陈馀，使张黡、陈泽往让陈馀曰："始吾与公为刎颈交，今王与耳旦暮且死，而公拥兵数万，不肯相救，安在其相为死！苟必信，胡不赴秦军俱死，且有十一二相全。"陈馀曰："吾度前终不能救赵，徒尽亡军。且馀所以不俱死，欲为赵王、张君报秦。今必俱死，如以肉委饿虎，何益？"张黡、陈泽要以俱死，乃使黡、泽将五千人先尝秦军，至，皆没。当是时，齐师、燕师皆来救赵，张敖亦北收代兵，得万馀人来，皆壁馀旁，未敢击秦。

项羽已杀卿子冠军，威震楚国，乃遣当阳君、蒲将军将卒二万，渡河救钜鹿。战少利，绝章邯甬道，王离军乏食。陈馀复请兵。项羽乃悉引兵渡河，皆沉船，破釜甑，烧庐舍，持三日粮，以示士卒必死，无一还心。于是至则围王离，与秦军遇，九战，大破之，章邯引兵却。诸侯兵乃敢进击秦军，遂杀苏角，虏王离；涉间不降，自烧杀。

当是时,楚兵冠诸侯。诸侯军救钜鹿者十余壁,莫敢纵兵。及楚击秦,诸侯将皆从壁上观;楚战士无不一当十,呼声动天地,诸侯军无不人人惴恐。于是已破秦军,项羽召见诸侯将。诸侯将入辕门,无不膝行而前,莫敢仰视。项羽由是始为诸侯上将军;诸侯皆属焉。于是赵王歇、张耳乃得出钜鹿城,谢诸侯。

附:史记·项羽本纪(一节)

章邯已破项梁军,则以为楚地兵不足忧,乃渡河击赵,大破之。当此时,赵歇为王,陈馀为将,张耳为相,皆走入钜鹿城。章邯令王离、涉间围钜鹿,章邯军其南,筑甬道而输之粟。陈馀为将,将卒数万人而军钜鹿之北,此所谓河北之军也。

楚兵已破于定陶,怀王恐,从盱台之彭城,并项羽、吕臣军自将之。以吕臣为司徒,以其父吕青为令尹。以沛公为砀郡长,封为武安侯,将砀郡兵。

初,宋义所遇齐使者高陵君显在楚军,见楚王曰:"宋义论武信君之军必败,居数日,军果败。兵未战而先见败征,此可谓知兵矣。"王召宋义与计事而大说之,因置以为上将军,项羽为鲁公,为次将,范增为末将,救赵。诸别将皆属宋义,号为"卿子冠军"。行至安阳,留四十六日不进。项羽曰:"吾闻秦军围赵王钜鹿,疾引兵渡河,楚击其外,赵应其内,破秦军必矣。"宋义曰:"不然。夫搏牛之虻不可以破虮虱。今秦攻赵,战胜则兵罢,我承其敝;不胜,则我引兵鼓行而西，必举秦矣。故不如先斗秦赵。夫被坚执锐，义不如公；坐而运策，公不如义。"因下令军中曰："猛如虎，狠如羊，贪如狼，强不可使者，皆斩之。"

乃遣其子宋襄相齐，身送之。至无盐，饮酒高会。天寒大雨，士卒冻饥。项羽曰："将戮力而攻秦，久留不行。今岁饥民贫，士卒食芋菽，军无见粮，乃饮酒高会，不引兵渡河。因赵食，与赵并力攻秦，乃曰'承其敝'。夫以秦之强，攻新造之赵，其势必举赵。赵举而秦强，何敝之承！且国兵新破，王坐不安席，扫境内而专属于将军，国家安危，在此一举。今不恤士卒而徇其私，非社稷之臣。"

项羽晨朝上将军宋义，即其帐中斩宋义头，出令军中曰："宋义与齐谋反楚，楚王阴令羽诛之。"当是时，诸将皆慴服，莫敢枝梧。皆曰："首立楚者，将军家也。今将军诛乱。"乃相与共立羽为假上将军。使人追宋义子，及之齐，杀之。使桓楚报命于怀王。怀王因使项羽为上将军，当阳君、蒲将军皆属项羽。

项羽已杀卿子冠军，威震楚国，名闻诸侯。乃遣当阳君、蒲将军将卒二万渡河，救钜鹿。战少利，陈馀复请兵。项羽乃悉引兵渡河，皆沉船，破釜甑，烧庐舍，持三日粮，以示士卒必死，无一还心。于是至则围王离，与秦军遇，九战，绝其甬道，大破之，杀苏角，虏王离。涉间不降楚，自烧杀。

当是时，楚兵冠诸侯。诸侯军救钜鹿下者十馀壁，莫敢纵兵。及楚击秦，诸将皆从壁上观。楚战士无不一以当十，楚兵呼声动天，诸侯军无不人人慴恐。于是已破秦军，项羽召见诸侯将，入辕门，无不膝行而前，莫敢仰视。项羽由是始为诸侯上将军，诸侯皆属焉。

梦溪笔谈(选录)

沈 括

王文正太尉局量宽厚,未尝见其怒。饮食有不精洁者,但不食而已。家人欲试其量,以少埃墨投羹中,公唯啖饭而已。问其何以不食羹?曰:"我偶不喜肉。"一日又墨其饭,公视之曰:"吾今日不喜饭,可具粥。"其子弟愬于公曰:"庖肉为饔人所私食,肉不饱,乞治之。"公曰:"汝辈人料肉几何?"曰:"一斤,今但得半斤食,其半为饔人所廋。"公曰:"尽一斤,可得饱乎?"曰:"尽一斤,固当饱。"曰:"此后人料一斤半可也。"其不发人过皆类此。尝宅门坏,主者彻屋新之。暂于廊庑下启一门以出入。公至侧门,门低,据鞍俯伏而过,都不问。门毕,复行正门,亦不问。有控马卒,岁满辞公,公问:"汝控马几时?"曰:"五年矣。"公曰:"吾不省有汝。"既去,复呼回曰:"汝乃某人乎?"于是厚赠之。乃是逐日控马,但见背,未尝视其面;因去见其背,方省也。(卷九)

曹南院知镇戎军日,尝出战小捷,虏兵引去。玮侦虏兵去已远,乃驱所掠牛羊辎重,缓驱而还,颇失部伍。其下忧之,言于玮曰:"牛羊无用,徒縻军,不若弃之,整众而归。"玮不答,使人候。虏兵去数十里,闻玮利牛羊而师不整,遽袭之。玮愈缓行,得地利处,乃止以待之。虏军将至近,使人谓之曰:"蕃军远来,必甚疲。我不欲乘人之怠,请休憩士马,少选决战。"虏方苦疲甚,皆欣然,严军歇良久。玮又使人谕之:"歇定,可相驰矣。"于是各鼓军而进,一战大破虏师,遂弃牛羊而还。徐谓其下曰:"吾知虏已疲,故为贪利以诱之。比其复来,几行百里矣,若乘锐便战,犹有胜负。远行之人若小憩,则足痹不能立,人气亦阑,吾以此取之。"(卷十三)

诗人以诗主人物,故虽小诗,莫不埏蹂极工而后已。所谓句锻月炼者,信非虚言。小说崔护《题城南诗》,其始曰:"去年今日此门中,人面桃花相映红。人面不知何处去,桃花依旧笑春风。"后以其意未全,语未工,改第三句曰:"人面只今何处在。"至今所传此两本,唯《本事诗》作"只今何处在"。唐人工诗,大率多如此,虽有两"今"字,不恤也,取语意为主耳,后人以其有两"今"字,只多行前篇。(卷十四)

古人诗有"风定花犹落"之句,以谓无人能对。王荆公以对"鸟鸣山更幽"。"鸟鸣山更幽"本宋王籍诗,元对"蝉噪林逾静,鸟鸣山更幽",上下句只是一意;"风定花犹落,鸟鸣山更幽"则上句乃静中有动,下句动中有静。荆公始为集句诗,多者至百韵,皆集合前人之句,语意对偶,往往亲切过于本诗。后人稍稍有效而为者。(卷十四)

书画之妙，当以神会，难可以形器求也。世之观画者，多能指摘其间形象、位置、彩色瑕疵而已，至于奥理冥造者，罕见其人。如彦远《画评》言："王维画物，多不问四时，如画花，往往以桃、杏、芙蓉、莲花同画一景。"余家所藏摩诘画《袁安卧雪图》，有雪中芭蕉，此乃得心应手，意到便成，故造理入神，迥得天意，此难可与俗人论也。谢赫云："卫协之画，虽不该备形妙，而有气韵，凌跨群雄，旷代绝笔。"又欧阳文忠《盘车图》诗云："古画画意不画形，梅诗咏物无隐情。忘形得意知者寡，不若见诗如见画。"此真为识画也。（卷十七）

画牛、虎皆画毛，惟马不画。余尝以问画工，工言："马毛细，不可画。"余难之曰："鼠毛更细，何故却画？"工不能对。大凡画马，其大不过尺，此乃以大为小，所以毛细而不可画；鼠乃如其大，自当画毛。然牛、虎亦是以大为小，理亦不应见毛，但牛、虎深毛，马浅毛，理须有别。故名辈为小牛、小虎，虽画毛，但略拂拭而已。若务详密，翻成冗长；约略拂拭，自有神观，迥然生动，难可与俗人论也。若画马如牛、虎之大者，理当画毛，盖见小马无毛，遂亦不摹，此庸人袭迹，非可与论理也。又李成画山上亭馆及楼塔之类，皆仰画飞檐，其说以谓自下望上，如人平地望塔檐间，见其榱桷。此论非也。大都山水之法，盖以大观小，如人观假山耳。若同真山之法，以下望上，只合见一重山，岂可重重悉见，兼不应见其溪谷间事。又如屋舍，亦不应见其中庭及后巷中事。若人在东立，则山西便合是远境；人在西立，则山东却合是远境。似此如何成画？李

君却不知以大观小之法，其间折高折远，自有妙理，岂在掀屋角也。（卷十七）

板印书籍，唐人尚未盛为之，自冯瀛王始印五经，已后典籍，皆为板本。庆历中，有布衣毕昇，又为活板。其法用胶泥刻字，薄如钱唇，每字为一印，火烧令坚。先设一铁板，其上以松脂腊和纸灰之类冒之。欲印则以一铁范置铁板上，乃密布字印，满铁范为一板，持就火炀之，药稍镕，则以一平板按其面，则字平如砥。若止印三二本，未为简易；若印数十百千本，则极为神速。常作二铁板，一板印刷，一板已自布字。此印者才毕，则第二板已具。更互用之，瞬息可就。每一字皆有数印，如"之""也"等字，每字有二十余印，以备一板内有重复者。不用则以纸贴之，每韵为一贴，木格贮之。有奇字素无备者，旋刻之，以草火烧，瞬息可成。不以木为之者，文理有疏密，沾水则高下不平，兼与药相粘，不可取。不若燔土，用讫，再火令药熔，以手拂之，其印自落，殊不沾污。昇死，其印为余群从所得，至今保藏。（卷十八）

余奉使河北，遵太行而北，山崖之间，往往衔螺蚌壳及石子如鸟卵者，横亘石壁如带。此乃昔之海滨，今东距海已近千里。所谓大陆者，皆浊泥所湮耳。尧殛鲧于羽山，旧说在东海中，今乃在平陆。凡大河、漳水、滹沱、涿水、桑乾之类，悉是浊流。今关、陕以西，水行地中，不减百余尺，其泥岁东流，皆为大陆之土，此理必然。（卷二十四）

温州雁荡山，天下奇秀，然自古图牒，未尝有言者。祥符中，因造玉清宫，伐山取材，方有人见之，此时尚未有名。按西域书，"阿罗汉诺矩罗居震旦东南大海际雁荡山芙蓉峰龙湫"。唐僧贯休为《诺矩罗赞》，有"雁荡经行云漠漠，龙湫宴坐雨濛濛"之句。此山南有芙蓉峰，峰下芙蓉驿，前瞰大海，然未知雁荡、龙湫所在。后因伐木，始见此山。山顶有大池。相传以为雁荡。下有二潭水，以为龙湫。又有经行峡、宴坐峰，皆后人以贯休诗名之也。谢灵运为永嘉守，凡永嘉山水，游历殆遍，独不言此山，盖当时未有雁荡之名。余观雁荡诸峰，皆峭拔险怪，上耸千尺，穷崖巨谷，不类他山。皆包在诸谷中，自岭外望之，都无所见；至谷中，则森然千霄。原其理，当是为谷中大水冲激，沙土尽去，唯巨石岿然挺立耳。如大小龙湫、水帘、初月谷之类，皆是水凿之穴，自下望之，则高岩峭壁；从上观之，适与地平，以至诸峰之顶，亦低于山顶之地面。世间沟壑中水凿之处，皆有植土龛岩，亦此类耳。今成皋、陕西大涧中，立土动及百尺，迥然耸立，亦雁荡具体而微者，但此土彼石耳。既非挺出地上，则为深谷林莽所蔽，故古人未见，灵运所不至，理不足怪也。（卷二十四）

古法采草药多用二月、八月，此殊未当。但二月草已芽，八月苗未枯，采掇者易辩识耳，在药则未为良时。大率用根者，若有宿根，须取无茎叶时采，则津泽皆归其根。欲验之，但取芦菔、地黄辈观，无苗时采，则实而沉；有苗时采，则虚而浮。其无宿根者，即候苗成而未有花时采，则根生已足，而又未衰。如今之紫草，未花时采，则根色鲜泽；花过而采，则根色黯恶，此其效也。用叶者取叶初长足时，用芽者自从本说，用花者取花初敷时，用实者成实时采。皆不可限以时月。缘土气有早晚，天时有愆伏。如平地三月花者，深山中则四月花。白乐天《游大林寺》诗云："人间四月芳菲尽，山寺桃花始盛开。"盖常理也，此地势高下之不同也。如笙竹笋，有二月生者，有三四月生者，有五月方生者，谓之晚笙；稻有七月熟者，有八九月熟者，有十月熟者，谓之晚稻。一物同畦之间，自有早晚，此性之不同也。岭、峤微草，凌冬不凋，并、汾乔木，望秋先陨；诸越则桃李冬实，朔漠则桃李夏荣，此地气之不同。一亩之稼，则粪溉者先牙；一丘之禾，则后种者晚实，此人力之不同也。岂可一切拘以定月哉！（卷二十六）

金石录后序
李清照

《金石录》三十卷者何？赵侯德父所著书也。取上自三代、下迄五季，钟、鼎、甗、鬲、盘、匜、尊、敦之款识，丰碑大碣、显人晦士之事迹，凡见于金石刻者二千卷，皆是正讹谬，去取褒贬。上足以合圣人之道，下足以订史氏之失者，皆载之。可谓多矣。呜呼！自王播、元载之祸，书画与胡椒无异；长舆、元凯之病，钱癖与传癖何殊？名虽不同，其惑一也。

余建中辛巳，始归赵氏。时先君作礼部员外郎，丞相作礼部侍郎，侯年二十一，在太学作学生。赵、李族寒，素贫俭。每朔望谒告，出，质衣，取半千钱，步入相国寺，市碑文果实。归，相对展玩咀嚼，自谓葛天氏之民也。后二年，出仕宦，便有饭蔬衣綀，穷遐方绝域，尽天下古文奇字之志。日就月将，渐益堆积。丞相居政府，亲旧或在馆阁，多有亡诗、逸史、鲁壁、汲冢所未见之书。遂尽力传写，浸觉有味，不能自已。后或见古今名人书画，三代奇器，亦复脱衣市易。尝记崇宁间，有人持徐熙《牡丹图》，求钱二十万。当时虽贵家子弟，求二十万钱，岂易得耶？留信宿，计无所出而还之。夫妇相向惋怅者数日。

后屏居乡里十年，仰取俯拾，衣食有余。连守两郡，竭其俸入，以事铅椠。每获一书，即同共勘校，整集签题。得书、画、彝、鼎，亦摩玩舒卷，指摘疵病，夜尽一烛为率。故能纸札精致，字画完整，冠诸收书家。余性偶强记，每饭罢，坐归来堂烹茶，指堆积书史，言某事在某书某卷第几叶第几行，以中否角胜负，为饮茶先后。中，即举杯大笑，至茶倾覆怀中，反不得饮而起。甘心老是乡矣！故虽处忧患困穷而志不屈。

收书既成，归来堂起书库大橱，簿甲乙，置书册。如要讲读，即请钥上簿，关出卷帙。或少损污，必惩责揩完涂改，不复向时之坦夷也。是欲求适意，而反取憀慄。余性不耐，始谋食去重肉，衣去重采，首无明珠翡翠之饰，室无涂金刺绣之具。遇书史百家，字不刓阙，本不讹谬者，辄市之，储作副本。自来家传《周易》《左氏传》，故两家者流，文字最备。于是几案罗列，枕席枕藉，意会心谋，目往神授，乐在声色狗马之上。

至靖康丙午岁，侯守淄川，闻金寇犯京师，四顾茫然，盈箱溢箧，且恋恋，且怅怅，知其必不为己物矣。建炎丁未春三月，奔太夫人丧南来，既长物不能尽载，乃先去书之重大印本者，又去画之多幅者，又去古器之无款识者。后又去书之监本者，画之平常者，器之重大者。凡屡减去，尚载书十五车。至东海，连舻渡淮，又渡江，至建康。青州故第，尚锁书册什物，用屋十余间，期明年春再具舟载之。十二月，金人陷青州，凡所谓十余屋者，已皆为煨烬矣。

建炎戊申秋九月，侯起复知建康府，己酉春三月罢，具舟上芜湖，入姑孰，将卜居赣水上。夏五月，至池阳，被旨知湖州，过阙上殿。遂驻家池阳，独赴召。六月十三日，始负担，舍舟坐岸上，葛衣岸巾，精神如虎，目光烂烂射人，望舟中告别。余意甚恶，呼曰："如传闻城中缓急，奈何？"戟手遥应曰："从众。必不得已，先弃辎重，次衣被，次书册卷轴，次古器；独所谓宗器者，可自负抱，与身俱存亡，勿忘之！"遂驰马去。涂中奔驰，冒大暑，感疾。至行在，病店。七月末，书报卧病。余惊怛，念侯性素急，奈何病痁，或热，必服寒药，疾可忧。遂解舟下，一日夜行三百里。比至，果大服柴胡、黄芩药，疟且痢，病危在膏肓。余悲泣，仓皇不忍问后事。八月十八日，遂不起，取笔作诗，绝笔而终，殊无分香卖屦之意。

葬毕，余无所之。朝廷已分遣六宫，又传江当禁渡。时犹有书二万卷，金石刻二千卷，器皿、茵褥，可待百客，他长物称是。余又大病，仅存喘息。时势日迫，念侯有妹婿，任兵部侍郎，从卫在洪州，遂遣二故吏，先部送行李往投之。冬十二月，金寇陷洪州，遂尽委弃。所谓连舻渡江之书，又散为云烟矣。独余少轻小卷轴书帖，写本李、杜、韩、柳集，《世说》、《盐铁论》，汉唐石刻副本数十轴，三代鼎鼐十数事，南唐写本书数箧，偶病中把玩，搬在卧内者，岿然独存。

上江既不可往，又虏势叵测，有弟远，任敕局删定官，遂往依之。到台，台守已遁；之剡，出陆，又弃衣被走黄岩，雇舟入海，奔行朝，时驻跸章安。从御舟海道之温，又之越。庚戌十二月，放散百官，遂之衢。绍兴辛亥春三月，复赴越；壬子，又赴杭。先侯疾亟时，有张飞卿学士，携玉壶过视侯，便携去，其实珉也。不知何人传道，遂妄言有颁金之语，或传亦有密论列者。余大惶怖，不敢言，亦不敢遂已，尽将家中所有铜器等物，欲赴外廷投进。到越，已移幸四明。不敢留家中，并写本书寄剡，后官军收叛卒取去，闻尽入故李将军家。所谓岿然独存者，无虑十去五六矣。惟有书画砚墨，可五七簏，更不忍置他所，常在卧榻下，手自开阖。在会稽，卜居士民钟氏舍。忽一夕，穴壁负五簏去。余悲恸不已，重立赏收赎。后二日，邻人钟复皓出十八轴求赏，故知其盗不远矣。万计求之，其余遂牢不可出，今知尽为吴说运使贱价得之。所谓岿然独存者，乃十去其七八。所有一二残零不成部帙书册，三数种平平书帖，犹复爱惜如护头目，何愚也耶！

今日忽阅此书，如见故人。因忆侯在东莱静治堂，装卷初就，芸签缥带，束十卷作一帙。每日晚吏散，辄校勘二卷，题跋一卷。此二千卷，有题跋者五百二卷耳。今手泽如新，而墓木已拱，悲夫！昔萧绎江陵陷没，不惜国亡而毁裂书画；杨广江都倾覆，不悲身死而复取图书。岂人性之所著，死生不能忘欤？或者天意以余菲薄，不足以享此尤物耶？抑亦死者有知，犹斤斤爱惜，不肯留在人间耶？何得之艰而失之易也！

呜呼，余自少陆机作赋之二年，至过蘧瑗知非之两岁，三十四年之间，忧患得失，何其多也！然有有必有无，有聚必有散，乃理之常。人亡弓，人得之，又胡足道。所以区区记其终始者，亦欲为后世好古博雅者之戒云。绍兴二年、玄黓岁壮月朔甲寅，易安室题。

西山十记

袁中道

记 一

出西直门,过高梁桥,杨柳夹道,带以清溪,流水澄澈,洞见沙石,蕴藻萦蔓,鬣走带牵。小鱼尾游,翕忽跳达。亘流背林,禅刹相接。绿叶浓郁,下覆朱户,寂静无人,鸟鸣花落。过响水闸,听水声汩汩。至龙潭堤,树益茂,水益阔,是为西湖也。每至盛夏之月,芙蓉十里如锦,香风芬馥,士女骈阗,临流泛觞,最为胜处矣。憩青龙桥,桥侧数武有寺依山傍岩,古柏阴森,石路千级。山腰有阁,翼以千峰,萦抱屏立,积岚沉雾。前开一镜,堤柳溪流,杂以畦畛,丛翠之中,隐见村落。降,临水行,至功德寺,宽博有野致,前绕清流,有危桥可坐。寺僧多习农事,日已西,见道人执畚者、插者、带笠者野歌而归。有老僧持杖散步塍间,水田浩白,群蛙偕鸣。噫,此田家之乐也,予不见此者三年矣。

记 二

功德寺循河而行,至玉泉山麓,临水有亭。山根中时出清泉,激喷巘石中，悄然如语。至裂帛泉，水仰射，沸冰结雪，汇于池中。见石子鳞鳞，朱碧磊砢，如金沙布地，七宝妆施。荡漾不停，闪烁晃耀。注于河，河水深碧泓淳，澄激迅疾，潜鳞了然，荇发可数。两岸垂柳，带拂清波，石梁如雪，雁齿相次。间以独木为桥，跨之濯足，沁凉入骨。折而南，为华严寺，有洞可容千人，有石床可坐。又有大士洞，石理诘曲，突兀奋怒，较华严洞更觉险怪。后有窦，深不可测。其上为望湖亭，见西湖，明如半月，又如积雪未消。柳堤一带，不知里数，袅袅濯濯，封天蔽日。而溪壑间民方田作，大田浩浩，小田晶晶，鸟声百啭，杂华在树，宛若江南三月时矣。

循溪行，至山将穷处，有庵。高柳覆门，流水清澈。跨水有亭，修饬而无俗气。山余出巘石，肌理深碧。不数步，见水源，即御河发源处也。水从此隐矣。

记　三

自玉泉山初日雾露之余，穿柳市花弄，田畴畛畦间，见峰峦回曲萦抱，万树浓黛，点缀山腰，飞阁危楼，腾红酣绿者，香山也。此山门径幽邃，青松夹道里许，流泉淙淙下注，朱栏千级，依崖为刹，高杰整丽。憩左侧来青轩，尽得峰势，右如舒臂，左乃曲抱，林木绣错，伽蓝棋布。下见麦畴稻畦，潦壑柳路，村庄疏数，点黛设色。夫雄踞上势，撮其胜会，华榱金铺，切云耀日，肖竹林于王居，失秽都之瓦砾；兹刹庶几有博大恢弘之风。至于良辰佳节，都人士女，连珮接軫，绮罗从风，香汗飘雨，繁华钜丽，亦一名胜。独作者骋象马之雄图,无邱壑之妙思;角其人工,不合自然,未免令山泽之癯,息心望岫。然要以数十年后,金碧蚀于蛛丝,阶砌隐于苔藓,游人渐少,树木渐老,则恐兹山之胜,倍当刮目于今日也。

记　四

从香山俯石磴,行柳路,不里许,碧云在焉。刹后有泉,从山根石罅中出,喷吐冰雪,幽韵涵澹。有老树,中空火出。导泉于寺,周于廊下;激聒石渠,下见文砾金沙;引入殿前為池。界以石梁,下深丈许,了若径寸。朱鱼万尾,匝池红酣,烁人目睛。日射清流,写影潭底,清慧可怜。或投饼于左,群赴于左;右亦如之,咀呷有声。然其跳达剌泼,游戏水上者,皆数寸鱼,其长尺许者,潜泳潭下,见食不赴,安闲宁寂。毋乃静躁关其老少耶?水脉隐见,至门左奋然作铁马水车之声,迸入于溪。其刹宇宏丽,不书,书泉,志胜也。或曰:此泉若听其喷溢石根中,不从龙口出;其岩际砌石,不令光滑,令披露山骨;石渠不令若槽臼,则刹之胜,恐东南未必过焉。然哉!

记　五

香山跨石踞岩,以山胜者也;碧云以泉胜者也。折而北,为卧佛,峰转凹,不闻泉声,然门有老柏百许森立,寒威逼人。至殿前,有老树二株,大可百围。铁干璆枝,碧叶虬结;纤羲回月,屯风宿雾;霜皮突兀,千瘿万螺;怒根出土,磊块诘曲。叩之,丁丁作石声。

殿堧周遭数百丈,数百年以来,不见日月。石堨整洁,不容唾。寺较古,游者不至,长日静寂。若盛夏晏坐其下,凛然想衣裘矣。询树名,或云娑罗树,其叶若蕨。予乃折一枝袖之,俟入城以问黄平倩,必可识也。卧佛盖以树胜者也。夫山刹,当以老树怪石为胜,得其一者皆可居,不在整丽。三刹之中,野人宁居卧佛焉。

记 六

背香山之额,是谓万安山。刹庵绮错其中,有寺不甚弘敞,而具山林之致者,翠岩也。门有渠,天雨则飞流自山巅来,岩吼石击,涛奔雷震,直走原麓,洞骇心目。刹后石路百级,有禅院,四周皆茂树,左右松柏千株,虬曲幽郁,无风而涛,好鸟和鸣。于疏林中隐隐见都城九衢,宫观栉比,万岁山及白塔寺,了了可指。其郊坰之林烟水色,山径柳堤,及近之峰峦叠秀,楼阁流丹,则固皆几席间物。出门即为登眺,入门即为枕簟;虽夜色远来,犹可不废览瞩。有泉甚清,可煮茗,遂宿焉。风起,松柏怒号,震撼冲击,枕上闻其声,如在扬子舟中,驾风帆破白头浪也。予遂定计,九夏居此,以避长安尘矣。

记 七

既栖止翠岩,晏坐之余,时复散步。循涧西行,攀磴数百武,得庵曰中峰。门有石楼,可眺,有亭高出半山,可穷原隰。墙围可十里,悉以白石垒砌,高薄云汉,修整中杂之纡曲。阶磴堨径,石光可鉴，不受一尘，处处可不旋簟席而卧，于诸山中鲜洁第一。刹中仅见一僧，甚静寂。予少憩石楼下，清风入户，不觉成寐。既寤，复循故涧，涧涸，而怪石经于疾流冲击之后，堕者，偃者，横直卧者，泐者，背相负者，欲止未止，欲转不获转者，犹有余怒。其岸根水洗石出，亦复皱瘦崚嶒，崎陷坎。罅中松鼠出没，净滑可人。舍涧而上碧峰，得寺曰弘教，亦有亭可眺也。有松盘曲天乔，肤皱枝拗，有远韵。间有怪石，佛像清古，亦为山中第一。降，复过翠岩，循涧左行山口中，为曹家楼。有桥可憩，竹柏骈罗，石路宛转，可三里许，青苔紫驳，缀乱石中，墙畔亦多斧劈石，骨理甚劲。意山中概多怪石，去其土肤，石当自出。无奈修者意在整齐，即有奇石，且将去天巧以就人工，况肯为疏通，显其突兀奋迅之势者乎？绝顶有亭，眺较远，以在山口也。此处门径弘博，不如香山，而有山家清奥之趣，亦当为山中第一也。

记 八

予欲穷万安绝顶之胜，而僧云："徐之，俟微雨洒尘，乘其爽气，可以登涉，且宜眺瞩也。"一宿而微雨至，予大喜曰："是可游矣！"遂溯涧而上，徘徊怪石之间，数步一息。于时宿雾既收，初日照林。松柏膏沐之余，杨柳浣瀚之后，深翠殷绿，媚红娟美。至于原隰隐畛，草色麦秀，莫不淹润柔滑，细腻莹洁，似薤簟初展，文锦乍铺矣。既至层颠，意为可望云中、上谷间，而香山、金山诸峰，遮樾云汉。惟东南一鉴，了了可数。平畴尽处，见南天大道一缕，卷雾喷沙，浩白无涯。或曰："此走邯郸道也。"扪萝分棘，遂过山阴。憩于香山松棚庵中，松身仅五尺许，而枝干虬结，蔽于垣内。下有流泉清激，声与松柏相和。松花堕地，飘粉流香。时晚烟夕雾，萦薄湖山，急寻旧路以归。

记 九

依西山之麓而刹者，林相接也。而最壮丽者，为鲍家寺。寺两掖石楼屹立，青槐百株，交蔽修衢，微类村庄。殿墀果松仅四株，而枝叶婆娑，覆阴无隙地，飘粉吹香，写影石路，堂宇整洁，与碧云等。于弘教寺之下，又得滕公寺，石垣周遭，若一大县。其中飞楼相望。五十余所，清渠激于户下，杂花灵草芬馥，檐楹别院宛转，目眩心迷，幽邃清肃，规驭娑而摹未央。噫，炫之纪伽蓝，盛矣，中州固应尔，燕冀号为沙碛，数百年间，天都物力日盛，王侯貂贵，不惜象马七珍，遂使神工鬼斧，隐轸山谷。予游天下，若金陵之摄山牛首，钱塘之天竺净慈，诚为秽土清泰，至于瑰奇修整，无纤毫酸寒之气，西山诸刹，亦为独步。玉环飞燕，各不可轻，虽都人有担金填壑之讥，然赫赫皇居，令郊垌间皆为黄沙茂草，不亦萧条甚欤？王丞相所谓"不尔，何以为京师？"者也。

记 十

居士曰："予游山，自西山始也。"或曰："居士年二十时，即从长江,历吴会,穷览越峤之胜,北走塞上,登恒山石脂峰,望单于而还,而乃云'游山自西山始',何也?"居士曰:"予向者雅好山泽游矣,而性爱豪奢,世机未息,冶习未除,是故目解玩山色,然又未能忘粉黛也;耳解听碧流,然又未能忘丝竹也;必如安石之载携声妓,盘餐百金;康乐之伐木开山,子瞻之鸣金会食,乃慊于心而势复不能,则虽有山石洞壑之奇,往往以寂寞难堪,委之去矣,此与不游正等。今予幸而厌弃世膻,少年豪习,扫除将尽矣,伊蒲可以送日,晏坐可以忘年;以法喜为资粮,以禅悦为妓侍,然后澹然自适之趣,与无情有致之山水,两相得而不厌,故望烟峦之窈窕突兀,听水声之幽闲涵澹;欣欣然沁心入脾,觉世间无物可以胜之。举都人士所为闻而不及游,游而不及享者,皆渐得于吾杖履之下,于于焉,徐徐焉,朝探暮归,若将终身焉,然后乃知予向者果未尝游山,游山自西山始矣。"

日知录·廉耻

顾炎武

《五代史·冯道传》论曰：礼义廉耻，国之四维，四维不张，国乃灭亡。善乎，管生之能言也！礼义，治人之大法；廉耻，立人之大节；盖不廉则无所不取，不耻则无所不为。人而如此，则祸败乱亡，亦无所不至；况为大臣，而无所不取，无所不为，则天下其有不乱，国家其有不亡者乎？然而四者之中，耻尤为要。故夫子之论士曰："行己有耻。"孟子曰："人不可以无耻。无耻之耻，无耻矣。"又曰："耻之于人大矣，为机变之巧者，无所用耻焉。"所以然者，人之不廉，而至于悖礼犯义，其原皆生于无耻也。故士大夫之无耻，是谓国耻。

吾观三代以下，世衰道微，弃礼义，捐廉耻，非一朝一夕之故。然而松柏后凋于岁寒，鸡鸣不已于风雨，彼昏之日，固未尝无独醒之人也。顷读《颜氏家训》有云："齐朝一士夫尝谓吾曰：'我有一儿，年已十七，颇晓书疏，教其鲜卑语及弹琵琶，稍欲通解，以此伏事公卿，无不宠爱。'吾时俯而不答。异哉，此人之教子也。若由此业，自致卿相，亦不愿汝曹为之。"嗟乎！子推不得已而仕于乱世，犹为此言，尚有《小宛》诗人之意，彼阉然媚于世者，能无愧哉？

罗仲素曰："教化者，朝廷之先务，廉耻者，士人之美节；风俗者，天下之大事。"朝廷有教化，则士人有廉耻；士人有廉耻，则天下有风俗。

古人治军之道，未有不本于廉耻者。吴子曰："凡制国治军，必教之以礼，励之以义，使有耻也。"夫人有耻，在大足以战，在小足以守矣。尉缭子言："国必有慈孝廉耻之俗，则可以死易生。"而太公对武王："将有三胜，一曰礼将，二曰力将，三曰止欲将。故礼者，所以班朝治军而兔置之武夫，皆本于文王后妃之化；岂有淫刍荛，窃牛马，而为暴于百姓者哉！"《后汉书》："张奂为安定属国都尉，羌豪帅感奂恩德，上马二十匹，先零酋长又遗金鐻八枚，奂并受之，而召主簿于诸羌前，以酒酹地曰：'使马如羊，不以入厩；使金如粟，不以入怀。'悉以金马还之。羌性贪而贵吏清，前有八都尉，率好财货，为所患苦，及奂正身洁己，威化大行。"呜呼！自古以来，边事之败，有不始于贪求者哉？吾于辽东之事有感。

杜子美诗："安得廉颇将，三军同晏眠！"一本作"廉耻将"。诗人之意，未必及此，然吾观《唐书》言："王伾为武灵节度使，先是吐蕃欲成乌兰桥，每于河壖先贮材木，皆为节帅遣人潜载之，委于河流，终莫能成。蕃人知伾贪而无谋，先厚遗之，然后并役成桥，仍筑月城守之。自是朔方御寇不暇，至今为患。"由伾之黩货也。故贪夫为帅而边城晚开。得此意者，郢书燕说，或可以治国乎？

文说(三篇)

焦 循

文说一

学者以散行为古文。散行者,质言之者也。其质言之何也? 有所以言之者,而不可以不质言之也。夫学充于此,而深有所得,则见诸言者,自然成文。如江河之水,随高下曲折以为波涛,水不知也。倘无所以言之者,而徒质言之,谆谆于字句,开合、呼应、顿挫之间,是扬行潦以为澜,列枯骨朽荄,吹嘘之以为气。剿袭雷同,桝憯可憎。试思所欲质言者何在,而为是喋喋也。是故学为古文者,必素蓄乎所以言之者,而后质言之。古文者,非徒质言之者也。

文说二

文有达而无深与博:达之于上下四旁,所以通其变,人以为博耳;达之于隐微曲折,所以穷其原,人以为深耳。譬如泛舟于湖,港汊繁多,土人指而告之,终茫然莫能释。及往来其间,历有年所,而支分派别,了然于胸中,乃知土人所缕述者,原未尝溢于所有之外。且向者土人之所述,今且得而自述之也。医之达者,其治疾每为庸医所诟病，往往其应如响，又未尝不诧为神奇，不知第明其所以然之理、而行其所当然。如人本之南，忽东行，非奇也，南有水，必东乃得梁也。故非深博不可为文，非深博不可论人之文。

文说三

夫谓文无深与博，亦即无所为简。行千里者以千里为至，行一里者以一里为至。《左氏春秋》，一人之笔也，或一二言而止，或连篇累牍，千百言而不止。一二言未尝不足，千百言未尝有余。灾变战伐，下至琐亵猥鄙之事，无不备载，未闻徒举其大端而屏其细故，以为简也，而文自简明。康海作《武功志》，不啻残砖败瓦，而处人于荒村僻巷间也，而说者称羡之，良可怪矣！

圣哲画像记

曾国藩

国藩志学不早,中岁侧身朝列,窃窥陈编,稍涉先圣昔贤魁儒长者之绪。驽缓多病,百无一成;军旅驰驱,益以芜废。丧乱未平,而吾年将五十矣。往者,吾读班固《艺文志》及马氏《经籍考》,见其所列书目,丛杂猥多,作者姓氏,至于不可胜数,或昭昭于日月,或湮没而无闻。及为文渊阁直阁校理,每岁二月,侍从宣宗皇帝入阁,得观《四库全书》。其富过于前代所藏远甚,而存目之书数十万卷,尚不在此列。呜呼!何其多也!虽有生知之资,累世不能竟其业,况其下焉者乎!故书籍之浩浩,著述者之众,若江海然,非一人之腹所能尽饮也。要在慎择焉而已。余既自度其不逮,乃择古今圣哲三十余人,命儿子纪泽图其遗像,都为一卷,藏之家塾。后嗣有志读书取足于此,不必广心博骛,而斯文之传,莫大乎是矣。昔在汉世,若武梁祠、鲁灵光殿,皆图画伟人事迹,而《列女传》亦有画像,感发兴起,由来已旧。习其器矣,进而索其神,通其微,合其莫,心诚求之,仁远乎哉?国藩记。

尧、舜、禹、汤,史臣记言而已。至文王拘幽,始立文字,演《周易》。周孔代兴,六经炳著,斯道备矣。秦汉以来,孟子盖与庄、荀并称。至唐,韩氏独尊异之。而宋之贤者,以为可跻之尼山之次,崇其书以配《论语》。后之论者,莫之能易也。兹以亚于三圣人后云。

左氏传经,多述二周典制,而好称引奇诞;文辞烂然,浮于质矣。太史公称庄子之书皆寓言。吾观子长所为《史记》,寓言亦居十之六七。班氏闳识孤怀,不逮子长远甚。然经世之典,六艺之旨,文字之源流,幽明之情状,灿然大备。岂与夫斗筲者争得失于一先生之前,姝姝而自悦者哉!

诸葛公当扰攘之世,被服儒者,从容中道。陆敬舆事多疑之主,驭难驯之将,烛之以至明,将之以至诚,譬若御驽马,登峻坂,纵横险阻,而不失其驰,何其神也!范希文、司马君实遭时差隆,然坚卓诚信,各有孤诣。其以道自持,蔚成风俗,意量亦远矣。昔刘向称董仲舒王佐之才,伊、吕无以加;管、晏之属,殆不能及。而刘歆以为董子师友所渐,曾不能几乎游、夏。以予观四贤者,虽未逮乎伊、吕,固将贤于董子。今以类图之,惜乎不得如刘向父子而论定耳。

自朱子表章周子、二程子、张子,以为上接孔孟之传。后世君相师儒,笃守其说,莫之或易。乾隆中,闳儒辈起,训诂博辨,度越昔贤,别立徽志,号曰"汉学"。摈有宋五子之术,以谓不得独尊。而笃信五子者,亦摒弃汉学,以为破碎害道,断断焉而未有已。吾观五子立言,其大者多合于洙泗,何可议也?其训释诸经,小有不当,固当取近世经说以辅翼之,又可摒弃群言以自隘乎?斯二者亦俱讥焉。

西汉文章,如相如、子云之雄伟,此天地道劲之气,得于阳与刚之美者也。此天地之义气也。刘向、匡衡之渊懿,此天地温厚之气，得于阴与柔之美者也。此天地之仁气也。东汉以还，淹雅无惭于古，而风骨少隤矣。韩、柳有作，尽取扬、马之雄奇万变，而内之于薄物细故之中，岂不诡哉！欧阳氏、曾氏皆法韩公，而体质于匡、刘为近。文章之变，莫可穷诘。要之，不出此二途，虽百世可知也。

余抄古今诗，自魏晋至国朝，得十九家，盖诗之为道广矣。嗜好趋向，各视其性之所近，犹庶羞百味，罗列鼎俎，但取适吾口者，哜之得饱而已。必穷尽天下之佳肴，辨尝而后供一馔，是大惑也；必强天下之舌，尽同吾之所嗜，是大愚也。庄子有言：“大惑者，终身不解；大愚者，终身不灵。”余于十九家中，又笃守夫四人者焉。唐之李、杜，宋之苏、黄，好之者十有七八，非之者亦且二三。余惧蹈庄子不解不灵之讥，则取足于是，终身焉已耳。

司马子长，网罗旧闻，贯串三古，而八书颇病其略；班氏《志》较详矣，而断代为书，无以观其会通；欲周览经世之大法，必自杜氏《通典》始矣。马端临《通考》，杜氏伯仲之间，郑《志》非其伦也。百年以来，学者讲求形声、故训，专治《说文》，多宗许、郑，少谈杜、马。吾以许、郑考先王制作之源，杜、马辨后世因革之要，其于实事求是，一也。故并图焉。

先王之道，所谓修己治人、经纬万汇者，何归乎？亦曰礼而已矣。秦灭书籍，汉代诸儒之所掇拾，郑康成之所以卓绝，皆以礼也。杜君卿《通典》，言礼者十居其六，其识已跨越八代矣！有宋张子、朱子之所讨论，马贵与、王伯厚之所纂辑，莫不以礼为兢兢。我朝学者，以顾亭林为宗。国史《儒林传》褒然冠首。吾读其书，言及礼俗教化，则毅然有守先待后，舍我其谁之志，何其壮也！厥后张蒿庵作《中庸论》，及江慎修、戴东原辈，尤以礼为先务。而秦尚书蕙田，遂纂《五礼通考》，举天下古今幽明万事，而一经之以礼，可谓体大而思精矣。吾图画国朝先正遗像，首顾先生，次秦文恭公，亦岂无微旨哉！桐城姚鼐姬传，高邮王念孙怀祖，其学皆不纯于礼。然姚先生持论闳通，国藩之粗解文章，由姚先生启之也。王氏父子，集小学训诂之大成，夐乎不可几已。故以殿焉。

姚姬传氏言学问之途有三：曰义理，曰词章，曰考据。戴东原氏亦以为言。如文、周、孔、孟之圣，左、庄、马、班之才，诚不可以一方体论矣。至若葛、陆、范、马，在圣门则以德行而兼政事也。周、程、张、朱，在圣门则德行之科也，皆义理也。韩、柳、欧、曾、李、杜、苏、黄，在圣门则言语之科也，所谓词章者也。许、郑、杜、马、顾、秦、姚、王，在圣门则文学之科也。顾、秦于杜、马为近，姚、王于许、郑为近，皆考据也。此三十二子者，师其一人，读其一书，终身用之而不能尽。若又有陋于此，而求益于外，譬若掘井九仞而不及泉，则以一井为隘，而必广掘数十百井，身老力疲，而卒无见泉之一日。其庸有当乎？

自浮屠氏言因果祸福，而为善获报之说，深中于人心，牢固而不可破。士方其占毕咿唔，则期报于科第禄仕；或少读古书，窥著作之林，则责报于遐迩之誉，后世之名；纂述未及终编，冀得一二有力之口，腾播人人之耳，以偿吾劳也。朝耕而暮获，一施而十报，譬若沽酒市脯，喧聒以责之贷者，又取倍称之息焉。禄利之不遂，则徼幸于没世不可知之名。甚者至谓孔子生不得位，没而俎豆之报，隆于尧舜。郁郁者以相证慰，何其陋欤！今夫三家之市，利析锱铢，或百钱逋负，怨及子孙；若通闤贸易，瑰货山积，动逾千金，则百钱之有无，有不暇计较者矣；商富大贾，黄金百万，公私流衍，则数十百缗之费，有不暇计较者矣。均是人也，所操者大，犹有不暇计其小者；况天之所操尤大，而于世人毫末之善，口耳分寸之学，而一一谋所以报之，不亦劳哉！商之货殖同、时同，而或赢或绌；射策者之所业同，而或中或罢；为学著书之深浅同，而或传或否，或名或不名，亦皆有命焉，非可强而几也。古之君子，盖无日不忧，无日不乐。道之不明，己之不免为乡人，一息之或懈，忧也；居易以俟命，下学而上达，仰不愧而俯不怍，乐也。自文王、周、孔三圣人以下，至于王氏，莫不忧以终身，乐以终身，无所为祈，何所为报？己则自晦，何有于名？惟庄周、司马迁、柳宗元三人者，伤悼不遇，怨悱形于简册，其于圣贤自得之乐，稍违异矣。然彼自惜不世之才，非夫无实而汲汲时名者比也。苟汲汲于名，则去三十二子也远矣。将适燕晋而南其辕，其于术不益疏哉？

　　文周孔孟，班马左庄，葛陆范马，周程朱张，韩柳欧曾，李杜苏黄，许郑杜马，顾秦姚王。三十二人，俎豆馨香。临之在上，质之在旁。

史可法传
王先谦

公讳可法，字宪之，道邻其自号，河南祥符史氏，籍直隶大兴，世锦衣百户。祖应元，举于乡，官黄平知县，有惠政。父从直，母氏尹。公少以孝闻，性孤耿，有志略。左公光斗视学畿辅，一日微行入古寺，见一生伏案卧，文甫成草，阅毕，取貂覆之。询寺僧，知公名。及试呈卷，注视久之，面署第一，召入使拜夫人曰：吾诸儿碌碌，他日继吾志事者此生也。留馆署中，每公余衡论时事，相与感愤皆裂。举崇祯元年戊辰进士，授西安推官，迁户部主事，历员外郎、郎中。八年，迁右参议，分守池州太平。其秋总理侍郎卢象升，大举讨贼，改公副使，分巡安庆池州，监江北军，屡破贼。初，当事以皖为南都上游，议设兵备遏寇南下。众莫肯往，公奋然请行。至皖，筑城练兵，画战守策，皖以无警。象升改督宣大，代以王家祯，未几复代以熊文灿，专抚贼，贼益逞。朝议增设抚臣为豫楚声援，开府于六，廷推公。十年擢右佥都御使，巡抚安庆庐州等处。公至六，建六安营，捐俸修城。兴学校，惩奸宄，改点差，赈饥民。奏免被灾田租。州有蝗，公夜祷焚香，尽三炷达曙，如是弥月。其掾曰："劳乎？"公曰："余为秀才时，月仅七夜眠，服官后惰矣，何言劳？恐罔济，负吾民耳。"麾下刘小全、马如龙作乱，帅百人噪于军，夜三鼓，城中火起，乱者入署，窥公朱衣坐堂上，秉烛仗剑，神光照人，咸惊窜去。明日讨平之。公短小面黑，目有光，性精敏，事巨细亲裁，视听批答，同时杂进，靡有遗失。士不饱不先食，未授衣不先御，以故得人死力。临敌先进，所向无坚。桐黄舒六间，袤延几千里，贼屡入屡创，降其酋顺天王。十二年以父忧去官。朝廷遣中涓伺于涿州，启其箧，银杯二，奠章三十二轴而已。报闻，帝为动容。有夺情议，公固辞。十四年服阕，起户部右侍郎，兼右佥都御史，总督漕运，巡抚凤阳、淮安、扬州，风纪清肃。浚南河，漕政大鳌。拜南京兵部尚书，参赞机务。因武备久弛，奏行更新八事。

十七年三月，李自成犯燕京，公誓师勤王，渡江抵浦口，闻京城陷，烈皇帝殉社稷，大恸，头触柱流血，缟衣发丧。会南都议立君，尚书张慎言等移牒公曰："福王由崧，神宗孙，伦序当立，而有七不可：贪，淫，酗酒，不孝，虐下，不读书，干预有司也。潞王常淓，神宗侄，贤明可立。"公然之。凤阳总督马士英，潜与阮大铖计议立福王，公告以七不可。而士英已与黄得功、刘良佐、刘泽清、高杰，发兵送福王至仪真。于是公等迎王监国。五月拜公礼部尚书兼东阁大学士，与士英、高弘图并命。士英仍督师凤阳，公仍掌兵部事。乃定京营如北都故事，侍卫锦衣卫诸军，入伍操练。锦衣东西两司房，及南北两镇抚司，不备设，以杜告密，安人心。时士英冀入相。命下，大怒。以公书奏，而拥兵入觐，拜表即行。公遂自请督师，出镇淮阳。十五日，王即位，公陛辞，加太子太保，改兵部尚书武英殿大学士。而士英以是日入直。于是江南士民伏阙上书曰："伏见陛下初临监国，擢史可法东阁大学士，仍管部务，万姓欢呼，颂陛下知人善任。先帝用可法南枢，实天牖圣心，留佐陛下中兴之业。南都积弛，未易蒙安，枢臣以无欲知人，以不倦举政，经营一载，渐可驱策。今陛下奠安南服，鼓锐北征，诸将所服，逆贼所畏，无逾可法。闻出代督师，众心皇惑。淮阳虽急，果别遣督臣，使可法居中调度，则兵粮无忧。可法自行，虽身任督师，而中枢必更成局，则战守纷扰，机会一失，局势尽移，此江南士民，所以奔走号呼，伏阙哀吁者也。"书奏，王不省。公奉命祭泗凤二陵毕，上疏曰："陛下践阼初，只谒孝陵，哭泣尽哀，道路感动。若躬谒二陵，见泗凤蒿莱满目，鸡犬无声，当益悲愤。愿慎终如始，惕厉无怠。二祖列宗，将默佑之。若晏处东南，不思远略，贤奸无辨，威断不灵，老成投簪，豪杰裹足，祖宗怨恫，天命潜移，东南一隅，未可保也。"王嘉答之。

时分江北为四镇，以泽清、杰、良佐、得功辖之。泽清等纵兵大掠，转相攻，公往解，悉听命。杰攻扬州，闻公至，惧，旦日朝帐中，汗浃背。公接以温语，奏屯其众瓜州。乃开府扬州，辟馆招士。屡奏请饷，士英靳不与，公疏趣之。因言："迩者人才消耗，仕途日淆，由名心胜而实意荒，议论多而成功少。今事势更非昔比，必专主讨贼复仇。舍筹兵筹饷无议论，舍治兵治饷无人才。"并言："东南阙员不少，择吏为先，铨选法穷，不能不改为征辟。请仿保举法，通行抚按司道九卿科道等，有才胆过人者，不拘资格，各举一人，送京赴军前效用，酌补守令，二年考满，平升善地，三年考选，优擢京曹。有靖乱恢疆，功能殊异者，立以节钺京堂用。"又言："北都诸臣，南还从逆者，宜重处。伪命未污，身被刑拷者，置勿问。隐避北方，徘徊后至者，许戴罪赴军前酌用，毋绝其南归心。"廷议从之。

时大清已定燕京，摄政王遗书诏公，公复书数千言不少屈。会和议不成，十月，公令杰帅师北出，遣人屯田开封，为经略中原计。诸镇分汛地，自王家营而北至宿迁，最险要，公自守之，筑垒缘河南岸。

时李自成走陕西，公奏言："自三月以来，大仇在目，一矢未加。昔晋之东也，君臣日图中原，仅保江左。宋之南也，君臣尽力楚蜀，仅保临安。盖偏安者，恢复之退步，未有志在偏安，而能自立者。大变之初，黎庶洒泣，荐绅悲哀，痛愤相乘，犹有朝气。今则兵骄饷绌，文恬武嬉，暮气至矣。河上之防，百未经理，复仇之师，不及关陕，讨贼之诏，不达燕齐，君父之仇，似置度外。夫将能克敌者，气也，君能御将者，志也。君志不奋，则士气不作。夏少康不忘出窦之辱，汉光武不忘燕薪之时。臣愿陛下为少康、光武，不愿左右在位，以晋元、宋高之说进也。请速发讨贼诏，责臣与诸镇，悉简精锐，直指秦关，悬上爵以待有功，假便宜而责成效，丝纶之布，痛切淋漓，庶海内忠义，闻而感愤。国家惨遭大变，陛下嗣位，不同先朝。诸臣但有罪当诛，无功足录。请慎重爵禄，专待功臣，庶猛将武夫，有所激厉。兵苦无粮，搜括不可行，劝输亦难继。请将不急之工程，可已之繁费，朝夕之燕衎，左右之进献，一切报罢。即事关典礼，亦宜节省。盖贼一日未灭，虽有深宫曲房，锦衣玉食，岂能安享？必念念在复仇雪耻，振举朝之精神，萃万方之物力，并于选将练兵一事，庶人心可鼓，天意可回。"公每缮疏，循环讽诵，声与泪俱，闻者感泣。

比大清兵下邳宿，公飞章报。士英曰："彼欲叙防河将士功耳。"置之。而诸镇逡巡无进师意，数相侵夺。明年，是为大清顺治之二年，河上告警。公请以良佐、得功率师扼颍、寿，杰进兵归、徐。杰至睢州，为许定国所杀，部兵大乱，屠州旁近二百里殆尽。变闻，公叹曰："中原不可为矣。"遂如徐州定其军。杰军还，大梁以南皆不守。士英忌公威名，加故中允卫允文兵部右侍郎，总督兴平军，以夺其权。二月公还扬州，未至，得功袭兴平军，城中大惧。公遣官讲解引去。时清军已取山东、河南，北逼淮南。四月，公移军泗州，护祖陵，将行，左良玉称兵犯阙，王手书诏公入援。渡江抵燕子矶，得功已败良玉军。公乃趋天长，檄诸将救盱眙。而盱眙已降大清。泗州援将侯方严全军没。公一日夜奔还扬州，城中讹传许定国兵将至，歼高氏部曲，悉斩关出，舟楫一空。公檄各镇兵，无至者。

二十日大清兵大至，屯班竹园。明日，总兵李栖凤、监军副使高岐凤以其军降。城中势益孤。公作书寄母妻，且曰："死葬我高皇帝陵侧。"大清兵薄城下，睿亲王前后七致书说降，公不复启视，投之水。二十五日，大兵攻城急，多死者。王亲督攻，城陷。公自刎不殊，一参将拥出小东门。公大呼曰："我史督师也。"遂被执。至城楼上，王雅重公，引坐劝降，以洪承畴为比。公曰："我此时止办一死，头可断，身不可屈。但扬城百万生灵，幸勿杀戮。"王百方劝谕，不从，毅然就死。时乙酉四月二十五日也。僚属从死者甚众，扬城屠。

公为督师，行不张盖，食不重味，夏不簟，冬不裘，寝不解衣。年四十余无子。其妻请置妾，太息曰："王事方殷，敢为嗣续计乎！"素善饮，数斗不乱。在军绝饮。岁除，遣文牒，至夜半，倦，索酒。庖人报殽肉分给将士，无可佐者，仍取盐豉下之。尝子处，或言宜警备，公曰："命在天。"遇敌数月不寝，使将士番休，而自坐幄幕外。择健卒十，令二人蹲踞，背倚之，漏鼓移则更代。每寒夜起立，振衣裳，冰霜迸落有声。或劝少休，泣曰："吾上恐负朝廷，下恐愧吾师也。"公死，觅遗骸不得。逾年，家人以袍笏招魂，葬扬州郭外梅花岭。后四方弄兵者，多假名号以行，故时谓不死。

公无子，遗言以副将史德威为后。弟可程、可模。可程，崇祯十六年进士，改庶吉士。京师陷，降贼。贼败，南归，公请置之理，王特宥之。可模早世。公死后，可模妻李氏，奉公母妻居金陵。浙人厉韶伯躯貌类公，冒其名，集亡命数百，破巢县，入无为州，提督某擒之，众莫辨。召母妻及李氏出，始吐实。而李氏有色，为众所窥。会金声桓反豫章，禁旅往讨，驻金陵。有聂三者，媚少宰某，艳李氏，强委禽焉。遣婢拒之不听，詈之又不听。须臾婢奉盘进聂曰："奉夫人命，恣若所为。"视之发髻耳鼻各一，血淋漓满盘中。聂仓皇驰去。

乾隆四十一年乙未，上特恩赐公谥忠正。御制题像诗，并公复摄政王书，摹于梅花岭祠壁。

前史官王先谦曰：余诵公文章，慨然想见其识略，悲其志之穷而言不见用也。天眷兴朝，公即专明柄，不必有济，况束缚使不得骋耶！曩读钦定《明史》，不详公仕明事迹。由易代之后，采访难周，虽有遗徽，莫为收恤。逮天语亲褒，然后胜国孤臣，炳于云汉。公之不朽，固自有在。而昭代教忠之典迈千古矣。因览公遗集，援据诸书，补为之传，俾后有考焉。

国故论衡·原学

章炳麟

世之言学，有仪刑他国者，有因仍旧贯得之者。细征乎一人，其巨征乎邦域。荷兰人善行水，日本人善候地震：因也。山东多平原大坛，故驺鲁善颂礼，关中四塞便骑射，故秦陇多兵家；海上蜃气象城阙楼橹，恍荥变眩，故九州五胜怪迁之变在齐稷下：因也，地齐使然。周室坏，郑国乱，死人多而生人少，故列子一推分命，归于厌世，御风而行，以近神仙。族姓定，阶位成，贵人之子，以武健陵其下，故释迦令桑门去氏，比于四水入海，而咸淡无别。希腊之末，甘食好乐而俗淫洏，故史多揭家务为艰苦，作自裁论，冀脱离尘垢，死而宴乐其魂魄。此其政俗致之矣。虽一人亦有旧贯。传曰："良弓之子，必学为箕；良冶之子，必学为裘。"故浮屠之论人也，锻者鼓橐以吹炉炭，则教之调气；浣衣者刮摩垢秽，而谕之观腐骨；各从其习，使易就成，犹引茧以为丝也。

然其材性发舒，亦往往有长短。短者执旧不能发牙角，长者以向之一得今之十。是故九流皆出王官，及其发舒，王官所不能与。官人守要，而九流究宣其义，是以滋长，短者即循循无所进取。通达之国，中国、印度、希腊皆能自恢强者也。其余因旧而益短拙，故走他国以求仪刑。仪刑之与之为进，罗甸、日耳曼是矣。仪刑之不能与之为进，大食、日本是矣。仪刑之犹半不成，吐蕃、东胡是矣。

夫为学者，非徒博识成法，挟前人所故有也。有所自得，古先正之所觊覦，贤圣所以发愤忘食，员舆之上，诸老先生所不能理，往释其惑，若端拜而议，是之谓学。亡自得者，足以为师保，不与之显学之名。视中国、印度、日本则可知已。日本者，故无文字，杂取晋世隶书、章草为之，又稍省为假名，言与文缪，无文而言学，已恶矣。今庶艺皆刻画远西，什得三四。然博士终身为写官，更五六岁，其方尽，复往转贩。一事一义，无匈中之造，徒习口说而传师业者，王充拟之，犹"邮人之过书，门者之传教"（《论衡·定贤篇》）。古今书教工拙诚有异，邮与阍皆不与也。中国、印度自理其业，今虽衰，犹自恢彍，其高下可识矣。贷金尊于市，不如己之有苍璧小玑，况自有九曲珠，足以照夜。厥夸毗者，惟强大是信，苟言方略可也，何与于学？

夫仪刑他国者，惟不能自恢彍，故老死不出译胥钞撮。能自恢彍，其不亟于仪刑，性也。然世所以侮易宗国者。诸子之书，不陈器数，非校官之业有司之守，不可按条牒而知，徒思犹无补益，要以身所涉历中失利害之端回顾则是矣。诸少年既不更世变，长老又浮夸少虑，方策虽具，不能与人事比合。夫言兵莫如《孙子》，经国莫如《齐物论》，皆五六千言耳，事未至固无以为候，虽至非素练其情，涉历要害者，其效犹未易知也。是以文久而灭，节奏久而绝。（案：《孙子》十三篇，今日本治戎者，皆叹为至精。由其习于兵也。《庄子·齐物论》，则未有知为人事之枢者。由其理趣华深，未易比切。而横议之士，夸者之流，又心忌其害己，是以卒无知者。余向者诵其文辞，理其训诂，求其义旨，亦且二十余岁矣。卒如浮海不得祈向。涉历世变，乃始谋然理解，知其剀切物情。《老子》五千言，亦与是类，文义差明，不知者多以清谈忽之，或以权术摈之。有严复者，立说差异，而多附以功利之说，此徒以斯宾塞辈论议相校耳，亦非由涉历人事而得之也。）即有陈器数者，今则愈古。（谓历史、典章、训诂、音韵之属。）故书有谱录平议以察。今之良书，无谱录平议，不足以察，而游食交会者又邕之。游食交会，学术之帷盖也，外足以饰，内足以蔽人，使后生伍诳无所择。以是旁求显学，期于四裔。

四裔诚可效，然不足一切规画以自轻鄙。何者？饴豉酒酪，其味不同，而皆可于口。今中国之不可委心远西，犹远西之不可委心中国也。校术诚有诎，要之短长足以相覆。"今是""天籁"之论，远西执理之学弗能为也。遗世之行，远西务外之德弗能为也。十二律之管，吹之，捣衣舂米皆效情，远西履弦之技弗能为也。神输之针，灼艾之治，于足治头，于背治匈，远西刲割之医弗能为也。氏族之谱，纪年之书，世无失名，岁无失事，远西阔略之史弗能为也。不定一尊，故笑上帝。不迩封建，故轻贵族。不奖兼并，故弃代议。不诬烝民，故重灭国。不恣兽行，故别男女。政教之言，愈于彼又远。下及百工将作，筑桥者垒石以为空阅，旁无支柱，而千年不坏。织绮者应声以出章采，奇文异变，因感而作，犹自然之成形，阴阳之无穷。（傅子说马钧作绫机，其巧如此。然今织师往往能之。）割烹者斟酌百物以为和味，坚者使毳，淖者使清，泊者使腴，令菜茹之甘，美于刍豢。次有围棋柔道，其巧疑神，孰与木杠之窳，织成之拙，牛战之，象戏之鄙，角抵之钝？又有言文歌诗，彼是不能相贸者矣。

夫赡于己者，无轻效人。若有文木，不以青赤雕镂，惟散木为施镂。以是知仪刑者散，因任者文也。然世人大共僄弃，以不类远西为耻，余以不类方更为荣，非耻之分也。《老子》曰："天下皆谓我道大，似不肖。夫惟大，故似不肖。若肖，久矣其细也夫。"此中国、日本之校已。

人间词话（选录）
王国维

词以境界为最上。有境界，则自成高格，自有名句。五代、北宋之词所以独绝者在此。

有造境，有写境，此"理想"与"写实"二派之所由分。然二者颇难分别，因大诗人所造之境必合乎自然，所写之境亦必邻于理想故也。

有有我之境，有无我之境。"泪眼问花花不语，乱红飞过秋千去"，"可堪孤馆闭春寒，杜鹃声里斜阳暮"，有我之境也。"采菊东篱下，悠然见南山"，"寒波澹澹起，白鸟悠悠下"，无我之境也。有我之境，以我观物，故物皆著我之色彩。无我之境，以物观物，故不知何者为我，何者为物。古人为词，写有我之境者为多。然未始不能写无我之境，此在豪杰之士能自树立耳。

无我之境，人惟于静中得之。有我之境，于由动之静时得之。故一优美，一宏壮也。

自然中之物，互相关系，互相限制。然其写之于文学及美术中也，必遗其关系限制之处。故虽写实家亦理想家也。又虽如何虚构之境，其材料必求之于自然，而其构造亦必从自然之法律。故虽理想家亦写实家也。

境非独谓景物也,喜怒哀乐亦人心中之一境界。故能写真景物真感情者,谓之有境界。否则谓之无境界。

词人者,不失其赤子之心者也。故生于深宫之中,长于妇人之手,是后主为人君所短处,亦即为词人所长处。

客观之诗人不可不多阅世,阅世愈深则材料愈丰富、愈变化,《水浒传》《红楼梦》之作者是也。主观之诗人不必多阅世,阅世愈浅则性情愈真,李后主是也。

《诗·蒹葭》一篇最得风人深致。晏同叔之"昨夜西风凋碧树,独上高楼,望尽天涯路",意颇近之。但一洒落,一悲壮耳。

"我瞻四方,蹙蹙靡所骋",诗人之忧生也。"昨夜西风凋碧树,独上高楼,望尽天涯路"似之。"终日驰车走,不见所问津",诗人之忧世也。"百草千花寒食路,香车系在谁家树"似之。

古今之成大事业、大学问者,必经过三种之境界。"昨夜西风凋碧树,独上高楼,望尽天涯路",此第一境也。"衣带渐宽终不悔,为伊消得人憔悴",此第二境也。"众里寻他千百度,回头蓦见,那人正在灯火阑珊处",此第三境也。此等语皆非大词人不能道。然遽以此意解释诸词,恐晏、欧诸公所不许也。

词忌用替代字。美成《解语花》之"桂华流瓦",境界极妙,惜以"桂华"二字代"月"耳。梦窗以下,则用代字更多。其所以然者,非意不足,则语不妙也。盖意足则不暇代,语妙则不必代。此少游之"小楼连苑""绣毂雕鞍"所以为东坡所讥也。

白石写景之作,如"二十四桥仍在,波心荡、冷月无声","数峰清苦,商略黄昏雨","高树晚蝉,说西风消息",虽格韵高绝,然如雾里看花,终隔一层。梅溪、梦窗诸家写景之病,皆在一隔字。北宋风流,渡江遂绝,抑真有运会存乎其间耶?

问"隔"与"不隔"之别,曰:陶、谢之诗不隔,延年则稍隔矣;东坡之诗不隔,山谷则稍隔矣。"池塘生春草""空梁落燕泥"等二句,妙处唯在不隔。词亦如是。即以一人一词论,如欧阳公《少年游·咏春草》上半阕云:"阑干十二独凭春,晴碧远连云,二月三月,千里万里,行色苦愁人。"语语都在目前,便是不隔。至云"谢家池上,江淹浦畔",则隔矣。白石《翠楼吟》:"此地,宜有词仙,拥素云黄鹤,与君游戏。玉梯凝望久,叹芳草萋萋千里。"便是不隔。至"酒祓清愁,花消英气",则隔矣。然南宋词虽不隔处,比之前人,自有浅深厚薄之别。

"生年不满百,常怀千岁忧。昼短苦夜长,何不秉烛游。""服食求神仙,多为药所误。不如饮美酒,被服纨与素。"写情如此,方为不隔。"采菊东篱下,悠然见南山。山气日夕佳,飞鸟相与还。""天似穹庐,笼盖四野。天苍苍,野茫茫,风吹草低见牛羊。"写景如此,方为不隔。

四言敝而有《楚辞》,《楚辞》敝而有五言,五言敝而有七言,古诗敝而有律绝,律绝敝而有词。盖文体通行既久,染指遂多,自成习套。豪杰之士,亦难于其中自出新意,故遁而作他体,以自解脱。一切文体所以始盛终衰者,皆由于此。故谓文学后不如前,余未敢信。但就一体论,则此说固无以易也。

诗之三百篇、十九首,词之五代、北宋,皆无题也。非无题也,诗词中之意,不能以题尽之也。自《花庵》《草堂》每调立题,并古人无题之词亦为之作题。如观一幅佳山水,而即日此某山某河,可乎?诗有题而诗亡,词有题而词亡。然中材之士,鲜能知此而自振拔者矣。

大家之作,其言情也必沁人心脾,其写景也必豁人耳目,其辞脱口而出,无娇揉妆束之态。以其所见者真,所知者深也。诗词皆然。持此以衡古今之作者,可无大误矣。

诗人对宇宙人生,须入乎其内,又须出乎其外。入乎其内,故能写之;出乎其外,故能观之。入乎其内,故有生气;出乎其外,故有高致。美成能入而不能出,白石以降,于此二事皆未梦见。

诗人必有轻视外物之意,故能以奴仆命风月。又必有重视外物之意,故能与花鸟共忧乐。

中 篇

建设的文学革命论(节录)

胡适

国语的文学——文学的国语

一

我的《文学改良刍议》发表以来,已有一年多了。这十几个月之中,这个问题居然引起了许多很有价值的讨论,居然受了许多很可使人乐观的响应。我想我们提倡文学革命的人,固然不能不从破坏一方面下手。但是我们仔细看来,现在的旧派文学实在不值得一驳。什么桐城派的古文哪,文选派的文学哪,江西派的诗哪,梦窗派的词哪,聊斋志异派的小说哪,——都没有破坏的价值。它们所以还能存在国中,正因为现在还没有一种真有价值,真有生气,真可算作文学的新文学起来代它们的位置。有了这种"真文学"和"活文学",那些"假文学"和"死文学",自然会消灭了。所以我望我们提倡文学革命的人,对于那些腐败文学,个个都该存一个"彼可取而代也"的心理,个个都该从建设一方面用力,要在三五十年内替中国创造出一派新中国的活文学。

我现在做这篇文章的宗旨,在于贡献我对于建设新文学的意

见。我且先把我从前所主张破坏的八事引来做参考的资料:

一、不做"言之无物"的文字。

二、不做"无病呻吟"的文字。

三、不用典。

四、不用套语烂调。

五、不重对偶:——文须废骈,诗须废律。

六、不做不合文法的文字。

七、不摹仿古人。

八、不避俗话俗字。

这是我的"八不主义",是单从消极的、破坏的一方面着想的。

自从去年归国以后,我在各处演说文学革命,便把这"八不主义"都改作了肯定的口气,又总括作四条,如下:

一、要有话说,方才说话。这是"不做言之无物的文字"一条的变相。

二、有什么话,说什么话;话怎么说,就怎么说。这是(二)(三)(四)(五)(六)诸条的变相。

三、要说我自己的话,别说别人的话。这是"不摹仿古人"一条的变相。

四、是什么时代的人,说什么时代的话。这是"不避俗话俗字"的变相。这是一半消极,一半积极的主张。一笔表过,且说正文。

二

我的《建设新文学论》的唯一宗旨只有十个大字:"国语的文学,文学的国语。"我们所提倡的文学革命,只是要替中国创造一种国语的文学。有了国语的文学,方才可有文学的国语。有了文学的国语,我们的国语才可算得真正国语。国语没有文学,便没有生命,便没有价值,便不能成立,便不能发达。这是我这一篇文字的大旨。

我曾仔细研究:中国这二千年何以没有真有价值真有生命的"文言的文学"?我自己回答道:"这都因为这二千年的文人所做的文学都是死的,都是用已经死了的语言文字做的。死文字决不能产出活文学。所以中国这二千年只有些死文学,只有些没有价值的死文学。"

我们为什么爱读《木兰辞》和《孔雀东南飞》呢?因为这两首诗是用白话做的。为什么爱读陶渊明的诗和李后主的词呢?因为他们的诗词是用白话做的。为什么爱杜甫的《石壕吏》《兵车行》诸诗呢?因为他们都是用白话做的。为什么不爱韩愈的《南山》呢?因为他用的是死字死话。……简单说来,自从《三百篇》到如今,中国的文学凡是有一些价值有一些儿生命的,都是白话的,或是近于白话的。其余的都是没有生气的古董,都是博物院中的陈列品!

再看近世的文学:何以《水浒传》《西游记》《儒林外史》《红楼梦》可以称为"活文学"呢?因为它们都是用一种活文字作的。若是施耐庵、吴承恩、吴敬梓、曹雪芹,都用了文言做书,他们的小说一定不会有这样生命，一定不会有这样价值。

　　读者不要误会，我并不曾说凡是用白话做的书都是有价值、有生命的。我说的是：用死了的文言决不能做出有生命有价值的文学来。这一千多年的文学，凡是有真正文学价值的，没有一种不带有白话的性质，没有一种不靠这个"白话性质"的帮助。换言之：白话能产出有价值的文学，也能产出没有价值的文学；可以产出《儒林外史》，也可以产出《肉蒲团》。但是那已死的文言只能产出没有价值没有生命的文学，决不能产出有价值有生命的文学；只能做几篇《拟韩退之原道》或《拟陆士衡拟古》，决不能做出一部《儒林外史》。若有人不信这话，可先读明朝古文大家宋濂的《王冕传》，再读《儒林外史》第一回的《王冕传》，便可知道死文学和活文学的分别了。

　　为什么死文字不能产生活文学呢？这都由于文学的性质。一切语言文字的作用在于达意表情；达意达得妙，表情表得好，便是文学。那些用死文言的人，有了意思，却须把这意思翻成几千年前的典故；有了感情，却须把这感情译为几千年前的文言。明明是客子思家，他们须说"王粲登楼""仲宣作赋"；明明是送别，他们却须说"《阳关》三叠"、"一曲《渭城》"；明明是贺陈宝琛七十岁的生日，他们却须说是贺伊尹、周公、傅说。更可笑的：明明是乡下老太婆说话，他们却要叫她打起唐宋八家的古文腔儿；明明是极下流的妓女说话，他们却要她打起胡天游、洪亮吉的骈文调子！……请问这样做文章如何能达意表情呢？既不能达意，既不能表情，哪里还有文学呢？即如那《儒林外史》里的王冕，是一个有感情、有血气、能生动、能谈笑的活人。这都因为做书的人能用活言语活文字来描写他的生活神情。那宋濂集子里的王冕，便成了一个没有生气，不能动人的死人。为什么呢？因为宋濂用了二千年前的死文字来写二千年后的活人；所以不能不把这个活人变作二千年前的木偶，才可合那古文家法。古文家法是合了，那王冕也真"作古"了！

因此我说，"死文言决不能产出活文学"。中国若想有活文学，必须用白话，必须用国语，必须做国语的文学。

三

上节所说，是从文学一方面着想，若要活文学，必须用国语。如今且说从国语一方面着想，国语的文学有何等重要。

有些人说："若要用国语做文学，总须先有国语。如今没有标准的国语，如何能有国语的文学呢？"我说这话似乎有理，其实不然。国语不是单靠几位言语学的专门家就能造得成的；也不是单靠几本国语教科书和几部国语字典就能造成的。若要造国语，先须造国语的文学。有了国语的文学，自然有国语。这话初听了似乎不通。但是列位仔细想想便可明白了。天下的人谁肯从国语教科书和国语字典里面学习国语？所以国语教科书和国语字典，虽是很要紧，决不是造国语的利器。真正有功效有势力的国语教科书，便是国语的文学；便是国语的小说，诗文戏本。国语的小说，诗文戏本通行之日，便是中国国语成立之时。试问我们今日居然能拿起笔来做几篇白话文章，居然能写得出好几百个白话的字，可是从什么白话教科书上学来的吗？可不是从《水浒传》《西游记》《红楼梦》《儒林外史》……等书学来的吗？这些白话文学的势力，比什么字典教科书都还大几百倍。《字典》说"这"字该读"鱼彦反"，我们偏读它做"者个"的者字。《字典》说"么"字是"细小"，我们偏把它用作"什么""那么"的么字。字典说"没"字是"沉也"，"尽也"，我们偏用它做"无有"的"无"字解。《字典》说"的"字有许多意义，我们偏把它用来代文言的"之"字、"者"字、"所"字和"徐徐尔，纵纵尔"的"尔"字。……总而言之，我们今日所用的"标准白话"，都是这几部白话的文学定下来的。我们今日要想重新规定一种"标准国语"，还须先造无数国语的《水浒传》《西游记》《儒林外史》《红楼梦》。

所以我以为我们提倡新文学的人，尽可不必问今日中国有无标准国语。我们尽可努力去做白话的文学。我们可尽量采用《水浒》《西游记》《儒林外史》《红楼梦》的白话。有不合今日的用的，便不用它；有不够用的，便用今日的白话来补助；有不得不用文言的，便用文言来补助。这样做去，决不愁语言文字不够用，也决不用愁没有标准白话。中国将来的新文学用的白话，就是将来中国的标准国语。造中国将来白话文学的人，就是制定标准国语的人。

我这种议论并不是"向壁虚造"的。我这几年来研究欧洲各国国语的历史，没有一种国语不是这样造成的。没有一种国语是教育部的老爷们造成的。没有一种是言语学专门家造成的。没有一种不是文学家造成的。我且举几条例为证：

一、意大利。五百年前，欧洲各国但有方言，没有"国语"。欧洲最早的国语是意大利文。那时欧洲各国的人多用拉丁文著书通信。到了十四世纪初年意大利的大文学家但丁（Dante）极力主张用意大利话来代拉丁文。他说拉丁文是已死了的文字，不如他本国俗话的优美。所以他自己的杰作《喜剧》，全用脱斯堪尼（意大利北部的一邦）的俗话。这部《喜剧》，风行一世，人都称它做"神圣喜剧"。那"神圣喜剧"的白话后来都成了意大利的标准国语。后来的文学家包卡嘉（Boccacio）和洛伦查（Lorenzo de Medici）诸人也都用白话做文学。所以不到一百年，意大利的国语便完全成立了。

　　二、英国。英伦虽只是一个小岛国，却有无数方言。现在通行全世界的"英文"在五百年前还只是伦敦附近一带的方言，叫做"中部土话"。当十四世纪时，各处的方言都有些人用来做书。后来到了十四世纪的末年，出了两位大文学家，一个是赵叟（Chaucer），一个是威克列夫（Wycliff）。赵叟做了许多诗歌，散文，都用这"中部土话"。威克列夫把耶教的《旧约》《新约》也都译成"中部土话"。有了这两个人的文学，便把这"中部土话"变成英国的标准国语。后来到了十五世纪，印刷术输进英国，所印的书多用这"中部土语"，国语的标准更确定了。到十六十七两世纪，莎士比亚和"伊里莎白时代"的无数文学大家，都用国语创造文学。从此以后，这一部分的"中部土话"，不但成了英国的标准国语，几乎竟成了全地球的世界语了！

　　此外，法国、德国及其他各国的国语，大都是这样发生的，大都是靠着文学的力量才能变成标准的国语的。我也不去一一地细说了。

意大利国语成立的历史，最可供我们中国人的研究。为什么呢？因为欧洲西部北部的新国，如英吉利、法兰西、德意志，他们的方言和拉丁文相差太远了，所以他们渐渐地用国语著作文学，还不算稀奇。只有意大利是当年罗马帝国的京畿近地，在拉丁文的故乡，各处的方言又和拉丁文最近。在意大利提倡用白话代拉丁文，真正和在中国提倡用白话代汉文，有同样的艰难。所以英、法、德各国语，一经文学发达以后，便不知不觉地成为国语了。在意大利却不然。当时反对的人很多，所以那时的新文学家，一方面努力创造国语的文学，一方面还要做文章鼓吹何以当废古文，何以不可不用白话。有了这种有意的主张［最有力的是但丁和阿儿白狄（Alberti）两个人］，又有了那些有价值的文学，才可造出意大利的"文学的国语"。

我常问我自己道："自从施耐庵以来，很有了些极风行的白话文学，何以中国至今还不曾有一种标准的国语呢？"我想来想去，只有一个答案。这一千年来，中国固然有了一些有价值的白话文学，但是没有一个人出来明目张胆地主张用白话为中国的"文学的国语"。有时陆放翁高兴了，便做一首白话诗；有时柳耆卿高兴了，便做一首白话词；有时朱晦庵高兴了，便写几封白话信，做几条白话札记；有时施耐庵、吴敬梓高兴了，便做一两部白话的小说。这都是不知不觉的自然出产品，并非是有意的主张。因为没有"有意的主张"，所以做白话的只管做白话，做古文的只管做古文，做八股的只管做八股。因为没有"有意的主张"，所以白话文学从不曾和那些"死文学"争那"文学正宗"的位置。白话文学不成为文学正宗,故白话不曾成为标准国语。

　　我们今日提倡国语的文学,是有意的主张。要使国语成为"文学的国语"。有了文学的国语,方有标准的国语。

《胡适文存》

示　众

鲁迅

　　首善之区的西城的一条马路上，这时候什么扰攘也没有。火焰焰的太阳虽然还未直照，但路上的沙土仿佛已是闪烁地生光；酷热满和在空气里面，到处发挥着盛夏的威力。许多狗都拖出舌头来，连树上的乌老鸦也张着嘴喘气，——但是，自然也有例外的。远处隐隐有两个铜盏相击的声音，使人忆起酸梅汤，依稀感到凉意，可是那懒懒的单调的金属音的间作，却使那寂静更其深远了。

　　只有脚步声，车夫默默地前奔，似乎想赶紧逃出头上的烈日。

　　"热的包子咧！刚出屉的……"

　　十一二岁的胖孩子，细着眼睛，歪了嘴在路旁的店门前叫喊。声音已经嘶嗄了，还带些睡意，如给夏天的长日催眠。他旁边的破旧桌子上，就有二三十个馒头包子，毫无热气，冷冷地坐着。

　　"荷阿！馒头包子咧，热的……"

　　像用力掷在墙上而反拨过来的皮球一般，他忽然飞在马路的那边了。在电杆旁，和他对面，正向着马路，其时也站定了两个人：一个穿淡黄制服的挂刀的面黄肌瘦的巡警，手里牵着绳头，绳的那头就拴在别一个穿蓝布大衫上罩白背心的男人的左臂膊上。这男人戴一顶新草帽，帽檐四面下垂，遮住了眼睛的一带。但胖孩子身体矮,仰起脸来看时,却正撞见这人的眼睛了。那眼睛也似乎正在看他的脑壳。他连忙顺下眼,去看白背心,只见背心上一行一行地写着些大大小小的什么字。

刹时间,也就围满了大半圈的看客。待到增加了秃头的老头子之后,空缺已经不多,而立刻又被一个赤膊的红鼻子胖大汉补满了。这胖子过于横阔,占了两人的地位,所以续到的便只能屈在第二层,从前面的两个脖子之间伸进脑袋去。

秃头站在白背心的略略正对面,弯了腰,去研究背心上的文字,终于读起来:

"嗡,都,哼,八,而,……"

胖孩子却看见那白背心正研究着这发亮的秃头,他也便跟着去研究,就只见满头光油油的,耳朵左近还有一片灰白色的头发,此外也不见得有怎样新奇。但是后面的一个抱着孩子的老妈子却想乘机挤进来了;秃头怕失了位置,连忙站直,文字虽然还未读完,然而无可奈何,只得另看白背心的脸:草帽檐下半个鼻子,一张嘴,尖下巴。

又像用了力掷在墙上而反拨过来的皮球一般,一个小学生飞奔上来,一手按住了自己头上的雪白的小布帽,向人丛中直钻进去。但他钻到第三——也许是第四——层,竟遇见一件不可动摇的伟大的东西了,抬头看时,蓝裤腰上面有一座赤条条的很阔的背脊,背脊上还有汗正在流下来。他知道无可措手,只得顺着裤腰右行,幸而在尽头发见了一条空处,透着光明。他刚刚低头要钻的时候,只听得一声"什么",那裤腰以下的屁股向右一歪,空处立刻闭塞，光明也同时不见了。

但不多久，小学生却从巡警的刀旁边钻出来了。他诧异地四顾：外面围着一圈人，上首是穿白背心的，那对面是一个赤膊的胖小孩，胖小孩后面是一个赤膊的红鼻子胖大汉。他这时隐约悟出先前的伟大的障碍物的本体了，便惊奇而且佩服似的只望着红鼻子。胖小孩本是注视着小学生的脸的，于是也不禁依了他的眼光，回转头去了，在那里是一个很胖的奶子，奶头四近有几枝很长的毫毛。

"他，犯了什么事啦？……"

大家都愕然看时，是一个工人似的粗人，正在低声下气地请教那秃头老头子。

秃头不作声，单是睁起了眼睛看定他。他被看得顺下眼光去，过一会再看时，秃头还是睁起了眼睛看定他，而且别的人也似乎都睁了眼睛看定他。他于是仿佛自己就犯了罪似的局促起来，终至于慢慢退后，溜出去了。一个挟洋伞的长子就来补了缺；秃头也旋转脸去再看白背心。

长子弯了腰，要从垂下的草帽檐下去赏识白背心的脸，但不知道为什么忽又站直了。于是他背后的人们又须竭力伸长了脖子；有一个瘦子竟至于连嘴都张得很大，像一条死鲈鱼。

巡警，突然间，将脚一提，大家又愕然，赶紧都看他的脚；然而他又放稳了，于是又看白背心。长子忽又弯了腰，还要从垂下的草帽檐下去窥测，但即刻也就立直，擎起一只手来拼命搔头皮。

秃头不高兴了，因为他先觉得背后有些不太平，接着耳朵边就有唧咕唧咕的声响。他双眉一锁，回头看时，紧挨他右边，有一只黑手拿着半个大馒头正在塞进一个猫脸的人的嘴里去。他也就不说什么,自去看白背心的新草帽了。

忽然,就有暴雷似的一击,连横阔的胖大汉也不免向前一跄踉。同时,从他肩膊上伸出一只胖得不相上下的臂膊来,展开五指,拍的一声正打在胖孩子的脸颊上。

"好快活!你妈的……"同时,胖大汉后面就有一个弥勒佛似的更圆的胖脸这么说。

胖孩子也跄踉了四五步,但是没有倒,一手按着脸颊,旋转身,就想从胖大汉的腿旁的空隙间钻出去。胖大汉赶忙站稳,并且将屁股一歪,塞住了空隙,恨恨地问道:

"什么?"

胖孩子就像小鼠子落在捕机里似的,仓皇了一会,忽然向小学生那一面奔去,推开他,冲出去了。小学生也返身跟出去了。

"吓,这孩子……"总有五六个人都这样说。

待到重归平静,胖大汉再看白背心的脸的时候,却见白背心正在仰面看他的胸脯;他慌忙低头也看自己的胸脯时,只见两乳之间的洼下的坑里有一片汗,他于是用手掌拂去了这些汗。

然而形势似乎总不甚太平了。抱着小孩的老妈子因为在骚扰时四顾,没有留意,头上梳着的喜鹊尾巴似的"苏州俏"便碰了站在旁边的车夫的鼻梁。车夫一推,却正推在孩子上;孩子就扭转身去,向着圈外,嚷着要回去了。老妈子先也略略一跄踉,但便即站定,旋转孩子来使他正对白背心,一手指点着,说道:

"阿,阿,看呀!多么好看哪!……"

空隙间忽而探进一个戴硬草帽的学生模样的头来,将一粒瓜子之类似的东西放在嘴里,下颚向上一磕,咬开,退出去了。这地方就补上了一个满头油汗而粘着灰土的椭圆脸。

挟洋伞的长子也已经生气,斜下了一边的肩膊,皱眉疾视着肩后的死鲈鱼。大约从这么大的大嘴里呼出来的热气,原也不易招架的,而况又在盛夏。秃头正仰视那电杆上钉着的红牌上的四个白字,仿佛很觉得有趣。胖大汉和巡警都斜了眼研究着老妈子的钩刀般的鞋尖。

"好!"

什么地方忽有几个人同声喝彩。都知道该有什么事情起来了,一切头便全数回转去。连巡警和他牵着的犯人也都有些摇动了。

"刚出屉的包子咧!荷阿,热的……"

路对面是胖孩子歪着头,瞌睡似的长呼;路上是车夫们默默地前奔,似乎想赶紧逃出头上的烈日。大家都几乎失望了,幸而放出眼光去四处搜索,终于在相距十多家的路上,发现了一辆洋车停放着,一个车夫正在爬起来。

圆阵立刻散开,都错错落落地走过去。胖大汉走不到一半,就歇在路边的槐树下;长子比秃头和椭圆脸走得快,接近了。车上的坐客依然坐着,车夫已经完全爬起,但还在摩自己的膝髁。周围有五六个人笑嘻嘻地看他们。

"成么?"车夫要来拉车时,坐客便问。

他只点点头,拉了车就走;大家就惘惘然目送他。起先还知道哪一辆是曾经跌倒的车,后来被别的车一混,知不清了。

马路上就很清闲,有几只狗伸出了舌头喘气;胖大汉就在槐阴下看那很快地一起一落的狗肚皮。

老妈子抱了孩子从屋檐阴下蹩过去了。胖孩子歪着头,挤细了眼睛,拖长声音,瞌睡地叫喊——"热的包子咧!荷阿!……刚出屉的……"

《彷徨》

希腊的小诗
周作人

希腊的小诗,平常大抵指那"诗铭"(Epigramma)。诗铭最初用于造像供品及墓石上,所以务取文词简约,意在言外。古人有一首诗说得最妙,原意云:

(1)诗铭两行是正好,倘若过三行,
你是唱史诗,不是做诗铭了。

罗马人从希腊取去了诗铭的形式,却多用在讽刺上面,于是内容上发生了变化;拉丁文学里的诗铭的界说是这样的:

(2)诗铭像蜜蜂,应具三件事:
一是刺,二是蜜,三是小身体。

后来欧洲诗人做诗铭者,多应用这项说法,但这实在只是后起的变化,不是诗铭的本色;在希腊诗人看来,他的条件只是简炼一种而已。这一篇里所引,并不限于狭义的诗铭,并包含格言诗、恋爱诗及断片在内,因为这些诗虽然种类不同,简炼的特色原是一样,所以我便把它们统称作小诗了。

二千四百年前,三百个斯巴达人守温泉峡(Thermopylai),与五百万的波斯大军对抗三日,全数战死,诗人西蒙尼台斯(Simonides)为作墓志云:

(3)外方人。为传语斯巴达人,
我们卧在此地,依照他们的规矩。

这是世界知名的小诗,不但表出斯巴达人的精神,那希腊文化所特有的"节制"之德也就在文艺上明白地表现出来了。但他也能作深刻的讽刺,这是他替当时的无赖诗人帖木克勒恩假作的墓铭:

(4)罗兑斯人帖木克勒恩卧此,他吃过许多,
喝过许多,说过许多坏话。

女诗人萨普福(Sappho)生在基督前六世纪时,以抒情诗著名,《希腊诗选》中存有诗铭三首,今取其一:

(5)渔人贝拉刚的(墓)上,父亲门尼科思安置
了渔网和桨,——辛苦生活的纪念。

哲人柏拉图(Platon)少年时作过许多诗,现在把他最有名的两首诗译出在下面:

(6) 以前你是晨星，照过人间，
现在死去，在死人中辉辉如长庚。
(7) 我的星，你正在看星，我愿得
化身为天空，用许多的眼回看你。

第一首是伤逝的诗，因为女人叫亚斯德耳（Aster，义云星），所以很巧妙地用了启明与长庚来衬帖她。第二首是普通"我愿"式的情诗，但也做得非常巧妙；这仿佛是对月恩人一类的动机，唯青白的月光普遍地有几乎能使人疯狂的魔力，现在却只是诗人空灵的思致所造出的罢了。我的星，犹云我的运命，是情人的一个极好的代名词；因为古人相信诞生时值日的星宿主宰他一生的祸福，所以有占星术等去查考这些关系。希腊文学虽是理想地富美，但雅典时代以来的"词章学"，正如一切词章学一样，在好影响以外也给予坏的影响；这固然以在后世为最显著。我们看柏拉图的小诗，也就觉得美妙而近于危险，到了文艺复兴末期的诗人手里，不免变为纤巧穿凿的"雅体"了。

(8) 我送乳香给你，并不教他去熏你，
只是望他因你而更香。

这是无名氏的一首诗，与上边的正是一类。
以下是萨普福的几章断片，关于这个译文，我想带便说明一句。我相信只有原本是诗,不但是不可译,也不可以改写的。诚实的翻译只是原诗的讲解,像书房里先生讲唐诗给我们听一样,虽是述说诗意,却不是诗了。将自己的译本当作诗,以为在原诗外添了一篇佳作,那是很可笑虽然也是可恕的错误;——凡是所谓翻译的好诗都是译者的创作,如菲孜及拉耳特的波斯诗,实在只是"读吨玛哈扬而作"罢了。因此我们的最大野心不过在述说诗意之外,想保存百一的风韵,虽然这在译述希腊诗上明知是不可能的事。萨普福诗尽散逸,以下五节皆系断片,并非完全的。

(9)月落了,昴星也降了,
正是夜半,时光过去了,
我独自睡着。

(10)爱摇我的心,
(犹如)山风落在橡树上头。

(11)爱摇动我,——融化支体的爱,
苦甜,不可抗的物。

(12)正如甘棠在树顶上发红,
在树顶的顶上,所以采果的人忘记了;
不,不是忘记,只是够不着。

(13)黄昏呀,你招回一切,光明的早晨所驱散的一切,
你招回绵羊,招回山羊,招回小孩回到母亲的旁边。

(14)我将编白地丁,将编柔软的木水仙和
桃金娘,我将编那微笑的百合,

将编那甜美的番红花，更编入紫的风信子，
将编那恋人们所爱的蔷薇，——
戴在香发的日惠的鬓上，
当作华鬘饰她的丰美的长发。

这一首是两千年前时人美勒亚格罗思（Meleagros）所作，寄其恋人日惠（Heliodora）者；他是个东方人而受希腊的文化教育，所以颇能代表亚力山大时代的文学倾向。

以下一首无名氏的诗，大约也是同时代之作。

（15）蒲桃尚青的时候你拒绝了我；
蒲桃熟了，你傲然走过去；
但不要再吝惜一球罢，
现在蒲桃已要干枯了。

（16）同我饮酒，同年少，同恋爱，同戴华冠，
狂时同我狂，醒时同我醒。

这是饮酒歌之一。有一首格言诗，云系西蒙尼台斯之作，颇能同样地表现出希腊人的现世主义的思想。

（17）健康是人生的第一幸福，其次是先天的美，
第三是正当的富，第四是友朋间常保年少。

但是厌世思想也常占有诗人的心田,发出悲痛的歌,在衰亡时代为尤甚,下列三首都属此类。为诗人自悼之诗,末一首更为简括。

(18)我裸体来到地上,又将裸体走往地下,
为什么还要徒劳,既知究竟只是裸体。

(19)我的名字,——这算什么?
我的籍贯,——这又算什么?
我的门第是高贵的。但倘若是卑贱呢?
我生前荣显。但倘若是屈辱呢?
我现在卧在此地。谁会把这些事告诉别人?

(20)不曾有过,——我今生了;
曾经有过,——我今不存了:如是而已。
如有人不是这样说,他是说诳。
我将不复存了罢。

以上二十章中,第四第八及十五这三首系从英文重译的,所以或者不甚确,也未可知。其余都努力保存他的原意,但可惜能保存的也只是原意罢了。第十九首原只四行,因排列便利上,将第一行分作两半;第二十首原只两行,现在却写成四行了。又有四篇,在《论小诗》上曾经引用过,但今经改译,字句上稍有不同了。

《谈龙集》

我所知道的康桥(节录)

徐志摩

二

"单独"是一个耐寻味的现象。我有时想它是任何发现的第一个条件。你要发现你的朋友的"真",你得有与他单独的机会。你要发现你自己的真,你得给你自己一个单独的机会。你要发现一个地方(地方一样有灵性),你也得有单独玩的机会。我们这一辈子,认真说,能认识几个人?能认识几个地方?我们都是太匆忙,太没有单独的机会。说实话,我连我的本乡都没有什么了解。康桥我要算是有相当交情的,再次许只有新认识的翡冷翠了。啊,那些清晨,那些黄昏,我一个人发痴似的在康桥!绝对的单独。

但一个人要写他最心爱的对象,不论是人是地,是多么使他为难的一个工作?你怕,你怕描坏了它,你怕说过分了恼了它,你怕说太谨慎了辜负了它。我现在想写康桥,也正是这样的心理,我不曾写,我就知道这回是写不好的——况且又是临时逼出来的事情。但我却不能不写,上期预告已经出去了。我想勉强分两节写:一是我所知道的康桥的天然景色;一是我所知道的康桥学生生活。我今晚只能极简地写些,等以后有兴会时再补。

三

康桥的灵性全在一条河上；康河，我敢说是全世界最秀丽的一条水。河的名字是葛兰大（Granta），也有叫康河（River Cam）的，许有上下流的区别，我不甚清楚。河身多的是曲折，上游是有名的拜伦潭——"Byron's Pool"——当年拜伦常在那里玩的；有一个老村子叫格兰骞斯德，有一个果子园，你可以躺在累累的桃李树荫下吃茶，花果会掉入你的茶杯，小雀子会到你桌上来啄食，那真是别有一番天地。这是上游；下游是从骞斯德顿下去，河面展开，那是春夏间竞舟的场所。上下河分界处有一个坝筑，水流急得很，在星光下听水声，听近村晚钟声，听河畔倦牛刍草声，是我康桥经验中最神秘的一种：大自然的优美、宁静、调谐在这星光与波光的默契中不期然地淹入了你的性灵。

但康河的精华是在它的中权，著名的"Backs"，这两岸是几个最蜚声的学院的建筑。从上面一来是Penbroke, St. Katharine's, King's, Clare, Trinity, St. John's。最令人留连的一节是克莱亚与王家学院的毗连处，克莱亚的秀丽紧邻着王家教堂（King's Chapel）的宏伟。别的地方尽有更美更庄严的建筑，例如巴黎赛因河的罗浮宫一带，威尼斯的利阿尔多大桥的两岸，翡冷翠维基乌大桥的周遭；但康桥的"Backs"自有它的特长，这不容易用一二个状词来概括，它那脱尽尘埃气的一种清澈秀逸的意境可说是超出了画图而化生了音乐的神味。再没有比这一群建筑更调谐更匀称的了！论画,可比的许只有柯罗(Corot)的田野;论音乐,可比的许只有萧班(Chopin)的夜曲。就这也不能给你依稀的印象,它给你的美感简直是神灵性种的一种。

假如你站在王家学院桥边的那棵大桔树荫下眺望,右侧面,隔着一大方浅草坪,是我们的校友居(Fellows Building),那年代并不早,但它的妩媚也是不可掩的,它那苍白的石壁上春夏间满缀着艳色的蔷薇在和风中摇颤,更移左是那教堂,森林似的尖阁不可浼的永远直指着天空;更左是克莱亚,啊!那不可信的玲珑的方庭,谁说这不是圣克莱亚(St. Clare)的化身,哪一块石上不闪耀着她当年圣洁的精神?在克莱亚后背隐约可辨的是康桥最潢贵最骄纵的三清学院(Trinity),它那临河的图书楼上坐镇着拜伦神采惊人的雕像。

但这时你的注意早已叫克莱亚的三环洞桥魔术似的摄住。你见过西湖白堤上的西泠断桥不是?(可怜它们早已叫代表近代丑恶精神的汽车公司给铲平了,现在它们跟着苍凉的雷峰永远辞别了人间。)你忘不了那桥上斑驳的苍苔,木栅的古色,与那桥拱下泄露的湖光与山色不是?克莱亚并没有那样体面的衬托,它也不比庐山楼贤寺旁的观音桥,上瞰五老的奇峰,下临深潭与飞瀑;它只是怯怜怜的一座三环洞的小桥,它那桥洞间也只掩映着细纹的波鳞与婆娑的树影,它那桥上栉比的小穿兰与兰节顶上双双的白石球,也只是村姑子头上不夸张的香草与野花一类的装饰;但你凝神地看着,更凝神地看着,你再反省你的心境,看还有一丝屑的俗念沾滞不?只要你审美的本能不曾汨灭时,这是你的机会实现纯粹美感的神奇!

　　但你还得选你赏鉴的时辰。英国的天时与气候是走极端的。冬天是荒谬的坏,逢着连绵的雾盲天你一定不迟疑地甘愿进地狱本身去试试;春天(英国是几乎没有夏天的)是更荒谬的可爱,尤其是它那四五月间最渐缓最艳丽的黄昏,那才真是寸寸黄金。在康河边上过一个黄昏是一服灵魂的补剂。啊!我那时蜜甜的单独,那时蜜甜的闲暇。一晚又一晚的,只见我出神似的倚在桥栏上向西天凝望:

看一回凝静的桥影,
数一数螺细的波纹:
我倚暖了石栏的青苔,
青苔凉透了我的心坎;……

还有几句更笨重的怎能仿佛那游丝似轻妙的情景:

难忘七月的黄昏,远树凝寂,
像墨泼的山形,衬出轻柔暝色;
密稠稠,七分鹅黄,三分桔绿,
那妙意只可去秋梦边缘捕捉;……

四

　　这河身的两岸都是四季常青最葱翠的草坪。从校友居的楼上望去，对岸草场上，不论早晚，永远有十数匹黄牛与白马，胫蹄没在恣蔓的草丛中，从容地在咀嚼，星星的黄花在风中动荡，应和着它们尾鬃的扫拂。桥的两端有斜倚的垂柳与桔荫护住。水是澈底的清澄，深不足四尺，匀匀地长着长条的水草。这岸边的草坪又是我的爱宠，在清朝，在傍晚，我常去这天然的织锦上坐地，有时读书，有时看水；有时仰卧着看天空的行云，有时反仆着搂抱大地的温软。

但河上的风流还不止两岸的秀丽，你得买船去玩。船不止一种：有普通的双桨划船，有轻快的薄皮舟（canoe），有最别致的长形撑篙船（punt）。最末的一种是别处不常有的：约莫有二丈长，三尺宽，你站直在船艄上用长竿撑着走。这撑是一种技术。我手脚太蠢，始终不曾学会。你初起手尝试时，容易把船身横住在河中，东颠西撞的狼狈。英国人是不轻易开口笑人的，但是小心他们不出声的皱眉！也不知有多少次河中本来悠闲的秩序叫我这莽撞的外行给捣乱了。我真的始终不曾学会；每回我不服输跑去租船再试的时候，有一个白胡子的船家往往带讥讽地对我说："先生，这撑船的费劲，天热累人，还是拿个薄皮舟溜溜吧！"我哪里肯听话，长篙子一点就把船撑了开去，结果还是把河身一段段地腰斩了去。

我站在桥上去看人家撑，那多不费劲，多美！尤其在礼拜天有几个专家的女郎，穿一身缟素衣服，裙裾在风前悠悠地飘着，戴一顶宽边的薄纱帽，帽影在水草间颤动，你看她们出桥洞时的姿态，捻起一根竟像没分量的长竿，只轻轻地，不经心地往波心里一点，身子微微地一蹲，这船身便波地转出了桥影，翠条鱼似的向前滑了

我所知道的康桥（节录）

去。她们那敏捷，那闲暇，那轻盈，真是值得歌咏的。

在初夏阳光渐暖时你去买一只小船，划去桥边荫下躺着念你的书或是做你的梦，槐花香在水面上飘浮，鱼群的唼喋声在你的耳边挑逗。或是在初秋的黄昏，近着新月的寒光，往上流僻静处远去。爱热闹的少年们携着他们的女友，在船沿上支着双双的东洋彩纸灯，带着话匣子，船心里用软垫铺着，也开向无人迹处去享他们的野福——谁不爱听那水底翻的音乐在静定的河上描写梦意与春光！

住惯城市的人不易知道季候的变迁。看见叶子掉知道是秋，看见叶子绿知道是春；天冷了装炉子，天热了拆炉子；脱下棉袍，换上夹袍，脱下夹袍，换上单袍：不过如此罢了。天上星斗的消息，地下泥土里的消息，空中风吹的消息，都不关我们的事。忙着哪，这样那样事情多着，谁耐烦管星星的移转，花草的消长，风云的变幻？同时我们抱怨我们的生活、苦痛、烦闷、拘束、枯燥，谁肯承认做人是快乐？谁不多少间咒诅人生？

但不满意的生活大都是由于自取的。我是一个生命的信仰者，我信生活决不是我们大多数人仅仅从自身经验推得的那样暗惨。我们的病根是在"忘本"。人是自然的产儿，就比枝头的花与鸟是自然的产儿，但我们不幸是文明人，入世深似一天，离自然远似一天。离开了泥土的花草，离开了水的鱼，能快活吗？能生存吗？从大自然，我们取得我们的生命；从大自然，我们应分取得我们继续的资养。哪一株婆婆的大木没有盘错的根柢深入在无尽藏的地里？我们是永远不能独立的。有幸福是永远不离母亲抚育的孩子，有健康是永远接近自然的人们。不必一定与鹿豕游，不必一定回"洞府"去;为医治我们当前生活的枯窘,只要"不完全遗忘自然"一张轻淡的药方,我们的病象就有缓和的希望。在青草里打几个滚,到海水里洗几次浴,到高处去看几次朝霞与晚照——你肩背上的负担就会轻松了去的。

这是极肤浅的道理,当然。但我要没有过康桥的日子,我就不会有这样的自信。我这一辈子就只那一春,说也可怜,算是不曾虚度。就只那一春,我的生活是自然的,是真愉快的!(虽则碰巧那也是我最感受人生痛苦的时期。)我那时有的是闲暇,有的是自由,有的是绝对单独的机会。说也奇怪,竟像是第一次,我辨认了星月的光明,草的青,花的香,流水的殷勤。我能忘记那初春的睥睨吗?曾经有多少个清晨我独自冒着冷去薄霜铺地的林子里闲步——为听鸟语,为盼朝阳,为寻泥土里渐次苏醒的花草,为体会最微细最神妙的春信。啊,那是新来的画眉在那边凋不尽的青枝上试它的新声!啊,这是第一朵小雪球花挣出了半冻的地面!啊,这不是新来的潮润沾上了寂寞的柳条?

静极了,这朝来水溶溶的大道,只远处牛奶车的铃声,点缀这周遭的沉默。顺着这大道走去,走到尽头,再转入林子里的小径,往烟雾浓密处走去,头顶是交枝的榆荫,透露着漠楞楞的曙色;再往前走去,走尽这林子,当前是平坦的原野,望见了村舍,初青的麦田,更远三两个馒形的小山掩住了一条通道。天边是雾茫茫的,尖尖的黑影是近村的教寺。听,那晓钟和缓的清音。这一带是此邦中部的平原,地形像是海里的轻波,默沉沉地起伏;山岭是望不见的,有的是常青的草原与沃腴的田壤。登那土阜上望去,康桥只是

我所知道的康桥（节录）

一带茂林，拥戴着几处娉婷的尖阁。妩媚的康河也望不见踪迹，你只能循着那锦带似的林木想象那一流清浅。村舍与树林是这地盘上的棋子，有村舍处有佳荫，有佳荫处有村舍。这早起是看炊烟的时辰，朝雾渐渐地升起，揭开了这灰苍苍的天幕（最好是微霰后的光景），远近的炊烟，成丝的，成缕的，成卷的，轻快的，迟重的，浓灰的，淡青的，惨白的，在静定的朝气里渐渐地上腾，渐渐地不见，仿佛是朝来人们的祈祷，参差地翳入了天听。朝阳是难得见的，这初春的天气。但它来时是起早人莫大的愉快。顷刻间这田野添深了颜色，一层轻纱似的金粉糁上了这草，这树，这通道，这庄舍。顷刻间这周遭弥漫了清晨富丽的温柔。顷刻间你的心怀也分润了白天诞生的光荣。"春！"这胜利的晴空仿佛在你的耳边私语。"春！"你那快活的灵魂也仿佛在那里回响。

伺候着河上的风光，这春来一天有一天的消息。关心石上的苔痕，关心败草里的鲜花，关心这水流的缓急，关心水草的滋长，关心天上的云霞，关心新来的鸟语。怯怜怜的小雪球是探春信的小使。铃兰与香草是欢喜的初声。窈窕的莲馨，玲珑的石水仙，爱热闹的克罗克斯，耐辛苦的蒲公英与雏菊——这时候春光已是烂漫在人间，更不须殷勤问讯。

瑰丽的春放。这是你野游的时期。可爱的路政，这里不比中国，哪一处不是坦荡荡的大道？徒步是一个愉快，但骑自转车是一个更大的愉快。在康桥骑车是普遍的技术；妇人、稚子、老翁，一致享受这双轮舞的快乐。（在康桥听说自转车是不怕人偷的，就为人人都自己有车，没人要偷。）任你选一个方向，任你上一条通道，顺着这带草味的和风,放轮远去,保管你这半天的逍遥是你性灵的补剂。这道上有的是清荫与美草,随地都可以供你休憩。你如爱花,这里多的是锦绣似的草原。你如爱鸟,这里多的是巧啭的鸣禽。你如爱儿童,这乡间到处是可亲的稚子。你如爱人情,这里多的是不嫌远客的乡人,你到处可以"挂单"借宿,有酪浆与嫩薯供你饱餐,有夺目的鲜果恣你尝新。你如爱酒,这乡间每"望"都为你储有上好的新酿,黑啤如太浓,苹果酒、姜酒都是供你解渴润肺的。……带一卷书,走十里路,选一块清静地,看天,听鸟,读书,倦了时,和身在草绵绵处寻梦去——你能想象更适情更适性的消遣吗?

  陆放翁有一联诗句:"传呼快马迎新月,却上轻舆趁晚凉。"这是做地方官的风流。我在康桥时虽没马骑,没轿子坐,却也有我的风流:我常常在夕阳西晒时骑了车迎着天边扁大的日头直追。日头是追不到的,我没有夸父的荒诞,但晚景的温存却被我这样偷尝了不少。有三两幅画图似的经验至今还是栩栩地留着。只说看夕阳,我们平常只知道登山或是临海,但实际只须辽阔的天际,平地上的晚霞有时也是一样的神奇。有一次我赶到一个地方,手把着一家村庄的篱笆,隔着一大田的麦浪,看西天的变幻。有一次是正冲着一条宽广的大道,过来一大群羊,放草归来的,偌大的太阳在它们后背放射着万缕的金辉,天上却是乌青青的,剩这不可逼视的威光中的一条大路、一群生物,我心头顿时感着神异性的压迫,我真的跪下了,对着这冉冉渐翳的金光。再有一次是更不可忘的奇景,那是临着一大片望不到头的草原,满开着艳红的罂粟,在青草里亭亭像是万盏的金灯,阳光从褐色云里斜着过来,幻成一种异样的紫色,透明似的不可逼视,霎那间在我迷眩了的视觉中,这草田变成了……不说也罢,说来你们也是不信的!

一别二年多了,康桥,谁知我这思乡的隐忧?也想不别的,我只要那晚钟撼动的黄昏,没遮拦的田野,独自斜倚在软草里,看第一个大星在天边出现!

《巴黎的鳞爪》

薄 奠

郁达夫

上

一天晴朗的春天的午后，我因为天气太好，坐在家里觉得闷不过，吃过了较迟的午饭，带了几个零用钱，就跑出外面去逛去。北京的晴空，颜色的确与南方的苍穹不同。在南方无论如何晴快的日子，天上总有一缕薄薄的纤云飞着，并且天空的蓝色，总带着一道很淡很淡的白味。北京的晴空却不是如此，天色一碧到底，你站在地上对天注视一会，身上好像能生出两翼翅膀来，就要一扬一摆地飞上空中去的样子。这可是单指不起风的时候而讲，若一起风，则人在天空下眼睛都睁不开，更说不到晴空的颜色如何了。那一天的午后，空气非常澄清，天色真青得可怜。我在街上夹在那些快乐的北京人士中间，披了一身和暖的阳光，不知不觉，走到了前门外最热闹的一条街上。踏进了一家卖灯笼的店里，买了几张奇妙的小画，重新回上大街缓步的时候，我忽而听出了一阵中国戏国特有的那种原始的锣鼓声音来。我的两只脚就受了这声音的牵引，自然而然地踏了进去。听戏听到了第三出，外面忽而起了呜呜的大风，戏园的屋顶也有些儿摇动。戏散之后，推来让去地走出戏园，扑面就来一阵风沙。我眼睛闭了一忽,走上大街来雇车,车夫都要我七角六角大洋,不肯按照规矩折价。那时候天虽则还没有黑,但因为风沙飞满在空中,所以沉沉的大地上,已经现出了黄昏前的急景。店家的电灯,也都已上火,大街上汽车马车洋车挤塞在一处。一种车铃声叫唤声,并不知从何处来的许多杂音,尽在那里奏错乱的交响乐。大约是因为夜宴的时刻逼近,车上的男子,定是去赴宴会,奇装的女子,想来是去陪席的。

一则因为大风,二则因为正是一天中间北京人士最繁忙的时刻,所以我雇车竟雇不着,一直地走到了前门大街。为了上举的两种原因,洋车夫强索昂价,原是常有的事情,我因零用钱花完,袋里只有四五十枚铜子,不能应他们的要求,所以就下了决心,想一直走到西单牌楼再雇车回家。走下了正阳桥边的步道,被一辆南行的汽车喷满了一身灰土,我的决心,又动摇起来,含含糊糊地向道旁停着的一辆洋车问了一句,"嗳!四十枚拉巡捕厅儿胡同拉不拉?"那车夫竟恭恭敬敬地向我点了点头说:

"坐上罢,先生!"

坐上了车,被他向北的拉去,那么大的风沙,竟打不上我的脸来,我知道那时候起的是南风了。我不坐洋车则已,若坐洋车的时候,总爱和洋车夫谈闲话,想以我的言语来缓和他的劳动之苦,因为平时我们走路,若有一个朋友和我们闲谈着走,觉得不费力些。我从自己的这种经验着想,老是在实行浅薄的社会主义,一边高踞在车上,一边向前面和牛马一样在奔走的我的同胞攀谈些无头无尾的话。这一天,我本来不想开口的,但看看他的弯曲的背脊,听听

他嘿嘿的急喘,终觉得心里难受,所以轻轻地对他说:

"我倒不忙,你慢慢地走罢,你是哪儿的车?"

"我是巡捕厅胡同西口儿的车。"

"你在哪儿住家吓?"

"就在那南顺城街的北口,巡捕厅胡同的拐角儿上。"

"老天爷不知怎么的,每天刮这么大的风。"

"是啊!我们拉车的也苦,你们坐车的老爷们也不快活,这样的大风天气,真真是招怪吓!"

这样地一路讲,一路被他拉到我寄住的寓舍门口的时候,天已经快黑了。下车之后,我数铜子给他,他却和我说起客气话来,他一边拿出了一条黑黝黝的手巾来擦头上身上的汗,一边笑着说:

"您带着罢,我们是街坊,还拿钱么?"

被他这样地一说,我倒觉得难为情了,所以虽只应该给他四十枚铜子的,而到这时候却不得不把尽我所有的四十八枚铜子都给他。他道了谢,拉着空车在灰黑的道上向西边他的家里走去,我呆呆地目送了他一程,心里却在空想他的家庭。——他走回家去,他的女人必定远远地闻声就跑出来接他。把车斗里的铜子拿出,将车交还了车行,他回到自己屋里打一盆水洗洗手脸,吸几口烟,就可在洋灯下和他的妻子享受很健康的夜膳。若他有兴致,大约还要喝一二个铜子的白干。喝了微醉,讲些东西南北的废话,他就可以抱了他的女人小孩,钻进被去酣睡。这种酣睡,大约是他们劳动阶级的唯一的享乐。

"啊啊!……"

空想到了此地,我的伤感病又发了。

"啊啊!可怜我两年来没有睡过一个整整的全夜!这倒还可以说是因病所致,但是我的远隔在三千里外的女人小孩,又为了什么,不能和我在一处享受吃苦呢?难道我们是应该永远隔离的么!难道这也是病么?……总之是我不好,是我没有能力养活妻子。啊啊,你这车夫,你这向我道谢,被我怜悯的车夫,我不如你吓,我不如你!"

我在门口灰暗的空气里呆呆地立了一回,忽而想起了自家的身世,就不知不觉地心酸起来,红润的眼睛,被我所依赖的主人看见,是不大好的,因此我就复从门口走了下来,远远地跟那洋车走了一段。跟它转了弯,看那车夫进了胡同拐角上的一间破旧的矮屋,我又走上平则门大街去跑了一程,等天黑了,才走回家来吃晚饭。

自从这一回后,我和他的洋车,竟有了缘分,接连地坐了它好几次。他和我也渐渐地熟起来了。

中

平则门外,有一道城河。河道虽比不上朝阳门外的运河那么宽,但春秋雨霁,绿水粼粼,也尽可以浮着锦帆,乘风南下。两岸的垂杨古道,倒影入河水中间,也大有板渚隋堤的风味。河边隙地,长成一片绿芜,晚来时候,老有闲人在那里调鹰放马。太阳将落未落之际,站在这城河中间的渡船上,往北望去,看得出西直门的城楼,似烟似雾的,溶化成金碧的颜色,飘扬在两岸垂杨夹着的河水高头。春秋佳日,向晚的时候,你若一个人上城河边上来走走,好像是在看后期印象派的风景画,几乎能使你忘记是身在红尘十丈的北京城外。西山数不尽的诸峰,又如笑如眠,带着紫苍的暮色,静躺在绿荫起伏的春野西边;你若叫它一声,好像是这些远山,都能慢慢地走上你身边来的样子。

西直门外有几处养鹅鸭的庄园,所以每天午后,城河里老有一对一对的白鹅在那里游泳。夕阳最后的残照,从杨柳荫中透出一两条光线来,射在这些浮动的白鹅背上时,愈能显得这幅风景的活泼鲜灵,别饶风致。我一个人渺焉一身,寄住在人海的皇城里,衷心郁郁,老感着无聊。无聊之极,不是从城的西北跑往城南,上戏园茶楼,娼寮酒馆,去夹在许多快乐的同类中间,忘却我自家的存在,和他们一样地学习醉生梦死,便独自一个跑出平则门外,去享受这本地的风光。玉泉山的幽静,大觉寺的深邃,并不是对我没有魔力,不过一年有三百五十九日穷的我,断没有余钱,去领略它们的高尚的清景。

五月中旬的有一天午后,我又无端感着了一种悲愤,本想上城南的快乐地方,去寻些安慰的,但袋里连几个车钱也没有了,所以只好走出平则门外,去坐在杨柳荫中,尽量地呼吸呼吸西山的爽气。我守着西天的颜色,从浓蓝变成了淡紫,一忽儿,天的四周围又染得深红了,远远的法国教会堂的屋顶和许多绿树梢头,刹那间返射了一阵赤赭的残光,又一忽儿空气就变得澄苍静肃,视野内招唤我注意的物体,什么也没有了。四周的物影,渐渐散乱起来,我也感着了一种日暮的悲哀,无意识地滴了几滴眼泪,就慢慢地——

真是非常缓慢，好像在梦里游行似的，走回家来。进平则门往南一拐，就是南顺城街，南顺城街路东的第一条胡同便是巡捕厅胡同。

我走到胡同的西口，正是进胡同的时候，忽而从角上的一间破屋里漏出几声大声来。这声音我觉得熟得很，稍微用了一点心力，回想了一想，我马上就记起那个身材瘦长，脸色黝黑，常拉我上城南去的车夫来。我站住静听了一会，听得他好像在和人拌嘴。我坐过他许多次数的车，他的脾气是很好的，所以听到他在和人拌嘴，心里倒很觉得奇怪。看他的样子，好像有五十多岁的光景，但他自己说今年只有四十二岁。他平常非常沉默寡言，不过你和他说话的时候，他却总来回答你一句两句。他身材本来很高，但是不晓是因为社会的压迫呢，还是因他天生的病症，背脊却是弯着，看去好像不十分高。他脸上浮着的一种谨慎的劳动者特有的表情，我怎么也形容不出来，他好像是在默想他的被社会虐待的存在是应该的样子，又好像在这沉默的忍苦中间，在表示他的无限的反抗，和不断地挣扎的样子。

总之，他那一种沉默忍受的态度，使人家见了便能生出无限的感慨来。况且是和他社会的地位相去无几，而受的虐待又比他更甚的我，平常坐他的车，和他谈话的时候，总要感着一种抑郁不平的气，横上心来；而这种抑郁不平之气，他也无处去发泄，我也无处去发泄，只好默默地闷受着，即使闷受不过，最多亦只能向天长啸一声。有一天我在前门外喝醉了酒，往一家相识的人家去和衣睡了半夜，醒来的时候，已经是下弦月上升的时刻了。我从韩家潭雇车雇到西单牌楼，在西单牌楼换车的时候，又遇见了他。半夜酒醒,从灰白死寂,除了一乘两乘汽车飞过,搅起一阵灰来,此外别无动静的长街上,慢慢被拖回家来。这种悲哀的情调,已尽够我消受的了,况又遇着了他,一路上听了他许多不堪再听的话……他说这个年头儿真教人生存不得。他说洋车价涨了一个两个铜子,而煤米油盐,都要各涨一倍。他说洋车出租的东家,真会挑剔,一根骨子弯了一点,一个小钉不见了,就要赔很多钱。他说他一天到晚拉车,拉来的几个钱还不够供洋车租主的绞榨,皮带破了,弓子弯了的时候,更不必说了。他说他的女人不会治家,老要白花钱。他说他的大小孩今年八岁,二小孩今年三岁了。……我默默地坐在车上,看看天上惨淡的星月,经过了几条灰黑静寂的狭巷,细听着他的一条条的诉说,觉得这些苦楚,都不是他一个人的苦楚。我真想跳下车来,同他抱头痛哭一场,但是我着在身上的一件竹布长衫,和盘在脑里的一堆教育的绳矩,把我的真率的情感缚住了。自从那一晚以后,我心里就存了一种怕与他相见的思想,所以和他不见了半个多月。这一天日暮,我自平则门走回家来,听了他在和人吵闹的声音,心里竟起了一种自责的心思,好像是不应该躲避开这个可怜的朋友,至半月之久的样子。我静听了一忽,才知道他吵闹的对手,是他的女人。

一时心情被他的悲惨的声音所挑动,我竟不待回思,一脚就踏进了他住的那所破屋。他的住屋,只有一间小屋,小屋的一半,却被一个大炕占据了去。在外边天色虽还没有十分暗黑,但在他矮小的屋内,却早已黑影沉沉,辨不出物体来了。他一手插在腰里,一手指着炕上缩成一堆,坐在那里的一个妇人,一声两声地在那里数骂。两个小孩爬在炕的里边。我一进去时,只见他自家一个站着的背影,他的女人和小孩都看不出来。后来招呼了他,向他手指着的地方看去,才看出了一个女人,又站了一忽,我的眼睛在黑暗里经惯了,重复看出了他的两个小孩。我进去叫了他一声,问他为什么要这样的动气,他就把手一指,指着炕沿上的那女人说:

"这臭东西把我辛辛苦苦积下来的三块多钱,一下子就花完了,去买了这些捆尸体的布来。……"说着他用脚一踢,地上果然滚了一包白色的布出来。他一边向我问了寒暄话,一边就蹙紧了眉头说:

"我的心思,她们一点儿也不晓得,我要积这几块钱干什么?我不过想自家去买一辆旧车来拉,可以免掉那车行的租钱呀!天气热了,我们穷人,就是光着脊肋儿,也有什么要紧?她却要去买这些白洋布来做衣服。你说可气不可气啊?"

我听了这一段话,心里虽则也为他难受,但口上只好安慰他说:

"做衣服倒也是要紧的,积几个钱,是很容易的事情,你但须忍耐着,三四块钱是不难再积起来的。"

我说完了话,忽而在沉沉的静寂中,从炕沿上听出了几声暗泣的声音来。

这时候我若袋里有钱,一定要全部拿出来给他,请他息怒的。但是我身边一摸,却摸不着一个铜银的货币。呆呆地站着,心里打算了一会,我觉得终究没有方法好想。正在着恼的时候,我里边小裤袋里唧唧响着的一个银表的针步声,忽而敲动了我的耳膜。我知道若在此时，当面把这银表拿出来给他，他是一定不肯受的。迟疑了一会，我想出一个主意，乘他不注意的时候，悄悄地把表拿了出来；和他讲着些慰劝他的话，一边我走上前去了一步，顺手把表搁在一张半破的桌上。随后又和他交换了几句言语，我就走出来了。我出到了门处，走进胡同，心里感得的一种沉闷，比午后上城外去的时候更甚了。我只恨我自家太无能力，太没有勇气。我仰天看看，在深沉的天空里，只看出了几颗星来。

第二天的早晨，我刚起床，正在那里刷牙漱口的时候，听见门外有人打门，出去一看，就看见他拉着车站在门口。他问了我一声好，手向车斗里一摸，就把那个表拿出来，问我说：

"先生，这是你的罢？你昨晚上掉下的罢？"

我听了脸上红了一红。马上就说：

"这不是我的，我并没有掉表。"

他连说了几声奇怪，把那表的来历说了一阵，见我坚不肯认，就也没有方法，收起了表，慢慢地拉着空车向东走了。

下

夏至以后，北京接连下了半个多月的雨。我因为一天晚上，没有盖被睡觉，惹了一场很重的病，直到了二礼拜前才得起床。起床后第三天的午后，我看看久雨新霁，天气很好，就拿了一根手杖踏出门去。因为这是病后第一次的出门，所以出了门就走往西边，依旧想到我平时所爱的平则门外的河边去闲行。走过那胡同角上的破屋的时候,我只看见门口立了一群人,在那里看热闹。屋内有人在低声啜泣。我以为那拉车的又在和他的女人吵闹了,所以也就走了过去,去看热闹,一边我心里却暗暗的想着:

"今天若他们再因金钱而争吵,我却可以解决他们的问题。"

因为那时候我家里寄出来为我作医药费的钱还没有用完,皮包里还有几张五元钱的钞票收藏着在哩。我踏近前去一看,破屋里并没有拉车的影子,只有他的女人坐在炕沿上哭,一个小一点的小孩,坐在地上他母亲的脚跟前,也在陪着她哭。看了一会,我终摸不着头脑,不晓得她为什么要哭。和我一块儿站着的人,有的唧唧地在那里叹息,有的也拿来出手巾来在擦眼泪说:"可怜哪,可怜哪!"我向一个立在我旁边的中年妇人问了一番,才知道她的男人,前几天在南下洼的大水里淹死了。死了之后,她还不晓得,直到第二天的傍晚,由拉车的同伴认出了他的相貌,才跑回来告诉她。她和她的两个儿子,得了此信,冒雨走上南横街南边的尸场去一看,就大哭了一阵。后来她自己也跳在附近的一个水池里自尽过一次,经她儿子的呼救,附近的居民,费了许多气力,才把她捞救上来。过了一会,由那地方的慈善家,出了钱把她的男人埋葬完毕,且给了她三十斤面票,八十吊铜子,方送她回来。回来之后,她白天晚上,只是哭,已经哭了好几天了。我听了这一番消息,看了这一场光景,心里只是难受。同一两个月前头,半夜从前门回来,坐在她男人的车上,听他的诉说时一样,觉得这些光景,决不是她一个人的。我忽而想起了我的可怜的女人,又想起了我的和那在地上哭的小孩一样大的儿女,也觉得眼睛里热起来,痒起来了。我心里正在难

受,忽而从人丛里挤来了一个八九岁的小孩赤足袒胸地跑了进来。他小手里拿了几个铜子蹑手蹑脚地对她说:

"妈,你瞧,这是人家给我的。"

看热闹的人,看了他那小脸上的严肃的表情,和他那小手的滑稽的样子,有几个笑着走了,只有两个以手巾擦着眼泪的老妇人,还站在那里。我看看周围的人数少了,就也踏了进去问她说:

"你还认得我么?"

她举起肿红的眼睛来,对我看了一眼,点了一点头,仍复伏倒头去在哀哀地哭着。我想叫她不哭,但是看看她的情形,觉得是不可能的,所以只好默默地站着,眼睛看见她的瘦削的双肩一起一缩地在抽动。我这样地静立了三五分钟,门外又忽挤出许多人拢来看我。我觉得被他们看得不耐烦了,就走出了一步对他们说:

"你们看什么热闹?人家死了人在这里哭,你们有什么好看?"

那八岁的孩子,看我心里发了恼,就走上门口,把一扇破门关上了。喀丹一响,屋里忽而暗了起来。他的哭着的母亲,好像也为这变化所惊动,一时止住哭声。擎起眼来看她的孩子和离门不远呆立着的我。我乘此机会,就劝她说:

"看养孩子要紧,你老是哭也不是道理,我若可以帮你的忙,我总没有不为你出力的。"

她听了这话,一边啜泣,一边断断续续地说:

"我……我……别的都不怪,我……只……只怪他何以死得那么快。也……也不知他……他是自家沉河的呢,还是……"

她说了这一句又哭起来了,我没有方法,就从袋里拿出了皮

薄奠

包,取了一张五块钱的钞票递给她说:

"这虽然不多,你拿着用罢!"

她听了这话,又止住了哭,啜泣着对我说:

"我……我们……是不要钱用,只……只是他……他死得……死得太可怜了。……他……他活着的时候,老……老想自己买一辆车,但是……但是这心愿儿终究没有达到。……前天我,我到冥衣铺去定一辆纸糊的洋车,想烧给他,那一家掌柜的要我六块多钱,我没有定下来。你……你老爷心好,请你,请你老爷去买一辆好,好的纸车来烧给他罢!"

说完她又哭了。我听了这一段话,心里愈觉得难受,呆呆地立了一忽,只好把刚才的那张钞票收起,一边对她说:"你别哭了罢!他是我的朋友,那纸糊的洋车,我明天一定去买了来,和你一块去烧到他的坟前去。"

又对两个小孩说了几句话,我就打开门走出来。我从来没有办过丧事,所以寻来寻去,总寻不出一家冥衣铺来定那纸糊的洋车。后来直到四牌楼附近,找定了一家,付了他钱,要他赶紧为我糊一辆车。

二天之后,那纸洋车糊好了,恰巧天气也不下雨,我早早吃了午饭,就雇了四辆洋车,同她及两个小孩一道去上她男人的坟。车过顺治门内大街的时候,因为我前面的一乘人力车上只载着一辆纸糊的很美丽的洋车和两包锭子,大街上来往的红男绿女只是凝目地在看我和我后面车上的那个眼睛哭得红肿,衣服褴褛的中年妇人。我被众人的目光鞭挞不过,心里起了一种不可抑遏的反抗和诅咒的毒念，只想放大了喉咙向着那着红男绿女和汽车中的贵人狠命地叫骂着说：

"猪狗！畜生！你们看什么？我的朋友，这可怜的拉车者，是为你们所逼死的呀！你们还看什么？"

《达夫自选集》

往事(节录)

谢冰心

一
——生命历史中的几页图画

在别人只是模糊记着的事情,
然而在心灵脆弱者,
已经反复而深深地
镂刻在回忆的心版上了!
索性凭着深刻的印象,
将这些往事
移在白纸上罢——
再回忆时
不向心版上搜索了!

二

黑暗不是阴霾,我恨阴霾,我却爱黑暗。

在光明中,一切都显着了。黑是黑白是白的,也有了树,也有了花,也有了红墙,也有了蓝瓦;便一切崭然,便有人,有我,有世界。

颂美黑暗!讴歌黑暗!只有黑暗能将这一切都消灭调和于虚空混沌之中;没有了人,没有了我,更没有了世界!

黑暗的园里,和华同坐。看不见她,也更看不见我,我们只深深地谈着。说到同心处,竟不知是我说的,还是她说的,入耳都是天乐一般——只在一阵风过,槐花坠落如雨的时候,我因着衣上的感觉,和感觉的界限,才觉得"我"不是"她",才觉得黑暗中仍有"我"的存在。

华在黑暗中递过一朵茉莉,说:"你戴上罢,随着花香,你纵然起立徘徊,我也知道你在何处。"——我无言地接了过来。

华妹呵,你终竟是个小孩子。槐花,茉莉,都是黑暗中最着迹的东西,在无人我的世界里,要拒绝这个!

四

在堂里忘了有雪,并不知有月。

匆匆地走出来,捻灭了灯,原来月光如水!

只深深的雪,微微的月呵!地下很清楚的现出扫除了的小径。我一步一步地走,走到墙边,还觉得脚下踏着雪中沙沙的枯叶。墙的黑影覆住我,我在影中抬头望月。

雪中的故宫,云中的月,甍瓦上的兽头——我回家去,在车上,我觉得这些熟见的东西,是第一次这样明澈生动地入到我的眼中,心中。

五

场厅里四隅都黑暗了,只整齐的椅子,一行行的在阴沉沉的影儿里平列着。

我坐在尽头上近门的那一边,抚着锦衣,抚着绣带和冠缨凝想——心情复杂得很。

晚霞在窗外的天边,一刹浓红,一刹深紫,回光到屋顶上——

台上琴声作了。一圈的灯影里,从台侧的小门,走出十几个白衣彩饰,散着头发的安琪儿,慢慢地相随进来,无声地在台上练习着第一场里的跳舞。

我凝然地看着,潇洒极了,温柔极了,上下的轻纱的衣袖,和着鏦铮的琴声,合拍地和着我心弦跳动,怎样的感人呵!

灯灭了,她们又都下去了,台上台下只我一人了。

原是叫我出来疏散休息着的,我却哪里能休息?我想……一会儿这场里便充满了灯彩,充满了人声和笑语,怎知道剧前只为我一人的思考室呢?

在宇宙之始,也只有一个造物者,万有都整齐平列着。他凭在高阑,看那些光明使者,歌颂——跳舞。

到了宇宙之中,人类都来了,悲剧也好,喜剧也好,佯悲诡笑地演了几场。剧完了,人散了,灯灭了……一时沉黑,只有无穷无尽的寂寞!

一会儿要到台上,要说许多的话;憨稚的话,激昂的话,恋别的话……何尝是我要说的？但我既这样地上了台，就必须这样地说。我千辛万苦，冒进了阴惨的夜宫，经过了光明的天国，结果在剧中还是做了一场大梦。

印证到真的——比较的真的——生命道上，或者只是时间上久暂的分别罢了；但在无限之生里，真的生命的几十年，又何异于台上之一瞬？

我思路沉沉，我觉悟而又惆怅，场里更黑了。

台侧的门开了，射出一道灯光来——我也须下去了，上帝！这也是"为一大事出世"！

我走着台上几小时的生命的道路……

又乏倦地倚着台后的琴站着——幕外的人声，渐渐地远了，人们都来过了；悲剧也罢，喜剧也罢，我的事完了；从宇宙之始，到宇宙之终，也是如此，生命的道路走尽了！

看她们洗去铅华，卸去妆饰，无声地忙乱着。

满地的衣裳狼藉，金戈和珠冠杂置着。台上的仇敌，现在也拉着手说话；台上的亲爱的人，却东一个西一个地各忙自己的事。

我只看着——终竟是弱者呵！我爱这几小时如梦的生命！

我抚着头发，抚着锦衣……"生命只这般的虚幻么？"

一三

小别之后，星来访我——坐在窗下写些字，看些画，晚凉时才出去。

只谈着谈着,篱外的夕阳渐渐地淡了,墙影渐渐地长了,晚霞退了,繁星生了;我们便渐渐浸到黑暗里,只能看见近旁花台里的小白花,在苍茫中闪烁——摇动。

她谈到沿途的经历和感想,便说:"月下宜有清话。群居杂谈,实在无味。"

我说:"夜坐谈话,到底比白日有趣,但各种的夜又不同了。月夜宜清谈,星夜宜深谈,雨夜宜絮谈,风夜宜壮谈……固然也须人地两宜,但似乎都有自然的趋势……"

那夜树影深深,回顾悄然,却是个星夜!

我们的谈话,并不深到许多,但已觉得和往日的微有不同。

一四

每次拿起笔来,头一件事忆起的就是海。我嫌太单调了,常常因此搁笔。

每次和朋友们谈话,谈到风景,海波又侵进谈话的岸线里,我嫌太单调了,常常因此默然,终于无语。

一夜和弟弟们在院子里乘凉,仰望天河,又谈到海。我想索性今夜彻底地谈一谈海,看词锋到何时为止,联想至何处为极。

我们说着海潮,海风,海舟……最后便谈到海的女神。

涵说:"假如有位海的女神,她一定是'艳如桃李,冷若冰霜'的。"我不觉笑问:"这话怎讲!"

涵也笑道:"你看云霞的海上,何等明媚;风雨的海上,又是何等阴沉！"

杰两手抱膝凝听着，这时便运用他最富丰的想象力，指点着说："她……她住在灯塔的岛上，海霞是她的扇旗，海鸟是她的侍从；夜里她曳着白衣蓝裳，头上捅着新月的梳子，胸前挂着明星的璎珞；翩翩地飞行于海波之上……"

楫忙问，"大风的时候呢？"杰道："她驾着风车，狂飙疾转地在怒涛上驱走；她的长袖拂没了许多帆舟。下雨的时候，便是她忧愁了，落泪了，大海上一切都低头静默着。黄昏的时候，霞光灿然，便是她回波电笑，云发飘扬，丰神轻柔而潇洒……"

这一番话，带着画意，又是诗情，使我神往，使我微笑。

楫只在小椅子上，挨着我坐着，我抚着他，问，"你的话必是更好了，说出来让我们听听！"他本静静地听着，至此便抱着我的臂儿，笑道，"海太大了，我太小了，我不会说。"

我肃然——涵用折扇轻轻的击他的手，笑说，"好一个小哲学家！"

涵道："姊姊，该你说一说了。"我道，"好的都让你们说尽了——我只希望我们都像海！"

杰笑道，"我们不配做女神，也不要'艳如桃李，冷若冰霜'的。"

他们都笑了——我也笑说，"不是说做女神，我希望我们都做个'海化'的青年。像涵说，海是温柔而沉静。杰说的，海是超绝而威严。楫说得更好了，海是神秘而有容，也是虚怀，也是广博……"

我的话太乏味了，楫的头渐渐地从我臂上垂下去，我扶住了，回身轻轻地将他放在竹榻上。

涵忽然说:"也许是我看的书太少了,中国的诗里,咏海的真是不多;可惜这么一个古国,上下数千年,竟没有一个'海化'的诗人!"

从诗人上,他们的谈锋便转移到别处去了——我只默默地守着楫坐着,刚才的那些话,只在我心中,反复地寻味——思想。

一五

黄昏时下雨,睡得极早,破晓听见钟声续续地敲着。

这钟声不知是哪个寺里的,起得稍早,便能听见——尤其是冬日——但我从来未曾数过,到底敲了多少下。

徐徐地披衣整发,还是四无人声,只闻啼鸟。开门出去,立在栏外,润湿的晓风吹来,觉得春寒还重。

地下都潮润了,花草更是清新,在蒙蒙的晓烟里笼盖着,秋千的索子,也被朝露压得沉沉下垂。

忽然理会得枝头渐绿,墙内外的桃花,一番雨过,都零落了——

忆起断句"落尽桃花澹天地",临风独立,不觉悠然!

一八

我最怕夏天白日睡眠,醒时使人惆怅而烦闷。

无聊地洗了手脸,天色已黄昏了,到门外园院小立,抬头望见了一天金黄色的云彩。——世间只有云霞最难用文字描写,心里融会得到,笔下却写不出。因为文字原是最着迹的,云霞却是最灵幻的,最不着迹的,徒唤奈何!

回身进到院里,隔窗唤涵递出一本书来,又到门外去读。云彩又变了,半圆的月,渐渐地没入云里去了。低头看了一会子的书。听得笑声,从圆形的缘满豆叶的棚下望过去,杰和文正并坐在秋千上;往返地荡摇着,好像一幅活动的影片,——光也从圆片上出现了,在后面替他们推送着。光夏天瘦了许多,但短发拂额,仍掩不了她的憨态。

我想随处可写,随时可写,时间和空间里开满了空灵清艳的花,以供慧心人的采撷,可惜慧心人写不出!

天色更暗了,书上的字已经看不见。云色又变了,从金黄色到暗灰色。轻风吹着纱衫,已是太凉了,月儿又不知哪里去了。

二〇

精神上的朋友宛因,和我的通讯里,曾一度提到死后,她说:"我只要一个白石的坟墓,四面矮矮的石栏,墓上一个十字架,再有一个仰天沉思的石像。……这墓要在山间幽静处,丛树阴中,有溪水徐流,你一日在世,有什么新开的花朵,替我放上一两束,其余的人,就不必到那里去。"

我看完这一段,立时觉得眼前涌现了一幅清幽的图画。但是我想来想去……宛因呵,你还未免太"人间化"了!

何如脚儿赤着，发儿松松地挽着，躯壳用缟白的轻绡裹着，放在一个空明莹澈的水晶棺里，用纱灯和细乐，一叶扁舟，月白风清之夜，将这棺儿送到海上，在一片挽歌声中，轻轻地系下，葬在海波深处。

想象吊者白衣如雪，几只大舟，首尾相接，耀以红灯，绕以清乐，一簇地停在波心。何等凄清，何等苍凉，又是何等豪迈！

以万顷沧波作墓田，又岂是人迹可到？即使专诚要来瞻礼，也只能下俯清波，遥遥凭吊。

更何必以人间暂时的花朵，来娱悦海中永久的灵魂！看天上的乱星孤月，水面的晚烟朝霞，听海风夜奔，海波夜啸。比新开的花，徐流的水，其壮美的程度相去又如何？

从此穆然，超然，在神灵上下，鱼龙竞逐，珊瑚玉树交枝回绕的渊底，垂目常眠：那真是数千万年来人类所未享过的奇福！

至此搁笔，神志洒然，忽然忆起少作走韵的"集龚"中有："少年哀乐过于人，消息都妨父老惊；一事避君君匿笑，欲求缥缈反幽深。"——不觉一笑！

闲 话
陈西滢

一、创作的动机与态度

一件艺术品的产生,除了纯粹的创造冲动,是不是常常还夹杂着别种动机?是不是应当夹杂着别种不纯洁的动机?这问题也许不容易作答。年青的人,他[们]观看文艺美术是用十二分虔敬的眼光的,一定不愿意承认创造者的动机是不纯粹的吧。可是,看一看古今中外各种文艺美术品,我们不能不说它们的产生的动机大都是混杂的。虽然有些伟大的作品是纯粹的创造冲动的结果,它们也未必就优胜于有些动机不同样纯粹,却同样伟大的作品。司各德(Sir Walter Scott)早年为了要支持他高贵奢华的生活,晚年为了要还债,日夜不倦地工作,平均每年发表的小说有两种。约翰生(Samuel Johnson)因为要葬母,用一星期的夜晚,写成了一本 Rasselas。有人游历西班牙,他的引导者指了一个乞丐似的老人说,那就是写 Don Quixote 的 Cerrantes。听者惊诧道:"塞文狄斯么?怎么你们的政府让他这样的穷困?"引导者道:"要是政府养了他,他就不写 Don Quixote 那样的作品了。"

世界上究竟多的是懒人。一个人能不做事过舒服的生活,很少人肯自己奋勇去工作了。我不信文学家艺术家比别人更懒些,虽然大都人这样说,可是我也不敢说他们比别人特别地勤快。他们有时创造的冲动来时,不工作便吃饭睡觉都不成,可是有时也懒懒地让它过去了。西班牙政府待塞文狄斯固然是很残酷,可是我们也可以相信,要是他受了政府的津贴,他也许竟连一个字也不写。无论什么政府是与西班牙政府差不多的,他们待艺术家总是非常残酷的和寒伧的。就是向来以文章取士的中国,也得做那扭扭捏捏的文字才有得做官,要不然你就是写了一部空前的伟大作品如《红楼梦》,你也免不了"举家食粥酒常赊",你死了之后还得"新妇飘零目岂瞑"。说政府想借此提倡著作,自然是给各政府自己都没想到的恭维。老实说他们就从没有把文艺当作怎样一回事。

真正艺术家创造时的最初动机也许是心有所感,不得不写下来,也许是好名,也许是想换夜饭米,也许是博爱人的一粲。他与寻常二三流以至八九流的作家的不同地方,不在他们创作的动机,而在他们创作的态度。他们也许同样是为了要养活妻子才创作,可是一到创作的时候,真正的艺术家又忘却了一切,他只创造他心灵中最美最真实的东西,断不肯放低自己的标准,去迎合普通读者的心理。二三流的作家也许一只眼睛看了看他自己写的东西,一只眼瞧着将来的收入,他看到了怎样的写法可以引起读者的兴趣,增加作品的销路,便顾不得牺牲自己的思想,割裂自己的意象。可是,这种人并不是艺术家,他们只是贩卖艺术品的商人。

可是在今日之中国,就是贩卖艺术品的商人,恐怕也难找饭吃吧?一个人想靠著述生活,只有去当书铺子的佣工。除此以外,他只有把生活和著述截然地分开，生活自生活，著述自著述。这样，往往因为生活繁忙，就没有时候从事文艺的创造，同时因为兴趣不合，所作的事没有精彩。大家都知道，一个靠教书吃饭而时时想政治活动的人不大会是好教员，一个靠政治活动吃饭而教几点钟书的人也不大会是好教员，只有那情愿终身从事教育事业的人里才会找到好教员。大家也知道，这样的好教员得有相当的报酬，至少可以让他有饭吃，有衣穿，有屋子住，子女可以受教育——可是现在教人家子女的人往往自己的子女上不起学了，这是中国的教育！大家想不到文艺界也大同小异的。我每看见一般有些天才而自愿著述终身的朋友在干着种种无聊的事情，只好为著作界的损失一叹了。

二、管闲事

民国十四年在枪炮声中过去了，十五年也就在枪炮代爆竹声中落下了地。这十五年是不是还得像十四年那样的混乱不可收拾，我们实在无从预料。不错，十四年来，政局一天混沌一天，小百姓一天困苦一天，我们有了这长久的经验，应当可以猜到这来到的年头不过又是那么一回事了，然而我们还希望着。我们不得不希望着，正因为不希望只有绝望的路了。

"以前种种事，譬如昨日死，以后种种事，譬如今日生。"在新年的时候，一个人是容易有这种决心的。我们不免结一结旧账，过了年好换一本新账簿。前几天，一位我极尊敬的老先生在朋友面前说着我。他说某人真是不得了，他喜欢管闲事，到处惹祸，这样下去，还要惹出大祸来呢。这位老先生生平就是爱管闲事，到处惹祸，他还这样说，足见这话是很有理由的了。我们新年的决心，不如就说以后永远不管人家的闲事吧？

然而仔细想来，我们何尝爱管闲事呢？实在中国爱管闲事的人太少了。欧洲人好像不是这样的。

有一次，我立在伦敦一条街上，候着看新市长就职的行列。大约立了一点钟，我身后的人已有数重，忽然一个中年妇人突然站在我的面前。我自然一声不响地退让了。我两旁的不认识的女子却抱了不平。她们说我站了一点多钟，那妇人不应当抢我的地位。中年妇人听了她们的批评，面红耳热的，逡巡自去。她去后我两旁的人还愤愤地说她无礼。这种事在中国会有吗？谁肯这样无故地开罪他人，何况为了不认识的外国人？然而这样的傻子我自己在英国遇见的就不止一次。

法国人的公道，我自己虽然没有经历过，然而十九世纪末几年的一桩案件是谁都知道的。法国军队里一个少年犹太军官受了私通敌国的嫌疑，革职定罪。法国人民自然都拍手称快。然而军官的友人竭力为他剖白，引起了几个管闲事人的注意。他们觉得证据不足，要求重审。最初这少数的人为了好管闲事，激动公愤，身家性命都几乎不保。他们却百折不回地继续奋斗至两年之久，究竟得申冤狱。在那两年中，法国全国人民，分为二派——德雷夫党，和反德雷夫党——就是父子，兄弟，夫妻，朋友都为了它分离反目。不用说。反德雷夫党自然是大多数，智识阶级的人也就不少。然而我们所最倾倒几个近代法国文人如Zola, Anatole France, Ramain

Roland却多在被人唾弃的二十数人中为了一个毫不相干的犹太人费了许多光阴，抛弃了自己的事业，犯了被犹太人收买的嫌疑，冒了身家性命不保的危险，去奔走呼号，主持公道，当然只有傻子才肯干，然而法国居然还有像这样的傻子。

中国人的毛病就是他们太聪明了。"各人自扫门前雪，莫管他家瓦上霜。"真是一条好格言。本来一个人为什么要管闲事？自己省了许多事，还在众人面前讨了好，何乐而不为呢？如果偶然有些好事人，扰乱他们的安静，只要说他是受人的指使，领人家的津贴，就可以闭了他们的嘴。这本也难怪。谁能相信人家不与自己同样的卑鄙？谁能承认自己有不如人家的地方？

中国人最初不管邻家瓦上霜，久而久之，连自己门前的雪也不管了，如果有人同住的话。所以军阀政客虽然是少数，小百姓虽然受尽了苦，却不肯团结起来反抗他们。学校风潮，只要有十分之一的学生叫嚣捣乱，就可以拆散学校，引起学潮。其余的十分之九心中虽十二分地不愿意，却不能积极地团结起来，阻止那少数分子的胡闹。

生活在这种人中，自然有许多看不过眼的事情，不得不说两句话。这样就常常惹了祸了。可是我们究竟也是中国人，本性何尝爱管闲事呢？并且我们也有自己的生活要维持，还有许多天地间的奇书没有读，哪有闲工夫来代人抱不平？这就算我们的新年的决心吧，虽然下次遇到了看不过眼的事情，能不能忍着不说话，我实在不敢保。

《西滢闲话》

一只马蜂

丁西林

剧中人：

吉老太太　年约五十余岁，身材细小，体质强健，淡素服装，非常的清洁。

吉先生吉　老太太的儿子，年约二十六七，强健活泼，极平常极自然的服装。

余小姐　年约二十五六，姿态美丽，面目富有表情，服装精致。

仆人

布景：

一间小小长方形的房子，后面墙壁中间，两扇宽门。门的左边置一衣架，靠墙一小桌，桌上置鲜花。右边靠墙立一书柜，内藏成套的中西书籍。右壁的里边，开一独门，门前为短门大窗，窗边置写字桌，上置文具。房的右壁，后半亦开一门，前半靠壁置书架，架上置装饰品。壁上悬字画。房子中央略偏前与右，置一小圆桌，上置茶具，桌的右侧置大椅（即安乐椅），左侧置可坐两人的长椅，两椅之间，置一小椅，椅上皆置腰枕。

开幕时吉老太太睡卧在大椅上，脚下置高垫，手中报纸落地上。

吉先生:（将左门徐徐推开,见老太太睡卧椅上。轻步走至衣架,取了一件薄大衣,走至椅前,轻轻盖在老太太身上。老太太醒觉。吉含笑问）睡着了没有?

吉老太太: 我本想闭了眼睛歇一会,不想一不留心,就睡着了。（坐起）

吉先生: 老人家的眼睛,同小孩子的眼睛一样,闭不得的。一闭了,就不由你做主。（将报纸拾起,坐在小椅上）

吉老太太: 现在什么时候了?

吉先生:（由怀里取出一个表看了一看）三点一刻。

吉老太太: 你在那里一直到现在?

吉先生: 在书房里写了两封信。

吉老太太: 喔,不错,你替我把那封信写了吧。

吉先生: 好,现在就写。（坐到写字桌,从抽屉里拿出信纸信封,砚里倒了水,磨墨取笔,预备写字）怎样写法?

吉老太太: 随便地写几句好了。你把我们动身的日子告诉他们,叫他们雇一只船到港口接一接。

吉先生: 你一面说,我一面写吧,一定下星期二动身么?

吉老太太: 喔,已经不是日子,还再不动身!

吉先生:（一面写,一面念,一面说）"……十九日起程回南。"（停笔用手指计算日期）十九,二十,二十一,（写）"二十一日到港。叫张宏同江妈雇一只船到港口接一接。"（问）是不是?

吉老太太: 是,最好叫到李老四家的船,干净。要是李老四的船出了门,叫邓祥发家的也可以。

吉先生:(写)最好叫到李老四家的船。(一面写一面口中作低声地念)……邓祥发家的也可以。(问)还有什么?

吉老太太:(自己想她的心思)这几天太阳已经很厉害,不如叫他们先把南房里的皮衣服拿出来晒一晒。

吉先生: 好,还有什么?

吉老太太: 没有什么。(自言自语)王妈回家,说过了节,就回来,不知现在已经回来了没有?

吉先生:(继续地写信)

吉老太太: 余小姐,应该送她点礼物才好。

吉先生:(先写完了信,然后答话,再接着写信封)你不是说送她一件衣料么?(写完了信封)好了,写完了。

吉老太太:(被吉打破她的深思)写完了么?

吉先生:(走至椅前,将这信送出)要不要看一遍?

吉老太太: 你念一念吧。

吉先生:(念信)"二妹览:'已经不是日子,还再不动身!'母亲说……"

吉老太太: 这是写的什么?

吉先生: 这是写信的一个帽子。(继续一句一句地念信)"母亲定于十九日动身。二十一日到港。叫张宏同江妈雇一只船到港口接一接。最好叫到李老四家的船,干净。要是李老四的船出了门,叫邓祥发家的也可以。这几天太阳已经很厉害,不如叫他们先把南房里的皮衣服拿出来晒一晒。王妈回家,说过了节就回来,不知现在已经回来了没有?"没有写错吧?

吉老太太:（笑）喔,你们现在写信,都是这样写么?

吉先生: 这是最时行的直写式的白话文,有一句,说一句。你没有旁的话要说么?

吉老太太: 没有。

吉先生: 这下边是我的事。(继续念信)"这次母亲在京,一切都好,唯有两件事,不大称心……"

吉老太太: 我有什么事不称心?

吉先生:（不答,继续念信）"第一,她这次来京的目的,本想劝她的儿子,赶紧讨个媳妇,她可早点抱个孙儿。方头大耳,既肥且皙。嗳!不想来京两月,绝少成绩。媳妇,毫无影响,孙子,渺无消息;第二,她满心满意,想亲上加亲,把姊妹改做亲家,侄儿变做女婿。不想她那不肖之女,又刚愎自用,不顺母意。因此上这几日来,口中不言,心中闷闷,不过那位表侄先生,现已广托亲友,多方物色。夫诚能动神,勤能移山,况在佳人才子聚会之首都,求一称心合意之老婆乎!故数月之内,定有良缘。将来一杯喜酒,或能稍慰老年人愿天下有情人无情人都成眷属之美情也。"说得对不对?不要生气啊。

吉老太太:（稍有不快之意）我有这些闲工夫来同你们生气!你们的事,我老早就对你们讲过,由你们自己去,我一概不管。你们爱怎么说,就怎么说。

吉先生:（将信封好,贴了邮票,走至椅旁,一手放椅背上,一手理她的头发）妈,你是一个特殊的女人,你什么事都是非常。你是一个非常的良妻，一个非常的贤母。惟有这一件，你没有逃出了个母亲的公例。

吉老太太： 把这件大衣挂起来。（吉将衣挂原处。老太太追想到她以前的生活）"贤妻良母"，配不上这四个字！（吉坐到原处）你父亲死的时候，你只有八岁，云儿只有五岁。那个时候，我就不相信那私塾先生的教书方法——也一半舍不得你们去受那野蛮的管束——所以我就拿定主意，自己教你们。一直把你教到十六岁。那时所有的产业，就是那分来五十亩坏田。现在你们可以不愁穿，不愁吃。不是说大话，要是你们不是每年上千块的学费用费，现在大约十倍那么多都不止了。

吉先生： 所以我说你是一个特殊的女人。

吉老太太： 是的，贤妻良母，有什么稀奇？现在的一般小姐们不是一天到晚所鄙薄不屑得做的么？

吉先生： 你要原谅她们。她们因为有几千年没有说过话，现在可以拿起笔来，做文章，她们只要说，说，说。连她们自己都不知道说的些什么。

吉老太太： 现在这般小姐，真教人看不上眼。不懂得做人，不懂得治家。我不知道她们的好处在什么地方？

吉先生： 她们都是些白话诗，既无品格，又无风韵。旁人莫名其妙，然而她们的好处，就在这个上边。

吉老太太： 我问你，这样的人也不好，那样的人也不好，旧的，你说她们是八股文，新的，你又说她们是白话诗……

吉先生： 是的，同样的没有东西，没有味儿。

吉老太太：那末你到底要怎样的一个人，你就愿意？

吉先生：（耸肩）坏的就是连我自己都不知道。要是找老婆如同找数学的未知数一样，能够立出一个代数方程式来，那倒容易办了。

吉老太太：怎么你们表兄弟两个，这样的不同！那一个就请这个，托那个，差不多今天等不到明天。你总是不把它当成一件正经事看。

吉先生：不把它当成一件正经事看！因为我把它看得太正经了，所以到今天还没有结婚。要是我把它当做配眼镜一样，那么你的孙子，已经进了中学。

吉老太太：（觉得他没有办法）倒一杯茶给我。（吉倒了一杯茶送给老太太，自己亦倒了一杯，慢慢饮之。老太太沉思半响）你知道不知道，你的表兄弟已经同我说了几次，要我替他做媒？

吉先生：怎么不知道？

吉老太太：你知道他要说的是谁么？

吉先生：余小姐，是不是？你问过她了没有？

吉老太太：（很慢地答）没有。

吉先生：为什么不问她？

吉老太太：为什么不问？（少顷）我想今天问她——好不好？（语时视吉）

吉先生：很好，看护妇配医生，互助的原则，合作的精神，结婚时最好的演说资料。

吉老太太：（微微地叹了一口气）

仆人：（推开左门）老太太，余小姐来了。

吉老太太：请她进来（仆人走出，吉放下茶杯，忙走至写字桌，整理笔砚，折好了桌上报纸）

（仆人由外面推开左门让余走进，自己随后收去了桌上的茶具）

余小姐：（戴了帽子手套，一手提钱包，进来之后，一面与主人招呼，一面脱去手套，将钱包置于门旁小桌上，解下帽子）老太太，吉先生。

吉老太太：余小姐。

吉先生：余小姐。（吉接过帽子，挂衣架上）

余小姐：老太太，对不住得很，劳你们等了。

吉老太太：没有什么，请坐。（让余坐大椅）

余小姐：喔，老太太坐，老太太不用客气，我这儿坐好。（扶老太太坐大椅，自坐小椅，吉自坐长椅上）两点半钟就想来，突然来了一个病人，要替他腾出一间房间来，忙了半天，还打算打电话，说不能来了，后来我想老太太就要回南，无论怎样忙，都要来陪老太太玩半天。

吉老太太：多谢你，我们也知道你医院里事情很忙。所以一向不常请你出来。今天是因为我们快要回南，想请你来，我们好当面向你道谢。这一次实在劳苦了你。起先是我们吉先生，住了两个星期，都是你招呼，后来又是我自己，我们实在感激你得了不得。

余小姐：老太太太客气，那是我们的职务。老太太这几天饮食可好一点？

吉老太太：胃口不强，我一向就是这样，那一次到北京来，因为在路上略微受了一点辛苦，所以觉得不大舒服，实在没有什么病。我们吉先生一定要我到医院去,说医院里怎样的舒服,怎样的干净。我总是不想去。后来他又说我精神不好,一定是睡觉不好,非得到一个清静的地方去静养几天不可。我被他说不过了,方才住到医院去。我出来的时候,他还要我再多住几天。

吉先生:我的母亲是不相信医院,不相信看护妇的。

吉老太太:我并没有说我不相信看护妇,我是因为常常听见讲医院里招呼不大周到。

吉先生:没有什么,你现在不但相信她们,并且喜欢她们。

余小姐:我们也知道,外面有很多的人,说我们的坏话,现在不是我来替自己辩护,有时实在不是看护妇的疏忽,实在是这一班生病的太太小姐们的麻烦,我常时同其余的同事说了玩,说这些人什么事不会做,连生病也不会生……

吉先生:要生病生得好,本来不是一件容易的事。

余小姐:她们第一,就不肯听医生的话,要这样那样,一天要压几十次铃子。你对她们说,叫她们不要吃东西,她一回儿要到外边买些水果,一回儿想叫家里送点鸡汤。你想,要叫我们同平常人家的老妈子伺候太太小姐们一样,我们哪里有这么许多工夫?我们平均每人要招呼十个人。喔,说也是无用,她们哪里肯讲理?

吉先生:做看护妇本来是一种很苦的职业,因为世界上最不讲理的是醉汉,其次就要算病人。

余小姐:好笑得很,遇到一种奇怪的人,病快好的时候,他还要你陪他谈天。(看了吉一眼)

吉先生:那真是可想而知的讨厌。要是个男人,还没有什么,假若是个女人,那恐怕简直没有办法。

吉老太太: 不过我终是不相信,其余的人,能够同你一样。纵然有你这样的能干,也一定不会这样的和善,这样的体贴。

(仆人由左门入,手里拿了一个盘,盘中置茶壶、茶杯、糖碟等物)

余小姐: (老太太欲倒茶) 老太太请坐,让我自己来倒。(倒了一杯茶送老太太)

老太太: 喔,谢谢你。(吉倒了一杯茶送余)

余小姐: (受吉之茶) 谢谢。(欲代吉倒茶)

吉先生: 谢谢,我不喝茶。

余小姐: (一面喝茶) 老太太为什么不在北京多住几天?有吉小姐在家,难道还不放心么?

吉老太太: 她倒什么都能够,不过我这次离家已经很久。我本是因为吉先生病了,所以来看看。

余小姐: 我想吉小姐一定也是很能干。

吉老太太: 什么叫能干?不过一个女孩子应该知道的事,我不容她们不知道。

余小姐: 不过要想能同老太太一样的能干,恐怕不容易。

吉先生: 做能干父母的子女,是一件很苦的事。暑假那么热的天气,回到家,只有两个星期,两个星期一过,就一个赶到乡里去种田,一个赶到厨房里去烧饭。

吉老太太: (笑) 我是一个很顽固的人——我现在也有了年纪,也不怕人笑话——我以为一个人多知道一点事,一定不会有坏处。我不相信,一个女人会做了饭,就不会做文章。

吉先生：不错。不过困难的不是会做了饭的女人不会做文章，是会做了文章的女人就不会做饭。

余小姐：吉小姐会到北京来么？我很想认识她，我想她一定是同老太太一样的和气、可爱。

吉老太太：她旁的没有什么好处，不过还直爽。就是我嫌她有点新的习气。

余小姐：（高兴）我想我们一定会变做好朋友，她来的时候，老太太一定要叫她写信给我。

吉老太太：（向吉）你有她的照片没有？

吉先生：有一张的，不知到哪里去了。

余小姐：（忆起）喔，吉先生信里，说老太太要我一张照片，我今天带来了。（走向小桌）

吉老太太：（不解）我没有说要照片。（向吉）我几时……

吉先生：你怎样没有讲？真是有了年纪的人，说过去的话，不要几天就忘了。

余小姐：（装不听见，由钱包里取出一张小照片）这一张不大好，不十分像，等以后有了好的时候，再送老太太吧。（以照片送给老太太）

吉老太太：（看照片）你已经长得很好看，这张照片更加好。

吉先生：（向老太太取了照片，取笑老太太）你平常最讲究会说话的，怎么今天自己把话说差了？你应该说，这张照片固然好看，但是总不及照片的主人好看。（与余对看了一看）

吉老太太：我是说的老实话。

吉先生：你们还坐一会儿才去吧？（向老太太）我送你一个好

看的相片框子。(吉带照片由左门走出。两人不语者片刻。老太太对余注视,余不知所语,取了一块糖食之)

吉老太太: 余小姐,我有几句话,很久就想同你谈谈。(将椅移近,余忙将口里的糖吞下,理了一理裙子,坐直了身子,用心地听)我想你一定以为我是一个很爱舒服的人,你知道我年青的时候,很过了些辛苦的日子。我们吉先生,从小就没了父亲,家里大大小小的事情,都全靠我一个人去问,连他们的书,都是我自己教他们。差不多吃了二十年的苦,才把他们带到这么大。现在他们什么事都用不着我去担心。不过还有一件,我放不了心,就是他们还都没有成家。(余的身子略微地颤动了一下)这一层,我也同吉先生说过好几次,他都不把它当一件事。——我也不知道他到底是什么意思。现在子女的婚姻,本来用不着父母去管,所以我也只好由他们自己去。(叹了一口气,略顿)我有一个表侄。(余转了一转身子,恢复了自然和呼吸)你大概也认识他,他到医院看过我。他虽然只看见过你几次,但是因为他时常听见我说你怎样地好,所以他很敬重你。他向我说了好多次,托我说媒,我都没有提过。因为我自己儿子的事,我都不管,我哪里有工夫去管旁人家的事?不过他说,他一来不知道你的意思,所以不好向你开口,二来就是想对你说,也没有个好的机会。他,人是一个极好的人,他学的是医道,现在预备自己挂牌行医。他的脾气很好,也是一点坏的嗜好都没有。——喔,我知道我是一个很腐败的老太婆,说媒的事,是你们现在最不喜欢的。要是这样,我请你不要生气。

余小姐: (如梦初觉)我很感谢老太太的好意,哪有生气的道理?

吉老太太：他还想在我回南之前，得一个回信。我想这也不是立刻就要怎样的一件事，你如要细细想一想，你回去写封信告诉我，我想也没有什么不可以。（略顿）你的意思怎么样？你有什么话，尽可对我说，你知道我差不多把你同自己的女儿一样地看待。

余小姐：（思索了一会，打定了主意）我想我们年轻的人，一点经验没有，什么事都全靠年纪大一点的人到处指点教导。老太太的意思怎么样？

吉老太太：喔，这是你自己的事，总得你自己做主。

余小姐：老太太的意思，如果觉得很好，那自然不会有错。

吉老太太：那我就说你很愿意？

余小姐：不过我想总得写一封信回去，问问父母的意思。

吉老太太：不错，不错，自然应该这样。那你就写封信回去，等你接到家里回信之后，再说吧。

余小姐：我想单由我写信去，还不十分妥当。

吉老太太：那有什么不好？

余小姐：可以不可以请吉先生写一封详细的信，把老太太的意思告诉我家里，我再另外写一封，一齐寄去？

吉老太太：不错，不错，应该这样。回来我对吉先生说一说，叫他写起一封信来。写好了，我叫一个人送给你，你说好不好？

余小姐：老太太的主意很好。

吉老太太：我们还是坐一会，还是就到公园去？

余小姐：老太太的意思怎么样？

吉老太太：我们就去好不好？我叫他们去请吉先生去。（走去压

电铃)

余小姐：我借你们的电话用一用。

吉老太太：在那边的院子里，你知道。(余由右门出，仆人由左门入)你去请吉先生，就说我们现在到公园去了。(仆人由左门出。老太太坐回原处，若有所思)

吉先生：(由左门入，手里拿了照片，装好了框子。进来之后，将照片放在书架上，看了一看，移动一回)余小姐哪儿去了？

吉老太太：(沉思中)打电话去了。

吉先生：(坐到小椅上，取了一块牛奶糖，慢慢去其外皮，随便地问)你的媒做得怎么样，问了她没有？

吉老太太：问过了。

吉先生：她怎么样讲？(将糖送至嘴边)

吉老太太：她很愿意。

吉先生：(将糖由嘴边拿回)她很愿意？她说很愿意么？她怎样说？

吉老太太：她没有说什么。

吉先生：她没有说什么，你怎样知道她很愿意？

吉老太太：这用不着说的。

吉先生：喔，不错，这一类的事是用不着明说的，是不是？同天气一样，只要看看气色就知道了。(老太太对他严厉地看了一看)那么，已经定了？

吉老太太：她还要写封信回去，问问她的父母，要等……

吉先生：问问她的父母！(解悟)喔！(把一块糖投入口中)

吉老太太：你笑什么？你笑她把她的父母太看重了，是不是？我听了很欢喜。

吉先生：没有的事！我听了也很欢喜！（又拿了一块放进嘴去）她说了什么时候写信没有？

吉老太太：她要请你替她写。

吉先生：要我替她写！这真奇怪。我又不是她的亲兄弟，亲叔伯，她为什么要请我替她写信，这不是奇而又奇的事？

吉老太太：你看了奇怪么？我看了一点也不奇怪。

吉先生：为什么不奇怪？

吉老太太：因为——因为你还没有认出她。她是一个大户人家出来的女孩子，知道什么是应说的，什么是不应说的。她知道害羞。

吉先生：喔喔！女孩子！害羞！（又拿一块糖放进嘴去）

吉老太太：怎么你向来不吃糖的人，今天爱吃起糖来了？

吉先生：今天的糖特别有味儿！（高兴，即起）你们现在就到公园去么？

吉老太太：等余小姐打完了电话。

吉先生：（想了一想）你不换一件衣服？

吉老太太：不过是到公园去坐一坐，谁再去换衣服？

吉先生：可是天气很凉，不换，也应该加一件。——在哪里，我替你去拿，好不好？

吉老太太：我自己去，你不知道。（吉开右门让老太太走出，将门关好，走到书架，取照片在手，细细地审看。将照片放回，在屋里走了两转。余由右门入）

吉先生： 电话打通没有？

余小姐： 打通了。(注意老太太不在房内,两人对看了一看)

吉先生： (将长椅向前稍推)老太太到后面去换一换衣服,叫请你在这里等一会。请坐。

余小姐： (由女人的直觉知将有有趣的谈判发生,为准备抵御起见,先摸了一摸头发,理了一理裙子,选了长椅离小椅远的一边坐了。吉坐小椅上)老太太真是一个很可佩服的人,那么大年纪,穿的衣服,比年轻的小姐们还要讲究。

吉先生： 一个人什么都可以不讲究,惟有衣服不可以不讲究。

余小姐： 为什么？

吉先生： 因为人是一个社会动物。一个人生在世上,所有的一切物质上的幸福,精神上的愉快,都是社会给他的。所以一个人对于社会,应当尽量的报答。

余小姐： 那与穿衣服有关系么？

吉先生： 关系大得很！因为报答社会,有种种不同的方法。有职业的,借他的职业,有技能的,用他的技能。当兵的可以替我们杀人,做律师的可以替我们打官司,做医生的可以替我们治病。不过还有一种人,——就像我们——既无职业,又无技能,最少也应该有几件好看的衣服,才不至于走到人家面前,叫人家看了难过。

余小姐： (笑)哈,我明白了。愈无用的人,愈应该穿好看的衣服,对不对？

吉先生： 对,不过有用的人,也不应该着不好看的衣服。社会上没有一种职业,我们可以承认他有不顾装束的权利。一个人,自生至死,也没有一个时期,我们可以承认他有无须修饰的特权。假若一个女人,因为她已经结了婚,就不管她头发的高低,因为她生了儿子,就不管她袖子的长短,或是一个男人,因为他能够诌得几句诗词歌赋,就不洗清他的面孔,因为能够画得几笔山水草虫,就不剃光他的下巴,拉直了他的袜筒,那都是社会的罪人。

余小姐: 这样讲,恐怕我们都是社会的罪人。

吉先生: 你?喔!(欲言又止)

余小姐: 我怎么样?

吉先生: 你?两个月前,你冤枉说我发烧的时候,我不是已经对你讲过么?

余小姐: 我冤枉说你发烧?

吉先生: 自然是冤枉。什么温度三十九,脉跳一百多,那都是你造的谣言,——是的。完全是谣言。——不过我很感激你,假使没有你的谣言,我如何能够住到两个星期?喔!那两个星期!那是我一生最快乐的两个星期!(叹)嗳,无论怎么,不会再有的。

余小姐: (回想那时的景况)是的,也不知说了多少话!从来没有看见过这样爱说话的病人。

吉先生: 是的,那都是些极真诚,极平常,极正当的话。为什么平常我们不能讲?为什么要男人装了病,方才可以讲?为什么女人听了一定要冤枉说他发烧?要是现在我说你的眼睛生得怎样的动人,嘴唇怎样的可爱,你会装做没有听见,把我的额角摸一摸,枕头拥一拥,说一声:"现在歇一会儿吧。你说话说得太多!"社会真是不自然的东西!这一类的话有什么说不得?为什么现在不能说?

余小姐：因为——因为你现在不发烧!

吉先生：你怎么知道我不发烧?我一年到头,没有一天不发烧。你要不相信,你现在替我试一试。(伸手放在长椅边上,余从长椅那一边,移到这一边,先理了一理裙子,然后用右手把脉,同时看左手上的腕表。约数秒钟无语)我病的时候,说了很多的话,是不是?(余点头)说了些什么?

余小姐：(余将手缩回)你说中国是一个可怜的社会,男人尤其可怜,除了赌钱,遇不到人家的小姐太太,除了生病,得不到女人的一点情意。所以你一星期要打一次牌,一个月要装一次病。

吉先生：对呀!这像生病的人讲的话么?——发烧不发烧?

余小姐：(犹豫)七十七次。

吉先生：可见得是说谎。

余小姐：为什么?

吉先生：因为你就没有数!

余小姐：喔,一个人可以随便说谎么?

吉先生：自然不能"随便"。不过我们处在这个不自然的社会里面,不应该问的话,人家要问,可以讲的话,我们不能讲,所以只有说谎的一个方法,可以把许多丑事遮盖起来。

余小姐：我们从小就知道,说谎是不道德的。

吉先生：道德是没有标准的,随时代随个人而变的东西,平常"所谓"道德,不是多数人对于少数人的迷信,就是这般人对于那般人的偏见。

余小姐：这样说,世界上没有善恶好坏的标准了?

吉先生：世界上只有脏的习惯是坏习惯，丑的行为是恶行为。

余小姐：所以什么谎都可以说，只要说得好听。做贼，赌钱，都可以做，只要做得好看？

吉先生：一点都不错。不过世界上美神经发达的人很少。做贼同赌钱的时候，大半都是不大十分雅观。说谎，说得好的人很多，不过我最佩服的是你。

余小姐：我向来不说谎，你说我说谎，你有什么证据？

吉先生：对呀！所以佩服你的缘故，就是因为拿不出证据来。不过一个人说谎话说太多了，总有一天，转不过弯来，要露出马脚来。

余小姐：我向来不欢喜说话。

吉先生：好吧，白说是没有用的。我问你一件事。

余小姐：什么事？

吉先生：老太太替你做媒没有？

余小姐：（着急）你不应该问这句话。

吉先生：为什么不应该？

余小姐：因为这一类的话，连自己的父兄都不应该问，朋友更加不应该。

吉先生：喔，新文化！新文化！不过你知道不知道？一个人的婚事，从前，是父母专制，现在因为用不着父母去管，所以用不着父母去问。（吉先生的意见，以为婚姻的事如果不要人帮忙则已，如要帮忙，父母应该是最重要的人物，现在所以不要他们过问，一则因为他们专制，二则也因为他们不能帮忙。这一层似乎还没有人见到，所以附此说明）但是现在的婚姻是朋友专制，要想结婚，非靠朋友帮忙不可，所以你说朋友不应该过问，是完全错误。

余小姐：我去看看老太太去。（起立欲走）

吉先生（起立阻之）不要走，不要走，我还有一件要紧的事，没有对你说。请坐。（两人同复坐下）我不在这里的时候，老太太同你讲了很多的话，是不是？

余小姐：是的。

吉先生：她说到我不想结婚的话没有？

余小姐：说了很多。

吉先生：你知道，我不想结婚。

余小姐：为什么不想结婚？

吉先生：因为一个人最宝贵的是美神经，一个人一结了婚，他的美神经就迟钝了。

余小姐：这样说，还是不结婚的好。

吉先生：是的，你可以不可以陪我？

余小姐：陪你做什么？

吉先生：陪我不结婚。（走至余前，伸出两手）陪我不要结婚！

余小姐：（为他两目的诚意与爱情所动）可以。（以手与之）

吉先生：给我一个证据。

余小姐：你要什么证据？

吉先生：你让我抱一抱！（释其手，作欲抱状）

余小姐：（走开）等你再生病的时候。

吉先生：不过我母亲都告诉我，说你已经答应了做她的侄媳妇，那怎么办？

余小姐：（得意）那没有什么，我的父母不愿意我嫁给医生！

吉先生：对，我知道，我们是天生的说谎一对！（趁其不备，双手抱之）

余小姐：（失声大喊）喔！（老太太由右门，仆人由左门，同时惊慌入，吉已释手）

吉老太太：什么事，什么事？（余以一手掩面，面红不知所言）

吉先生：（走至余前，将余手取下，视其面）什么地方？刺了你没有？

吉老太太：什么事？什么一回事？

余小姐：（呼了一口深气）喔，一只马蜂！（以目谢吉）

闭幕

《西林独幕剧》

连环图画小说

茅 盾

上海的街头巷尾像步哨似的密布着无数的小书摊。虽说是书摊，实在只是两块在墙上的特制木板，贴膏药似的密排着各种名目的版式一律的小书。这"书摊"——如果我们也叫它书摊，旁边还有一只木条凳。谁花了两个铜子，就可以坐在那条凳上租看那摊上的小书二十本或三十本；要是你是"老门槛"，或者可以租看到四十本五十本，都没一定。

这些小书就是所谓"连环图画小说"。这些小书摊无形中就成为上海大众最欢迎的活动图书馆，并且也是最厉害最普遍的"民众教育"的工具！

现在我们来看一看这些小书是怎样的内容。

大多数是根据了旧小说（如《水浒》《封神传》）的故事而改制成的节本。那文字的一部分我们不妨称为"说明"，通常是印在每页书的上端，像是旧书的"眉批"；此外约占每页书的六分之五的地位就是"图画"，我们不妨称为"连环图画"的部分。这些图画的体裁正像从前《新闻报》上《快活林》内的讽刺画，除有十数字说明那图中人物的行动外，又从每个人的嘴边拖出两条线，线内也写着字，表明这是那人所说的话。大概旧小说中一回书要画成二十幅乃至三十幅的连续的图画，订为一本；譬如七十回的《水浒》做成"连环图画"就有七十本，——每本约三寸见方，都凡一千四百幅或者二千一百幅连续的图画。

至于那"说明"，本身就是一部旧小说的缩本，文字也就是旧小说的白话文。程度浅的读者，看不懂这"说明"，就可以看那些连环图画，反正那图上也有更简略的说明。所以这种"连环图画小说"主要的是图画，而文字部分不过是补助，意在满足那些识字较多的读者。

现在凡是神怪的武侠的旧小说，不论好歹，差不多已有了"连环图画"的本子；其次如《火烧红莲寺》一类的电影片子（连环图画小说本子的《火烧红莲寺》是根据了《火烧红莲寺》的影片改制而不是根据那小说《江湖奇侠传》）；这两项都是同一种书有两三个不同的连环图画本。又次是时事，例如《蒋介石北伐》《十六省大水》《马占山演义》等等，却就类种很少，而且一般的小书摊上大都不备，原因是没有神怪武侠的成分就不大有人欢迎。

这些"连环图画小说"的读者，大部分是十岁左右的小学生，其中固然有小商贩的子女，却也有体力劳动者的在学的儿子，也有家里自备汽车的资本家的儿女们。但坐在那书摊旁边的木凳上花两个铜子租看的，却大都是十五六岁的学徒，间或也有成年的劳工。

这些读者就决定了"连环图画小说"内容必须是神怪而武侠。因为十岁以至十五六岁的孩子，无阶级的分别，都喜欢看一些神怪的，武侠的，冒险的"罗曼司"，——至少在我们这社会里如此。制造"连环图画小说"的书店老板于是在尽取神怪的武侠的中国旧小说加以"连环图画化"而外,又胡诌了许多新的,例如有《小水浒》,则替《水浒》中的一百单八位好汉各生了一个儿子,不另取名,就叫小宋江,小吴用等等;又有什么《飞行侠盗》《夜行飞侠》,则剽窃《三侠五义》以及《七剑十三侠》诸书改头换面杂凑而成。甚至于把外国影片《月宫宝盒》《侠盗查禄》之类也改制成"连环图画小说"。这一类胡诌的,或中国以外的材料,就我所见到的,已有三四十种之多!

记得是五六年前罢,上海这些街头巷尾的小书摊上主要的还是些《时事苏滩》《时事五更调》之类的唱本;"连环图画小说"绝无仅有。到现在,则从前居于主要地位的唱本已经退居于一角,有些摊子上简直没有。这一变迁,也指出上海一般民众的阅读能力在这五六年来已经有了很大的进步;唱本不能满足他们,他们要求"散文"了!同时因为喜欢看"连环图画小说"的小学生竟有那么多,也指出现在供给儿童看的读物实在太贫乏。

不用说,"连环图画小说"的内容都有毒。但是"连环图画小说"对于一般大众以及儿童的势力却值得注意。并且我们也不能否认现在那些"连环图画小说"的形式——六分之四的地位是附加简单说明的图画,而六分之二的地位却是与那些连续的图画相吻合的自己可以独立的小说节本,——确是很可以采取。因为那连环图画的部分不但可以引诱识字不多的读者,并且可以作为帮助那识字不多的读者渐渐"自习"地看懂了那文字部分的阶梯。

这一种形式,如果很巧妙地应用起来,一定将成为大众文艺的最有力的作品。无论在那图画方面,在那文字的说明方面(记好！这说明部分本身就是独立的小说），都可以演进成为"艺术品"！而且不妨说比之德国的连续版画还要好些。

《茅盾散文集》

父与女

巴金

七月八日

父亲回来时已经十点钟了。外面正落着雨。

灰白色头发上的雨珠在黯淡的灯光下面抖着。他的脸显得更苍白了。我给他脱去了湿衣,他颓然地倒在沙发上,开始喘息起来。

我知道他从什么地方来。我想跟他说话,但是我怕开口。

"不行了,我现在更老了!"终于是他先打破沉寂。这个枯涩的、微弱的声音一声声打进了我的心坎。

不错,自从母亲死后,不过几个月的功夫,父亲就显得更衰老了。面容枯瘦而苍白,背微驼,步履迟缓,并且时时喘息。

我看见他一天一天被悲哀蚕蚀,我的心好像被什么咬着似的痛得厉害。在失掉了人生只能有一个的母亲之后,父亲便是更可宝贵的了。我好比一块肉,寄生在他的身上,我是离不开他的。可是他却一天一天地瘦下去了。

母亲死去以后,我就不曾看见父亲的笑容。除了在公司服务的时间外,他总是枯坐在家里独自流泪,有时候也同我到母亲的墓地去。在母亲的墓前,他跟我谈起母亲生前的种种事情。他不曾流泪,但是他常常叹息地说:

"你还不能够知道她是多么的好,多么的好!"

我望着母亲的墓碑,她的慈祥的面容立刻出现在我的眼前。我能够用什么来回答父亲呢?……我的唯一的思想就是把我的爱全部献给他。我愿意爱他,至死也爱他,像母亲那样地爱他。

然而我的这种思想,他似乎不了解。他这几天来好像跟我疏远了。他一个人在母亲的墓地上徘徊,往往迟到深夜,让我留在家里等他。他回来的时候总是非常萎顿,倒在沙发上面喘息。我劝他,我的话总是没有用。

今天晚上他又回来得这样迟,外面正落着雨。

我给他弄了一杯咖啡,放在他身边的小桌上。我坐回在椅子上,不说一句话,带着责备的眼光看着他。

我看见他战抖地端起杯子。他喝了几口咖啡,便又喘息起来。我的心痛着。

他放下杯子,一手抚着胸膛,口里喃喃地说:"鲁易丝,鲁易丝。"这是母亲的名字。

"父亲,"我忍不住迸出了这哭声,"你一点也不爱我吗?"

他吃惊地睁开了眼睛,似乎不懂这句话。

我走过去,伏在他的身上,双手挽住他的颈项,哀求地说:"父亲。……你难道不知道我怎样地爱你吗?……你为什么要这样地摧残你的身体?……你真是什么也不爱,什么也不留恋了?……告诉我,我不可以代替母亲来爱你吗?"

他不回答一句话,只是把头俯下来.让我吻他的胡须丛生的嘴唇。他的手伸过来紧紧地抱着我的身子。

外面依旧落着大雨，可是我心里很快乐。

七月十二日

这两天父亲的心情改变了一点，昨天晚上我们同到公园去玩，他好像很愉快。他并不曾提起母亲的事。他向我畅谈他年轻时候的东方旅行。

斜阳挂在树梢，东方的一角在天空中已经露出了半圆月的无光辉的面庞。我们坐在喷水池畔的石凳上。我靠在父亲的身边。晚风吹动我的发鬓。我望着水面上自己的面影。我快乐。我对着自己微笑。我觉得只要有父亲在，我决不是孤独的。

我掉过头来，正望着父亲的眼睛，在那里面我看出一种爱的表情，这是我以前不曾注意到的。我含笑地看着他。他的整个身子微微地颤动着，脸上发出一种柔和的光。我明白他是在笑，这是心灵的笑。自从母亲去世以来，我看见他的笑容，这是第一次。

"酿莱，要是没有你，我恐怕我不能够活下去了。"他的眼里闪耀着几颗泪珠。

晚上父亲的微弱的呼吸从开着的门传到我房里来的时候，我正跪在母亲的遗像前祷告。我说：

"母亲，我已经把父亲救活了。但是请你帮助我不要再失掉他。"

七月十七日

一切都是安静而和平。在父亲的心里生机渐渐地多起来了。我相信我能够使他恢复从前的样子。

他今天又谈起母亲的事。但是他不再悲哀了。他只是用了一些尊敬亲爱的话来形容她。他说他仍然不能够忘记她,不过他不再去想她了。

我希望他永远如此。

七月二十四日

晚饭后我们沿着玛伦河散步,走进一带桦树林。太阳早落下山了,夜色已经降临。几只小鸟在树上叫,战抖的桦树叶不住地发出飒飒的声音。六七株砍掉的大树倒在地上,剩下的树桩上还留着白色的新伤痕。一株倒下的大树横在前面拦住我们的去路。我们退后几步,找到旁边的一条小路绕过去,长得高高的芦苇遮住了我们的视线。我在前面走,忽然看见前面的芦苇向后倒卧,地上的泥土又软又湿,不多远就有一片水阻了我们的去路。我们不能再前进了。

"水,我们只有转身了。"我说。

"好,时间也不早了,就回去罢。"父亲说罢便掉转身子,走向归途。我跟在他底后面。

忽地里后面芦苇丛中起了扑的一声,周围似乎都震动了。一只水鸟飞了起来,等我转过头去看时,它已经飞远了。

黄昏的空气在我们的周围织成了串串的花圈。山啦,水啦,树啦,都带上了一层神秘的朦胧的颜色,在我们的眼前渐渐地隐去了,只剩下模糊的轮廓,好像梦中的幻景一般。黑暗不住地包围过来。桦树叶因了晚风抖得更厉害了,飒飒的声音时断时续,好像有人在后面追踪着我们似的。父亲的背影也看不清楚了,我只听见他的呼吸和脚步声。我们摸索地走。我的心里起了莫名的恐怖。

"父亲。"我叫他。

"什么?"我的带恐怖的声音使他吃惊,他问道,我觉得他回过头来看我了。

"我害怕。"我的声音抖着。

"不要紧,父亲在这里。"他的温软的手伸过来把我拉近他的身边。我的身子靠着他,我们并肩走着。我觉得我好像是父亲身边的一个小女孩。

回到家里,父亲好像很兴奋。他告诉我他要开始写他的《东方旅行记》,这一定是一部伟大的著作。

他又跟我谈起孔德。他说,孔德说过人一生离不掉女人,幼年时他需要母亲,壮年时需要妻子,老年时需要女儿。我不知道孔德是什么样的人,他所要建立的女人崇拜教是什么一回事,但是我喜欢他说过了这样的话。

我为孔德祝福,他说得不错:人一生是离不开女人的。老年人需要一个女儿。我的父亲也需要我。我不能够离开他。

七月二十八日

父亲已经开始写他的《东方旅行记》了。他这几天生活得很有秩序,很愉快。他白天到公司办事,夜里写旅行记,黄昏时伴着我出去散步。

他不谈起母亲了。昨晚他对我说我很像母亲。我听了很高兴,我希望我能够像母亲,能够使他忘记母亲。

八月十四日

约赛夫从巴黎来信,说明天到这里,他要来看我。我早已把他忘记了,他的信又使我记起过去的一切,我希望他不要来。我把这个消息告诉父亲,父亲没有说什么话。

我早已把过去埋葬了,我愿意和父亲同过和平的生活。然而约赛夫一来,就会给我挖开过去的坟墓。我怕,我怕他来扰乱我们的安定,但是我不能拒绝他,我只有希望他不来。

父亲安静地睡了,他的均匀的呼吸使我不能够闭眼。我暗中祷告不要有人来惊破他的好梦。

母亲啊,请保护我,使我有力量拒绝约赛夫的诱惑。

八月十六日

父亲还是照常安静地工作,旅行记已经写了不少。

约赛夫并不曾来,我想他也许不来了。我们没有谈他,我差不多把他忘记了。

父亲好像也高兴约赛夫不来。

八月十八日

约赛夫来了,出乎我们的意料之外。他的态度很好,对父亲也很客气,父亲似乎很满意他。我跟他没有谈几句话,我对他颇冷淡,我想这样或者可以使他忘记从前的事。

他也没有说什么,临去时他说明天还要来。他现在住在他婶母的家里。

父亲睡了。我又跪在母亲的遗像前祷告,我希望她帮助我来抵抗约赛夫。

八月二十五日

约赛夫时常来,但是我们的生活还没有起什么变化,他似乎把我们过去的关系忘记了。我愿意他能够永远如此。

父亲的工作进行得很顺利,他的旅行记已写成了一小半。他常常欣慰地对我说:"再过两个月我的著作就完成了。"我也很高兴。我一定要鼓励他,帮助他完成这个工作。我想我能够做到这样。

约赛夫读他的原稿,时常给他以好的批评,他很满意。近来他们两人谈话的时间很多。

八月三十一日

我们三个人的关系还是跟从前一样,不过一种暴风雨底预兆快要来了。为什么?我也不知道。

约赛夫并没有对我作过什么表示,然而父亲已经开始在怀疑他了。今天早晨父亲突然问我道:"约赛夫天天到这里来有什么用意?"

我不能够回答他。我知道约赛夫到这里来是为着我,但是我能够把这个意思告诉父亲吗?

九月二日

父亲的工作渐渐地慢起来了。昨晚他不曾写一个字,他烦躁地、苦闷地在房子里踱着,不说话。我觉得我的勇气开始消失了。

今天早晨父亲去公司后,我独自在母亲的遗像前祷告了许久。母亲啊,难道我终于不能够把父亲拉住吗?

九月三日

父亲一个人出去了,我想他一定到母亲的墓地上去。约赛夫和我留在家里。

苦栗树下放着两把藤椅,我们对坐着。他一直望着我,他的眼里有一种神秘的光,我不得不避开他的眼睛。我知道他有什么话对我说,我怕听他的话,但是我无法使他不说。我觉得我的心跳得很厉害。

"酿莱。"他用战抖的声音叫我,我抬起头来,我们两人的眼光对射着,我连忙埋下了头。我觉得我的脸在发热。

"我来了,我来求你的宽恕,求你把过去的一切忘掉,再给我一个机会把我的心剖给你看,让你知道我是如何地爱你。"我知道这些话是从他的心里吐出来的,但是我不能够忘记过去。

"不,不要再向我说你的爱。你想想,从前是谁背弃了诺言?我把我的爱全部给了那个人,他却把它看得比他父母的一句话还轻。他骗去了我的心,却又把我掷在泥土里。现在他还敢向我说他的爱吗?"我愤怒地说。但是我心里并不恨他,我只觉得心酸,眼睛湿润了,我便用双手捧着脸倒卧在藤椅上。

"酿莱,我固然错了,但是我也受了母亲的骗。我并不知道你到巴黎来找过我,并不知道我的母亲对你说了那许多话,后来知道时已经迟了。……你竟然不能够宽恕我吗?……想想从前!"他差不多跪在我的面前,一手压着我的膝,一手拉着我的裙,带着哭声哀求说。

我原谅他。我知道并不是他的错。但是我怎样回答他呢?

"酿莱,说,说你爱我,说你宽恕了我。……说你答应做我的妻子。"他继续哀求,声音抖得更厉害。我知道希望与失望在他的心里激斗。

我宽恕他。我爱他。……但是我不能做他的妻子。我挣脱了他的手,跑进房里,伏在枕头上哭。

父亲回来了。

九月四日

约赛夫没有来。父亲心里很烦躁。不过今晚他特别努力写他的著作。

我极力压住心里的激动,不让它在父亲的面前显露。

我爱父亲,但是我不能忘记约赛夫。我对我自己说,我还在爱约赛夫。

九月六日

傍晚时分我们并没有外出散步,约赛夫来得很早,父亲故意躲在房里。

约赛夫的态度很平静。我们两人立在苦栗树下谈了许久。我对他暗示,要他以后不再来。他似乎不明白这个意思。

我处处躲避他的谈锋,然而到后来我们的真心终于相见了。我不得不向他说我爱他,但是我不能够离开父亲,我不能够做他的妻子。

"难道女儿应当终身陪伴父亲吗?这是你的最大的幸福,你不应该为父亲而牺牲。去,快去向你的父亲说,他一定会答应你,他一定高兴你找到了自己所爱的人。……"他的声音里带着自信,他的脸上发出光辉。

我埋着头不作声,因为我已经被他渐渐地说服了。

他的身子更和我的挨近,他的两只手伸到我的背后,一把将我抱着,抱得紧紧的。我的脸贴住他的脸,我好像触电似的,一种奇异的感觉通过我的全身。我只觉得热,我的抗拒的力量都没有了,任他吻我的脸,吮我的嘴唇。我陶醉在他的怀抱里,我忘记了一切。我也回抱了他。我愉快,我满足。这时候父亲走出来了。

约赛夫立刻放开了我。我红着脸,低着头不敢看父亲一眼。

父亲把约赛夫邀出去谈话。约赛夫临去时对我得意地微笑。然而我的心里却充满了恐惧。我不敢跟他们出去,我只希望他们谈得很好。

父亲回来得很迟,他不说什么,一个人关在房里。我不敢进去找他。

我不能闭眼,各种矛盾的思想都来到我的脑子里。

九月七日

早晨在喝咖啡的时候,父亲告诉我他已经答应约赛夫同我结婚了,他说他知道我满意约赛夫。他好像很高兴,但我看出来这是很勉强的。

我本来愿意答应约赛夫,然而这时候我忽然分辩说我不爱约赛夫,我不嫁给他。我说我永远不离开父亲。可是同时我自己又觉得这不是真话,这完全是虚伪的,勉强的。

父亲似乎不相信。他恳切地劝我不要拒绝约赛夫。他说我不应该为着他牺牲自己的幸福。他是不要紧的,我应该有一个自己所爱的人,而且应该同那个人一起生活。

"父亲,你不是我所爱的人吗?"我差不多带着哭声地叫道。

"不要欺骗你自己了,酿莱。"父亲带着微笑温和地说。但是我看出来这是苦笑。"对于一个少女,还有比父亲的爱更重要的东西。我老了,活着的日子也许不多,你应该听从我的话,免得耽误了你自己。"

我同意了。父亲好像很欣慰。

约赛夫来得很早。我接受了他的戒指,我们接吻,我们说了许多话。我实在爱他,我已经是他的未婚妻了。

晚上父亲锁着房门。后来他一个人走到外面去,到夜深才回来。我知道他到母亲的墓地上去了来的。但是我不敢问他。

九月十二日

约赛夫天天来。

这几天晚上我都听见父亲的叹息声。我问他,他极力否认。我又问他为什么锁着房门,他说这样才可以安静地写作。我以为他说的不是真话。

我屡次跟父亲谈起我的婚事，他总是将话题支开，他只劝我早点同约赛夫结婚。但是我的决心今天又动摇了。

约赛夫今天向我说，他要我跟他到巴黎去结婚，他以后还是住在巴黎。我说让我好好地考虑一下。我答应明天给他一个回答。

现在应该决定了。不是跟约赛夫到巴黎去，就是留在这里陪伴父亲。然而在父亲与约赛夫之间，我还不能够毅然地决定选择谁。

父亲的房门打开，他伏在书桌上写字。我静静地站在门外。我想我也许就要离开这间屋子到巴黎去，让他一个人留在这里，孤零零的，没有人安慰他，鼓舞他，陪伴他。灯光照着他的稀疏的灰白头发，他的背弯得比平时更厉害，写字时像是很费力。我这时候才发现他是这么衰弱，这么老。他苦心地用慈父的爱养育了我这许多年。现在正在他需要人扶持的时候我却要离开他厂。我记得前两年这里的老盖尔吕先生，他在一个月中间死去了妻子和一双儿女。他一个人孤独地生活了几天，就变得疯狂，抛弃了家财，不带一文钱，徒步旅行到什么地方去了。他临行时曾走过我家门前。他那种可怜的样子，我一生也不会忘记。我想起他，我又想起我的父亲。我仿佛看见父亲也变成了那个样子。

"酿莱，酿莱。"父亲放下笔悲声叫着我的名字，然后又叹息一声，把头埋在桌上。我跑回房里，我哭了许久。我决定了。

九月十三日

约赛夫来时已经是夜间了。我在父亲的房里。我当着父亲的面把戒指褪下来还给约赛夫。我说我并不爱他,我不愿意做他的妻子,并且请他以后不要再到这里来。我当时的态度异常坚决。我觉得我有很大的勇气。

约赛夫好像受了很大的打击,脸色立刻变了。他瞪着眼睛张着口,在短时间内说不出一句话。过了一回,我才听见他喃喃地说:"酿莱,酿莱,你疯了……你疯了。"

我不敢看他,我不敢再听他说话。我怕我的勇气会消失。

我不顾约赛夫和父亲,一个人跑出房来。我走出了院子。

黑暗包围过来,墨色的天空中闪耀着无数的明星,凉风四面吹来。我的心空无一物。我只是不住地往前走。

回到家里不过九点多钟,我马上关上房门睡了。父亲的房里还有灯光,但是门已经锁住了。

我想今晚我一定会有噩梦。

九月十四日

我起来得较迟,父亲早已起来了。他的房门大开。但是我看不见他的影子。

我煮好咖啡。我叫他,却听不见他的回答。我走出院子,但是附近也没有他的影子。

我又走回他的房间。书桌上放了一封信,封面上写着:"给我的爱女酿莱。"我连忙拆开了:

酿莱，我的小酿莱：——我去了，我永远地去了，这不是为了使你痛苦，这是为着使你幸福。我知道你爱他，他也爱你。你刚才当着我的面对他说了谎，说你不愿再见他。你拒绝了他，这全是为了我。我固然不愿意在失掉你的母亲之后再让你他去。然而你的这样大的牺牲我是不敢接收的。我不愿意把你的青春拿来为我浪费。我必须使你跟着他去。我太爱你了，所以我要使你得到幸福。我放弃你，离开你，正为的是使你幸福。

你的内心的冲突我早已看出来了。我明白我的存在是你们两人中间的障碍，也就是你的幸福的障碍。我早就应该去了。可是为了完成我的著作的缘故，我又留了这许多天，以致引起今晚的事。我固然爱我的著作，我以为这是我毕生的事业。但是我更爱你，现在为了你的缘故，我把它牺牲了。我去了。我没有一点遗憾。我实行了我的志愿，我是很快乐的。你不要找我了，因为这个世界中你不会找到我。

快去把约赛夫找来，同他结婚。我知道他爱你，所以我把你托给他，他可以代我保护你，照应你。不要再想我了。祝你们快乐地生活在一起，这就是你的父亲的最后的愿望。别了，我的永不能忘记的爱儿。我仿佛还在吻你的双颊。

你的父亲十三晚

我没有眼泪，我不再像一个女孩似的哭了。我要压下我的悲哀。我预备出去找约赛夫，找他来共同实现父亲的最后的愿望，建立我们的幸福的生活。

也许我的眼睛在短时期内不会干，但是幸福的生活必须建立起来,为父亲,为约赛夫,也为我自己。

《巴金短篇小说集》(第一集)

窗子以外

林徽因

话从哪里说起？等到你要说话，什么话都是那样渺茫地找不到个源头。

此刻，就在我眼帘底下坐着是四个乡下人的背影，一个头上包着黯黑的白布，两个褪色的蓝布，又一个光头。他们支起膝盖，半蹲半坐的，在溪沿的短墙上休息。每人手里一件简单的东西，一个是白木棒，一个篮子，那两个在树荫底下我看不清楚。无疑地他们已经走了许多路，再过一刻，抽完一筒旱烟以后，是还要走许多路的。兰花烟的香味频频随着微风，袭到我官觉上来，模糊中还有几段山西梆子的声调，虽然他们坐的地方是在我廊子的铁纱窗以外。

铁纱窗以外，话可不就在这里了。永远是窗子以外，不是铁纱窗就是玻璃窗，总而言之，窗子以外！

所有的活动的颜色、声音、生的滋味，全在那里的，你并不是不能看到，只不过是永远地在你窗子以外罢了。多少百里的平原土地，多少区域的起伏的山峦，昨天由窗子外映进你的眼帘，那是多少生命日夜在活动着的所在；每一根青的什么麦黍，都有人流过汗；每一粒黄的什么米粟，都有人吃去；其间还有的是周折，是热闹，是紧张！可是你则并不一定能看见，因为那所有的周折，热闹，紧张,全都在你窗子以外展演着。

在家里罢,你坐在书房里,窗子以外的景物本就有限。那里两树马缨,几棵丁香;榆叶梅横出疯权的一大枝;海棠因为缺乏阳光,每年只开个两三朵——叶子上满是虫蚁吃的创痕,还卷着一点焦黄的边;廊子幽秀地开着扇子式,六边形的格子窗,透过外院的日光,外院的杂音。什么送煤的来了,偶然你看到一个两个被煤炭染成黔黑的睑;什么米送到了,一个人捐着一大口袋在背上,慢慢踱过屏门;还有自来水、电灯、电话公司来收账的,胸口斜挂着皮口袋,手里推着一辆自行车;更有时厨子来个朋友了,满脸的笑容,"好呀,好呀!"地走进门房;什么赵妈的丈夫来拿钱了,那是每月一号一点都不差的,早来了你就听到两个人卿卿哝哝争吵的声浪。那里不是没有颜色,声音,生的一切活动,只是他们和你总隔个窗子——扇子式的,六边形的,纱的,玻璃的!

你气闷了把笔一搁说,这叫做什么生活!你站起来,穿上不能算太贵的鞋袜,但这双鞋和袜的价钱也就比——想它做什么,反正有人每月的工资,一定只有这价钱的一半乃至于更少。你出去雇洋车了,拉车的嘴里所讨的价钱当然是要比例价高得多,难道你就傻子似的答应下来?不,不,三十二子,拉就拉,不拉,拉倒!心里也明白,如果真要充内行,你就该说,二十六子,拉就拉——但是你好意思争!

车开始辗动了,世界仍然在你窗子以外。长长的一条胡同,一个个大门紧紧地关着。就是有开的,那也只是露出一角,隐约可以看到里面有南瓜棚子,底下一个女的,坐在小凳上缝缝做做的,另一个，抓住还不能走路的小孩子，伸出头来喊那过路卖白菜的。至于白菜是多少钱一斤，那你是听不见了，车子早已拉得老远，并且你也无需乎知道的。在你每月费用之中，伙食是一定占去若干的。在那一笔伙食费里，白菜又是多么小的一个数。难道你知道了门口卖的白菜多少钱一斤，你真把你哭丧着脸的厨子叫来申斥一顿，告诉他每一斤白菜他多开了你一个"大子儿"？

车越走越远了，前面正碰着粪车，立刻你拿出手绢来，皱着眉，把鼻子蒙得紧紧的，心里不知怨谁好。怨天做的事太古怪，好好的美丽的稻麦却需要粪来浇！怨乡下人太不怕臭，不怕脏，发明那么两个篮子，放在鼻前手车上，推着慢慢走！你怨市里行政人员不认真办事，如此脏臭不卫生的旧习不能改良，十余年来对这粪车难道真无办法？为着强烈的臭气隔着你窗子还不够远，因此你想到社会卫生事业如何还办不好。

路渐渐好起来，前面墙高高的是个大衙门。这里你简直不止隔个窗子，这一带高高的墙是不通风的。你不懂里面有多少办事员，办的都是什么事；多少浓眉大眼的，对着乡下人做买卖的吆喝诈取，多少个又是脸黄黄的可怜虫，混半碗饭分给一家子吃。自欺欺人，里面天天演的到底是什么把戏？但是如果里面真有两三个人拼了命在那里奋斗，为许多人争一点便利和公道，你也无从知道！

到了热闹的大街了，你仍然像在特别包厢里看戏一样，本身不会，也不必参加那出戏，倚在栏杆上，你在审美的领略，你有的是一片闲暇。但是如果这里洋车夫问你在哪里下来，你会吃一惊，仓促不知所答。生活所最必需的你并不缺乏什么。你这出来就也是不必需的活动。

　　偶一抬头，看到街心和对街铺子前面那些人，他们都是急急忙忙地，在时间金钱的限制下采办他们生活所必需的。两个女人手忙脚乱地在监督着店里的伙计称秤。二斤四两，二斤四两的什么东西，且不必去管，反正由那两个女人的认真的神气上面看去，必是非同小可、性命交关的货物。并且如果称得少一点时，那两个女人为那点吃亏的分量必定感到重大的痛苦，如果称得多时，那伙计又知道这年头那损失在东家方面真不能算小。于是那两边的争持是热烈的，必需的，大家声音都高一点，女人脸上呈块红色，头发披下了一缕，又用手抓上去；伙计则维持着客气，口里嚷着：错不了，错不了！

　　热烈的，必需的，在车马纷纭的街心里，忽然由你车边冲出来两个人；男的，女的，各各提起两脚快跑。这又是干什么的，你心想，电车正在拐大弯。那两人原就追着电车，由轨道旁边擦过去，一边追着，一边向电车上卖票的说话。电车是不容易赶的，你在洋车上真不禁替那街心里奔走赶车的担心。但是你也知道如果这趟没赶上，他就可以在街旁站个半点来钟，那些宁可望穿秋水不雇洋车的人，也就是因为他们的生活而必需计较和节省到洋车同电车价钱上那相差的数目。

　　此刻洋车跑得很快，你心里继续着疑问你出来的目的，到底采办一些什么必需的货物。眼看着男男女女挤在市场里面，门首出来一个进去一个，手里都是持着包包裹裹，里边虽然不会全是他们当日所必需的，但是如果当中夹着一盒稍微奢侈的物品，则亦必是他们生活中间闪着亮光的一个愉快！你不是听见那人说么？里面草帽，一块八毛五，贵倒贵点，可是"真不赖"！他提一提帽盒向着打招呼的朋友，他摸一摸他那剃得光整的脑袋，微笑充满了他全个脸。那时那一点迸射着光闪的愉快，当然的归属于他享受，没有一点疑问，因为天知道，这一年中他多少次地克己省俭，使他赚来这一次美满的，大胆的奢侈！

那点子奢侈在那人身上所发生的喜悦，在你身上却完全失掉作用，没有闪一星星亮光的希望！你想，整年整月你所花费的，和你那窗子以外的周围生活程度一比较，严格算来，可不都是非常靡费的用途？每奢侈一次，你心上只有多难过一次，所以车子经过的那些玻璃窗口，只有使你更惶恐，更空洞，更怀疑，前后彷徨不着边际。并且看了店里那些形形色色的货物，除非你真是傻子，难道不晓得它们多半是由哪一国工厂里制造出来的！奢侈是不能给你愉快的，它只有要加增你的戒惧烦恼。每一尺好看点的纱料，每一件新鲜点的工艺品！

你诅咒着城市生活，不自然的城市生活！检点行装说，走了，走了，这沉闷没有生气的生活，实在受不了，我要换个样子过活去，健康的旅行既可以看看山水古刹的名胜，又可以知道点内地纯朴的人情风俗。走了，走了，天气还不算太坏，就是走他一个月六礼拜也是值得的。

没想到不管你走到哪里，你永远免不了坐在窗子以内的。不错，许多时髦的学者常常骄傲地带上"考察"的神气，架上科学的眼镜，偶然走到哪里一个陌生的地方瞭望，但那无形中的窗子是仍然存在的。不信，你检查他们的行李。有谁不带着罐头食品，帆布床，以及别的证明你还在你窗子以内的种种零星用品，你再摸一摸他们的皮包，那里短不了有些钞票；一到一个地方，你有的是一个提梁的小小世界。不管你的窗子朝向哪里望，所看到的多半则仍是在你窗子以外，隔层玻璃，或是铁纱，隐隐约约你看到一些颜色，听到一些声音。如果你私下满足了，那也没有什么，只是千万别高兴起说什么接触了，认识了若干事物人情，天知道那是罪过！洋鬼子们的一些浅薄，千万学不得。

你是仍然坐在窗子以内的，不是火车的窗子，汽车的窗子，就是客栈逆旅的窗子，再不然就是你自己无形中习惯的窗子，把你搁在里面。接触和认识实在谈不到，得天独厚的闲暇生活先不容你。一样是旅行，如果你背上掮的不是照相机而是一点做买卖的小血本，你就需要全副的精神来走路：你得留神投宿的地方，你得计算一路上每吃一次烧饼和几颗沙果的钱，遇着同行的战战兢兢地打招呼，互相捧出诚意，遇着困难时好互相关照帮忙，到了一个地方你是真带着整个血肉的身体到处碰运气，紧张的境遇不容你不奋斗，不与其他奋斗的血和肉的接触，直到经验使得你认识。

前日公共汽车里一列辛苦的脸，那些谈话，里面就有很多生活的分量。陕西过来做生意的老头和那旁坐的一股客气，是不得已的，由交城下车的客人执着红粉包纸烟递到汽车行管事手里也是有多少理由的，穿棉背心的老太婆默默地挟住一个蓝布包袱，一个钱包，是在用尽她的全副本领的，果然到了冀村，她错过站头，还亏别个客人替她要求车夫，将汽车退行两里路，她还不大相信地望着那村站，口里噜苏着这地方和上次如何两样了。开车的一面发牢骚一面爬到车顶替老太婆拿行李，经验使得他有一种涵养。行旅中少不了有认不得路的老太太，这个道理全世界是一样的，伦敦警察之所以特别和蔼，也是从迷路的老太太孩子们身上得来的。话说了这许多，你仍然在廊子底下坐着。窗外送来溪流的喧响，兰花烟气味早已消失，四个乡下人这时候当已到了上流"庆和义"磨坊前面。昨天那里磨坊的伙计很好笑地满脸挂着面粉，让你看着磨坊的构造；坊下的木轮，屋里旋转着的石碾，又在高低的院落里，来回看你所不经见的农具在日影下列着。院中一棵老槐、一丛鲜艳的杂花、一条曲曲折折引水的沟渠，伙计和气地说闲话。他用着山西口音，告诉你，那里一年可出五千多包的面粉，每包的价钱约略两块多钱。又说这十几年来，这一带因为山水忽然少了，磨坊关闭了多少家，外国人都把那些磨坊租去做他们避暑的别墅。惭愧的你说，你就是住在一个磨坊里面，他脸上堆起微笑，让面粉一星星在日光下映着，说认得认得，原来你所租的磨坊主人，一个外国牧师，待这村子极和气，乡下人和他还都有好感情。

这真是难得了，并且好感的由来还有实证。就是那一天早上你无意中出去探古寻胜，这一省山明水秀，古刹寺院，动不动就是宋辽的原物，走到山上一个小村的关帝庙里，看到一个铁铎，刻着万历年号，原来是万历赐这村里庆成王的后人的，不知怎样流落到卖古董的手里。七年前让这牧师买去，晚上打着玩，嘹亮的钟声被村人听到，急忙赶来打听，要凑原价买回，情辞恳切。说起这是他们吕姓的祖传宝物，决不能让它流落出境，这牧师于是真个把铁铎还了他们,从此便在关帝庙神前供着。

这样一来你的窗子前面便展开了一张浪漫的图画,打动了你的好奇,管它是隔一层或两层窗子,你也忍不住要打听点底细,怎么明庆成王的后人会姓吕?这下子文章便长了。

如果你的祖宗是皇帝的嫡亲弟弟,你是不会,也不愿,忘掉的。据说庆成王是永乐的弟弟,这赵庄村里的人都是他的后代。不过就是因为他们记得太清楚了,另一朝的皇帝都有些老大不放心,雍正间诏命他们改姓,由姓朱改为姓吕,但是他们还有用二十字排行的方法,使得他们不会弄错他们是这一脉子孙。

这样一来你就有点心跳了,昨天你雇来那打水洗衣服的不也是赵庄村来的,并且还姓吕!果然那土头土脑圆脸大眼的少年是个皇裔贵族,真是有失尊敬了。那么这村子一定穷不了,但事实上则不见得。

田亩一片,年年收成也不坏。家家户户门口有特种围墙,像个小小堡垒——当时防匪用的。屋子里面有大漆衣柜衣箱,柜门上白铜擦得亮亮;炕上棉被红红绿绿也颇鲜艳。可是据说关帝庙里已有四年没有唱戏了,虽然戏台还高巍巍地对着正殿。村子这几年穷了,有一位王孙告诉你,唱戏太花钱,尤其是上边使钱。这里到底是隔个窗子,你不懂了,一样年年好收成,为什么这几年村子穷了,只模模糊糊听到什么军队驻了三年多等,更不懂是,村子向上一年辛苦后的娱乐,关帝庙里唱唱戏,得上面使钱?既然隔个窗子听不明白,你就通气点别尽管问了。

隔着一个窗子你还想明白多少事?昨天雇来吕姓倒水,今天又学洋鬼子东逛西逛,跑到下面养有鸡羊,上面挂有武魁匾额的人家,让他们用你不懂得的乡音招呼你吃菜,炕上坐,坐了半天出到门口,和那送客的女人周旋客气了一回,才恍然大悟,她就是替你倒脏水洗衣裳的吕姓王孙的妈,前晚上还送饼到你家来过!

这里你迷糊了。算了算了!你简直老老实实地坐在你窗子里得了,窗子以外的事,你看了多少也是枉然,大半你是不明白,也不会明白的。

文艺与道德（节录）

朱光潜

文艺能产生怎样的道德的影响呢？

第一，就个人说，艺术是人性中一种最原始、最普遍、最自然的需要。人类在野居穴处时代便已有图画诗歌，儿童在刚离襁褓时便做带有艺术性的游戏。嗜美是一种精神上的饥渴，它和口腹的饥渴至少有同样的要求满足权。美的嗜好满足，犹如真和善的要求得以满足一样，人性中的一部分便有自由伸展的可能性。汩丧天性，无论是真、善或美的方面，都是一种损耗，一种残废。从前人论文艺的功能，不是说它在教训，就是说它在娱乐，给人教训又不再供人娱乐的。作者自己的"表现"的需要有时比任何其他目的都更重要。情感抑郁在心理不得发泄，近代心理学告诉过我们，最容易酿成性格的乖僻和精神的失常，文艺是解放情感的工具，就是维持心理健康的一种良剂。古代人说"为道德而文艺"，近代人说"为艺术而艺术"，英国小说家劳伦斯说"为我自己而艺术"（Art for my own sake）。真正的大艺术家大概都是赞成劳伦斯的。

艺术虽是"为我自己"，伦理学家却不应轻视它在道德上的价值。人比其他动物高尚，就是在饮食男女之外，还有较高尚的需求，艺术就是其中之一。"生命"其实就是"活动"。活动愈自由，生命也就愈有意义，愈有价值。实用的活动全是有所为而为，受环境需要的限制；艺术的活动全是无所为而为，是环境不需要人活动而人自己高兴去活动。在有所为而为时，人是环境需要的奴隶；在无所为而为时，人是自己心灵的主宰。我们如果研究伦理思想史，就可以知道柏拉图、亚里斯多德和中世纪耶教大师们，就学说派别论，彼此相差很远，但是谈到"最高的善"。都以为它是"无所为而为的观赏"（disinterested contemplation）。这样看，美不仅是一种善，而且是"最高的善"了。

　　第二，就社会说（读者在内），艺术的功用，像托尔斯泰所说的，在传染情感，打破人与人的界限。我们一般人都囿在习惯所划定的狭小世界里，对于此外的世界都是痴聋盲哑，视而不见，听而不闻，食而不知其味。艺术家比较常人优胜，就在他们的情感比较真挚，感觉比较锐敏，观察比较深刻，想象比较丰富。他们不但能见到比较广大的世界，而且引导我们一般人到较广大的世界里去观赏。像一位英国学者所说的，艺术家"借他们的眼睛给我们去看"（lend their eyes for us to see）。希腊悲剧家和莎士比亚使我们学会在悲惨世界中见出灿烂华严，阿里斯托芬和莫里哀使我们学会在人生乖讹中见出谑浪笑傲，荷兰画家们使我们学会在平凡丑陋中见出情趣深永的世界。在拜伦（Byron）以前，欧洲游人没有赞美过威尼斯，在透纳（Turner）以前，英国人没有注意到泰晤士河上有雾。没有谢灵运、陶潜、王维一班诗人，我们何曾知道自然中有许多妙境？没有普鲁斯特（Proust）、劳伦斯一班小说家，我们何曾知道人心有许多曲折？艺术是启发人生自然秘奥的灵钥，在"山重水复疑无路"时,它指出"柳暗花明又一村"。

这种启发对于道德有什么影响呢?它伸展同情,扩充想象,增加对于人情物理的深广真确的认识。这三件事是一切真正道德的基础。从历史看,许多道德信条到缺乏这种基础时,便为浅见和武断所把持,变为狭隘、虚伪、酷毒的桎梏,它的目的原来说是在维护道德,而结果适得其反,儒家的礼教,耶教的苦行主义,日本的武士道,都可以为证,雪莱在《诗的辩护》中说得最好:

道德的大原在仁爱,在脱离小我,与非我所有的思想行为和身体的美妙点相同一。一个人如果要真是一个大好人,必须能深刻地广阔地想象;他必须能设身处一个别人或许多别人的地位,人类的忧喜苦乐须变成他的忧喜苦乐。达到道德上的善,最大的津梁就是想象;诗从这种根本地方下手,所以能发生道德的影响。

总之,道德是应付人生的方法,这种方法合适不合适,自然要看对人生了解的程度如何。没有其他东西比文艺能给我们更深广的人生观照和了解,所以没有其他东西比文艺能帮助我们建设更完善的道德的基础。苏格拉底的那句老话是多么简单,多么惹人怀疑,同时,它又是多么深永而真确!

"知识就是德行!"

《文艺心理学》

自然美与自然丑(节录)

朱光潜

一

在日常语言中"美""丑"两个字用来形容自然和用来形容艺术,简直没有分别。其实,"自然美"和"自然丑"与"艺术美"和"艺术丑"应该分开来说。这种看法虽然与常识相冲突,但是要真正了解美的本质,我们必须把艺术的美丑和自然的美丑分清。

"自然"(Nature)的意义本来很混。假古典派学者以为自然就是"真理"或"人性",蒲柏(Pope)说:"研究古人就是研究自然",因为古人在他们的作品中已经把真理和人性表现得透辟无余了。现在一般人把"自然"看成与"人"相对的,人以外的事物,如天地星辰、山川草木、鸟兽鱼虫之类,统称为"自然"。有时"自然"与"人为"相对,人也归在"自然"里,人工造作的就不是"自然"。但是这种意义也不十分精当,一片自然风景里也可以包括城郭楼台在内。我们现在姑且用一个最概括的意义,说自然就是现实世界,凡是感官所接触的实在的人和物都属于自然。

从来学者对于自然的态度可略分为两种,"自然主义"(Naturalism)和"理想主义"(Idealism)[注意:这专就对于自然的

自然美与自然丑（节录）

态度而言，不是指艺术的作风，所以这里所说的"自然主义"和法国小说家左拉所倡的"自然主义"是两回事。我们这种用法的依据是法国美学家拉罗（Lalo）的《美学导言》]。

自然主义起源比较近。各民族在原始时代对于自然都不很能欣赏。应用自然景物于艺术，似以中国为最早，不过真正爱好自然的风气到陶潜、谢灵运的时代才逐渐普遍。《诗经》应用自然，和古代图画应用自然一样，只把它当背景和陪衬，所以大半属于"兴"，"兴"就是从观察自然而触动关于人事的情感。从晋唐以后，因为诗人、画家和僧侣的影响，赞美自然才变成一种风尚。在西方古代文艺作品中描写自然景物的非常稀罕。西方人爱好自然，可以说从卢梭起，浪漫派作家又加以推波助澜，于是"回到自然"的呼声便日高一日。

中国的艺术家欣赏自然，和西方人欣赏自然似乎有一个重要的异点。中国人的"神"的观念很淡薄，"自然"的观念中虽偶杂有道家的神秘主义，但不甚浓厚。中国人对待自然是用乐天知足的态度，把自己放在自然里面，觉得彼此尚能默契相安，所以引以为快。陶潜的"众鸟欣有托，吾亦爱吾庐"，"平畴交远风，良苗亦怀新"诸句最能代表这种态度。西方人因为一千余年的耶稣教的浸润，"自然"和"神"两种观念常相混合。他们欣赏自然，都带有几分泛神主义的色彩。人和自然仿佛是对立的，自然带有一种神秘性横在人的眼前。人捧着一片宗教的虔诚向它顶礼。神是无处不在的，整个自然都是神的表现，所以它不会有什么丑恶。在卢梭看，自然本来尽善尽美，有人于是有社会，有文化；有了社会和文化，丑恶就跟着来了。诗人华兹华斯也是这样想。他在一首诗里向书呆子们劝告："站到光明里来，让自然做你的师保"，"自然所赋予的智慧是甜蜜的，好事的理智把事物意义弄得面目全非，我们用解剖去残杀。"这种泛神主义的自然观决定了艺术家对于自然的态度。自然既是尽善尽美，最聪明的办法就是模仿自然。"模仿自然"本是西方艺术史中一个很古老的理想，古希腊人的艺术的定义就是"模仿"，柏拉图反对艺术，就是因为它只模仿感官世界。这种艺术观在历代都有攻击者和拥护者。近代作家中拥护"艺术模仿自然"说者以罗斯金为最力。依他看，人工造作的东西无论如何精巧，都不能比得上自然。他说："我从来没有见过一座希腊女神的雕像，有一个血色鲜丽的英国姑娘的一半美。"最自然的就是最常见的，最常见的就是最美的。"凡是美的线形都是从自然中最常见的线形抄袭来的。"例如希腊有柱无墙平顶式的建筑是模仿剪去枝叶的树林，"哥特式"尖顶多雕饰的建筑是模仿连枝带叶的树林，罗马圆顶式的建筑是模仿天空和地平线。因此，罗斯金劝建筑家们到树林里去从自然研究建筑原理。自然既已尽美，所以艺术家模仿自然，最忌以己意加以选择。他说："人在这个世界里所能成就的最伟大的事业，就是睁着眼睛去看，然后把所见的东西老老实实地说出来。""完美的艺术都能返照全体自然，不完美的艺术才有所不屑，有所取舍。""纯粹主义者拣选精粉，感官主义者杂取秕糠，至于自然主义者则兼容并包，是粉就拿来制糕饼，是草就拿来做床垫。"

罗斯金的论调并非孑然孤立的。法国古典派画家安格尔告诉他的学徒说："你须去临摹，像一个傻子去临摹，像一个恭顺的奴隶去临摹你眼睛所见到的。"十九世纪法国雕刻家罗丹的《艺术论》也差不多和罗斯金一鼻孔出气。他说："我在什么地方学雕刻？在深林里看到树，在路上看云，在作业室里研究模型；我处处都在学，只是不在学校里学。"他劝我们说："第一件要事就是坚信自然全美，记得这个原理，然后睁开眼睛去观察。""我们的不幸都由于跟着蠢人们去涂抹自然的本来面目。"他说自己向来不曾有意地改变自然。"如果我要改变我所见到的。加以润饰，我必定不能作出有价值的东西。"左拉所提倡的自然主义虽专指艺术作风，与罗斯金的带有宗教色彩的自然主义有别，但对于艺术与自然的关系，见解亦颇相同。这种自然主义是写实主义的后身。他以为艺术像科学一样，应该是"实验的"，凡所描写都要拿出证据来，这种证据必定是自然所供给的。左拉看到他的小说《小酒店》编成剧本表演时，兴高采烈地说："简直和真的一样！人们来的来，去的去，有些坐在桌子旁边，有些站在柜台前面，简直就是一个小酒店的样子！"他这洋洋自得，就因为觉得他的艺术妙肖自然。写实主义和自然主义虽已过去，它们的余波却仍未尽消灭。

在罗斯金、罗丹和一般自然主义者看，自然本来就尽美尽善，艺术家唯一的成功捷径就在模仿整个的自然，丝毫不用选择。这种理论显然有许多难点，美丑是相对的名词，有比较然后有美丑。如果把自然全体都看成一样美，就没有分别美丑的标准，就否认美丑有比较，那么，"美"也就漫无意义了。

艺术的功用如果在忠顺地模仿自然，既有自然，何须艺术呢？法国画家卢梭（Théodore Rousseau）有一次在山里临摹一棵大橡树,一个路过的乡下人问他在干什么,他很诧异地说:"你分明看见,我是在临摹那棵大橡树呀!"那位乡下人仍是莫名其妙,继续问他:"那有什么用处呢?橡树不是已经长在那儿么?"波斯有一位画家画了一条鱼,自己很得意,一个乡下人见到,颇不以为然:"上帝造鱼都给它一条性命,你给它一个身体,不给它性命,这不是造孽么?"这些乡下人的话看起来虽愚蠢可笑,其实含有至理,艺术的功用原在弥补自然的缺陷,如果自然既已完美,艺术便成赘疣了。

妙肖自然并不是艺术的最高的成就,所以摄影不能代图画,蜡人不能代雕刻,电影不能代戏剧。如果妙肖自然是艺术的最高的成就,则艺术纵登峰造极,也终较自然为减色。什么音乐可以模仿疾风迅雷,什么雕刻可以模仿高峰大海呢?画家塞尚告诉左拉说:"我本来也想临摹自然,但是终于做不到。我不能'再造'太阳,但是我能'表现'太阳,这对于我也就行了。"左拉自己是自然主义的领袖,他也承认"艺术作品只是隔着情感的屏障所窥透的自然一隅"。说"隔着情感的屏障",便承认艺术不能离开作者的个性,说"自然一隅"便非抄袭自然全体。写实派以福楼拜的成就最大,他就这样地骂写实主义:

> 大家所共称的写实主义与我毫不相干,虽然他们硬要拉我做一个主教。自然主义者所追求的都是我所鄙视的,他们所喝彩的都是我所厌恶的,在我看来,技巧细节,地方掌故,以及事物在历史上的真确,都卑卑不足道,我所到处寻求的只是美。

自然美与自然丑（节录）

从种种方面看，自然主义都是很难成立的。

二

与自然主义相对峙的是理想主义。在理想派看，自然并不全美，美与丑相对，有比较后有美丑，美自身也有高下等差，艺术对于自然，应该披沙拣金，取长弃短。理想主义比自然主义较胜一筹，因为它虽不否认艺术模仿自然，却以为这种模仿并不是呆板的抄袭，须经过一番理想化。理想化有两种意义。一种是指凭着想象和情感，将自然事物重新加以组织、整理和融会贯通使所得的艺术作品自成一种完整的有机体，其中部分与全体有普遍的必然的关联。因此，艺术作品虽自然（Natural）而却又不是生糙的自然（Nature），它表现出艺术家的理想性格和创造力。就这个意义说，理想主义是对的，凡是艺术都带几分理想性，因为它都带有几分创造性和表现性。这种见解发源于亚里斯多德。他在《诗学》里说诗比历史更是"哲学的"（意思是说更真），因为历史只记载已然的个别的事物，诗则须表现必然的普遍的真理，前者是模仿殊相，后者是模仿共相。用近代语言来翻译，他的意思是说历史只记载自然界繁复错乱的现象，诗和艺术则更进一层把自然现象后面的原理，用具体的形式表现出来。

后人误解亚里斯多德所说的"共相"（Universals），以为"共相"就是"类型"（Type），于是理想主义的另一种意义就起来了，所谓"理想"（Idea）就是"类型"，类型就是最富于代表性的事物，

"代表性"就是全类事物的共同性。依这一说，艺术所应该模仿的不是自然中任何事物而是类型。比如说画马，不能只着眼某一匹马，须把一切马的特征画出，使人看到所画的马便觉得一切的马都恰是这样。同理，艺术所表现的人物，都不应只能适合于某一时某一地，要使人随时随地都觉得它近情近理。如果"天下老鸦一般黑"，你画老鸦就一定把它画成黑的；纵然你偶然遇到白的或灰的老鸦，也千万不要理会它，因为那不是"类型"。这种理想主义在各种艺术的古典时代最流行。比如希腊造型艺术表现人物大半都经过两重理想化。第一，它选择模型，就着重本来已合理想的人物，男子通常都是力士，女子通常都是美人。第二，在表现本来已合理想的形体时，希腊艺术家又加上一重理想化，把普遍的精要的提出，个别的琐细'的丢开。他们的女神和力士大半都有一个共同的模样（即类型）。个性是古典艺术所不甚重视的。文艺复兴时代意大利画家受希腊影响甚深，所以他们所表现的男子也大半魁梧奇伟，女子也大半明媚窈窕。十七世纪以后，在希腊时代出于艺术家本能的，在假古典派作家便变成一种很鲜明的主义。在诗的方面如布瓦洛（Boileau）和蒲柏（Pope），在画的方面如雷诺兹（Reynolds）和安格尔（Ingres），在雕刻方面为温克尔曼（Winckelmann），都主张艺术忽略个性而侧重类型。

理想派的艺术在以往占过很久的势力，不过从浪漫主义和写实主义代兴以后，它就逐渐消沉了。近代艺术所着重的不是类型而是个性。在近代学者看，类型是科学和哲学对于具体事物加以抽象化的结果，实际上并不存在。艺术的使命在创造具体的形象，具体的形象都要有很明显的个性。一个模样可以套上一切人物时，就不能很精妥地适用于任何个别的人物。许多人物的共同性，在古典派认为精要，在近代人看，则不免粗浅、平凡、陈腐。鼻子是直的，眼睛是横的，这是古典派所谓"类型"。但是画家图容肖像，如果只把直鼻横眼一件平凡的事实表现出来，就不免千篇一律。画家的能事不在能把鼻子画得直，眼睛画得横。而在能表现每个直鼻子横眼睛所以异于其他直鼻子横眼睛的。莎士比亚的夏洛克（Shylock），莫里哀的阿尔巴贡（Harpagon），巴尔扎克的葛朗台（Grandet），以及吴敬梓的严贡生都是守财奴，却各有各的本色特性，所以都很新鲜生动。如果艺术只模仿类型，则从莎士比亚创造夏洛克之后，一切文学家都可以搁笔，不用再写守财奴了。

粗浅、平凡和陈腐都是艺术所切忌的。诗人维尼（Alfred de Vigny）在《牧羊人的屋》里说：

爱好你所永世不能见到两回的。

象征派诗人魏尔兰（Verlaine）也说：

不要颜色！只要毫厘之差的阴影！

这些劝告在近代人心里已留下很深的印痕。在文艺趣味方面，人类心灵欢喜到精深微妙的境界去探险，从前人的"类型"和普遍性已经不能引人入胜了。

《文艺心理学》

我怎么做起小说来

鲁迅

我怎么做起小说来？——这来由，已经在《呐喊》的序文上，约略说过了。这里还应该补叙一点的，是当我留心文学的时候，情形和现在很不同：在中国，小说不算文学，做小说的也决不能称为文学家，所以并没有人想在这一条道路上出世。我也并没有要将小说抬进"文苑"里的意思，不过想利用他的力量，来改良社会。

但也不是自己想创作，注重的倒是在绍介，在翻译，而尤其注重于短篇，特别是被压迫的民族中的作者的作品。因为那时正盛行着排满论，有些青年，都引那叫喊和反抗的作者为同调的。所以"小说作法"之类，我一部都没有看过，看短篇小说却不少，小半是自己也爱看，大半则因了搜寻绍介的材料。也看文学史和批评，这是因为想知道作者的为人和思想，以便决定应否绍介给中国。和学问之类，是绝不相干的。

因为所求的作品是叫喊和反抗，势必至于倾向了东欧，因此所看的俄国、波兰以及巴尔干诸小国作家的东西就特别多。也曾热心地搜求印度、埃及的作品，但是得不到。记得当时最爱看的作者，是俄国的果戈理（N. Gogol）和波兰的显克微支（H. Sienkiewitz）。日本的，是夏目漱石和森鸥外。

回国以后，就办学校，再没有看小说的工夫了，这样的有五六年。为什么又开手了呢？——这也已经写在《呐喊》的序文里，不必说了。但我的来做小说，也并非自以为有做小说的才能，只因为那时是住在北京的会馆里的，要做论文罢，没有参考书，要翻译罢，没有底本，就只好做一点小说模样的东西塞责，这就是《狂人日记》。大约所仰仗的全在先前看过的百来篇外国作品和一点医学上的知识，此外的准备，一点也没有。

但是《新青年》的编辑者，却一回一回地来催，催几回，我就做一篇，这里我必得记念陈独秀先生，他是催促我做小说最着力的一个。

自然，做起小说来，总不免自己有些主见的。例如，说到"为什么"做小说罢，我仍抱着十多年前的"启蒙主义"，以为必须是"为人生"，而且要改良这人生。我深恶先前的称小说为"闲书"，而且将"为艺术的艺术"，看作不过是"消闲"的新式的别号。所以我的取材，多采自病态社会的不幸的人们中，意思是在揭出病苦，引起疗救的注意。所以我力避行文的唠叨，只要觉得够将意思传给别人了，就宁可什么陪衬拖带也没有。中国旧戏上，没有背景，新年卖给孩子看的花纸上，只有主要的几个人（但现在的花纸却多有背景了），我深信对于我的目的，这方法是适宜的，所以我不去描写风月，对话也决不说到一大篇。

我做完之后，总要看两遍，自己觉得拗口的，就增删几个字，一定要它读得顺口；没有相宜的白话，宁可引古语，希望总有人会懂，只有自己懂得或连自己也不懂的生造出来的字句，是不大用的。这一节,许多批评家之中,只有一个人看出来了,但他称我为Stylist。

所写的事迹,大抵有一点见过或听到过的缘由,但决不全用这事实,只是采取一端,加以改造,或生发开去,到足以几乎完全发表我的意思为止。人物的模特儿也一样,没有专用过一个人,往往嘴在浙江,脸在北京,衣服在山西,是一个拼凑起来的角色。有人说,我的那一篇是骂谁,某一篇又是骂谁,那是完全胡说的。

不过这样的写法,有一种困难,就是令人难以放下笔。一气写下去,这人物就逐渐活动起来,尽了他的任务。但倘有什么分心的事情来一打岔,放下许久之后再来写,性格也许就变了样,情景也会和先前所豫想的不同起来。例如我做的《不周山》,原意是在描写性的发动和创造,以至衰亡的,而中途去看报章,见了一位道学的批评家攻击情诗的文章,心里很不以为然,于是小说里就有一个小人物跑到女娲的两腿之间来,不但不必有,且将结构的宏大毁坏了。但这些处所,除了自己,大概没有人会觉到的,我们的批评大家成仿吾先生,还说这一篇做得最出色。

我想,如果专用一个人做骨干,就可以没有这弊病的,但自己没有试验过。

忘记是谁说的了,总之是,要极省俭地画出一个人的特点,最好是画他的眼睛。我以为这话是极对的,倘若画了全副的头发,即使细得逼真,也毫无意思。我常在学学这一种方法,可惜学不好。

可省的处所,我决不硬添,做不出的时候,我也决不硬做,但这是因为我那时别有收入,不靠卖文为活的缘故,不能作为通例的。

还有一层,是我每当写作,一律抹杀各种的批评。因为那时中国的创作界固然幼稚,批评界更幼稚,不是举之上天,就是按之入地,倘将这些放在眼里,就要自命不凡,或觉得非自杀不足以谢天下的。批评必须坏处说坏,好处说好,才于作者有益。

但我常看外国的批评文章,因为他于我没有恩怨嫉恨,虽然所评的是别人的作品,却很有可以借镜之处。但自然,我也同时一定留心这批评家的派别。

以上,是十年前的事了,此后并无所作,也没有长进,编辑先生要我做一点这类的文章,怎么能呢。拉杂写来,不过如此而已。

《创作的经验》

我的写作与水的关系

沈从文

在我一个自传里,我曾经提到过水给我的种种印象。檐溜,小小的河流,汪洋万顷的大海,莫不对于我有过极大的帮助,我学会用小小脑子去思索一切,全亏得是水,我对于宇宙认识得深一点,也亏得是水。

"孤独一点,在你缺少一切的时节,你就会发现原来还有个你自己。"这是一句真话。我有我自己的生活与思想,可以说是皆从孤独得来的。我的教育,也是从孤独中得来的。然而这点孤独,与水不能分开。

年纪六岁七岁时节,私塾在我看来实在是个最无意思的地方。我不能忍受那个逼窄的天地,无论如何总得想出方法到学校以外的日光下去生活。大六月里与一些同街比邻的坏小子,把书篮用草标各做下了一个记号,搁在本街土地堂的木偶身背后,就撒着手与他们到城外去,钻入高可及身的禾林里,捕捉禾穗上的蚱蜢,虽肩背为烈日所烤炙,也毫不在意。耳朵中只听到各处蚱蜢振翅的声音,全个心思只顾去追逐那种绿色黄色跳跃灵便的小生物。到后看看所得来的东西已尽够一顿午餐了,方到河滩边去洗净,拾些干草枯枝,用野火来烧烤蚱蜢,把这些东西当饭吃。直到这些小生物完全吃尽后，大家于是脱光了身子，用大石压着衣裤，各自从悬崖高处向河水中跃去。就这样泡在河水里，一直到晚方回家去，挨一顿不可避免的痛打。有时正在绿油油禾田中活动，有时正泡在水里，六月里照例的行雨来了，大的雨点夹着吓人的霹雳同时来到，各人匆匆忙忙逃到路坎旁废碾坊下或大树下去躲避。雨落得久一点，一时不能停止，我必一面望着河面的水泡，或树枝上反光的叶片，想起许多事情。所捉的鱼逃了，所有的衣湿了，河面溜走的水蛇，叮固在大腿上的蚂蟥，碾坊里的母黄狗，挂在转动不已大水车上的起花人肠子，因为雨，制止了我身体的活动，心中便把一切看见的经过的皆记忆温习起来了。

也是同样的逃学，有时阴雨天气，不能向河边走去，我便上山或到庙里去，在庙前庙后树林或竹林里，爬上了这一株，到上面玩玩后，又溜下来爬另外一株，若所爬的是竹子，必在上面摇荡一会，爬的是树木，便看看上面有无鸟巢或啄木鸟孵卵的孔穴。雨落大了，再不能做这种游戏时，就坐在楠木树下或庙门前石阶上看雨。既还不是回家的时候，一面看雨一面自然就需要温习那些过去的经验，这个日子方能发遣开去。雨落得越长，人也就越寂寞。在这时节想到一切好处也必想到一切坏处。那么大的雨，回家去说不定还得全身弄湿，不由得有点害怕起来，不敢再想了。我于是走到庙廊下去为做丝线的人牵丝，为制棕绳的人摇绳车。这些地方每天照例有这种工人做工，而且这种工人照例又还是我很熟悉的人。也就因为这种雨，无从掩饰我的劣行，回到家中时，我便更容易被罚跪在仓屋中。在那间空洞寂寞的仓屋里，听着外面檐溜滴沥声，我的想象力却更有了一种很好训练的机会。我得用回想与幻想补充我所缺少的饮食，安慰我所得到的痛苦。我因恐怖得去想一些不使我再恐怖的生活，我因孤寂又得去想一些热闹事情方不至于过分孤寂。

到十五岁以后，我的生活同一条辰河无从离开，我在那条河流边住下的日子约五年。这一大堆日子中我差不多无日不与河水发生关系。走长路皆得住宿到桥边与渡头，值得回忆的哀乐人事常是湿的。至少我还有十分之一的时间，是在那条河水正流与支流各样船只上消磨的。从汤汤流水上，我明白了多少人事，学会了多少知识，见过了多少世界！我的想象是在这条河水上扩大的。我把过去生活加以温习，或对未来生活有何安排时，必依赖这一条河水。这条河水有多少次差一点儿把我攫去，又幸亏它的流动，帮助我做着那种横海扬帆的远梦，方使我能够依然好好地在人世中过着日子！

再过五年，我手中的一支笔，居然已能够尽我自由运用了。我虽离开了那条河流，我所写的故事，却多数是水边的故事。故事中我所最满意的文章，常用船上水上作为背景，我故事中人物的性格，全为我在水边船上所见到的人物性格。我文字中一点忧郁气氛，便因为被过去十五年前南方的阴雨天气影响而来，我文字风格，假若还有些值得注意处，那只因为我记得水上人的言语太多了。

再过五年后，我的住处已由干燥的北京移到一个明朗华丽的海边。海既那么宽泛无涯无际，我对人生远景凝眸的机会便较多了些。海边既那么寂寞，它培养了我的孤独心情。海放大了我的感情与希望，且放大了我的人格。

《我与文学》

下篇

诗经·小雅·六月

六月栖栖，戎车既饬，四牡骙骙，载是常服。
狁孔炽，我是用急，王于出征，以匡王国。
比物四骊，闲之维则，维此六月，既成我服。
我服既成，于三十里，王于出征，以佐天子。
四牡修广，其大有颙，薄伐狁，以奏肤公。
有严有翼，共武之服，共武之服，以定王国。
狁匪茹，整居焦获，侵镐及方，至于泾阳。
织文鸟章，白旆中央，元戎十乘，以先启行。
戎车既安，如轾如轩，四牡既佶，既佶且闲。
薄伐狁，至于大原，文武吉甫，万邦为宪。
吉甫燕喜，既多受祉，来归自镐，我行永久。
饮御诸友，炰鳖脍鲤，侯谁在矣，张仲孝友。

楚辞·九歌·国殇

操吴戈兮披犀甲,车错毂兮短兵接。
旌蔽日兮敌若云,矢交坠兮士争先。
凌余阵兮躐余行,左骖殪兮右刃伤。
霾两轮兮絷四马,援玉枹兮击鸣鼓。
天时怼兮威灵怒,严杀尽兮弃原野。
出不入兮往不反,平原忽兮路超远。
带长剑兮挟秦弓,首身离兮心不惩。
诚既勇兮又以武,终刚强兮不可凌。
身既死兮神以灵,魂魄毅兮为鬼雄。

古诗八首

一

行行重行行,与君生别离。相去万余里,各在天一涯。
道路阻且长,会面安可知。胡马依北风,越鸟巢南枝。
相去日已远,衣带日已缓。浮云蔽白日,游子不顾反。
思君令人老,岁月忽已晚。弃捐勿复道,努力加餐饭。

二

西北有高楼,上与浮云齐。交疏结绮窗,阿阁三重阶。
上有弦歌声,音响一何悲!谁能为此曲,无乃杞梁妻。
清商随风发,中曲正徘徊。一弹再三叹,慷慨有余哀。
不惜歌者苦,但伤知音稀。愿为双鸿鹄,奋翅起高飞。

三

涉江采芙蓉,兰泽多芳草。采之欲遗谁,所思在远道。
还顾望旧乡,长路漫浩浩。同心而离居,忧伤以终老。

四

孟冬寒气至,北风何惨栗。愁多知夜长,仰观众星列。
三五明月满,四五蟾兔缺。客从远方来,遗我一书札。
上言长相思,下言久离别。置书怀袖中,三岁字不灭。
一心抱区区,惧君不识察。

五

明月何皎皎,照我罗床纬。忧愁不能寐,揽衣起徘徊。
客行虽云乐,不如早旋归。出户独彷徨,愁思当告谁!
引领还入房,泪下沾裳衣。

六

上山采蘼芜,下山逢故夫。长跪问故夫,新人复何如?
新人虽言好,未若故人姝。颜色类相似,手爪不相如。
新人从门入,故人从阁去。新人工织缣,故人工织素。
织缣日一匹,织素五丈余。将缣来比素,新人不如故。

七

悲与亲友别,气结不能言。赠子以自爱,道远会见难。
人生无几时,颠沛在其间。念子弃我去,新心有所欢。
结志青云上,何时复来还。

八

十五从军征,八十始得归。道逢乡里人,家中有阿谁。
遥看是君家,松柏冢累累。兔从狗窦入,雉从梁上飞。
中庭生旅谷,井上生旅葵。舂谷持作饭,采葵持作羹。
羹饭一时熟,不知贻阿谁。出门东向看,泪落沾我衣。

七哀诗(一首)

王 粲

西京乱无象,豺虎方遘患。复弃中国去,委身适荆蛮。
亲戚对我悲,朋友相追攀。出门无所见,白骨蔽平原。
路有饥妇人,抱子弃草间。顾闻号泣声,挥涕独不还。
未知身死处,何能两相完?驱马弃之去,不忍听此言。
南登霸陵岸,回首望长安。悟彼下泉人,喟然伤心肝。

咏荆轲（一首）

陶渊明

燕丹善养士，志在报强嬴。
招集百夫良，岁暮得荆卿。
君子死知己，提剑出燕京。
素骥鸣广陌，慷慨送我行。
雄发指危冠，猛气充长缨。
饮饯易水上，四座列群英。
渐离击悲筑，宋意唱高声。
萧萧哀风逝，淡淡寒波生。
商音更流涕，羽奏壮士惊。
心知去不归，且有后世名。
登车何时顾，飞盖入秦庭。
凌厉越万里，逶迤过千城。
图穷事自至，豪主正怔营。
惜哉剑术疏，奇功遂不成。
其人虽已没，千载有余情。

饮酒（五首）

陶渊明

羲农去我久，举世少复真。
汲汲鲁中叟，弥缝使其淳。
凤鸟虽不至，礼乐暂得新。
洙泗辍微响，漂流逮狂秦。
诗书复何罪？一朝成灰尘。
区区诸老翁，为事诚殷勤。
如何绝世下，六籍无一亲。
终日驰车走，不见所问津。
若复不快饮，空负头上巾。
但恨多谬误，君当恕醉人。

清晨闻叩门，倒裳往自开。
问子为谁与？田父有好怀。
壶浆远见候，疑我与时乖。
褴缕茅檐下，未足为高栖。
一世皆尚同，愿君汩其泥。
深感父老言，禀气寡所谐。
纡辔诚可学，违己讵非迷。

饮酒（五首）

且共欢此饮，吾驾不可回。

栖栖失群鸟，日暮犹独飞。
徘徊无定止，夜夜声转悲。
厉响思清远，去来何依依。
因值孤生松，敛翮遥来归。
劲风无荣木，此荫独不衰。
托身已得所，千载不相违。

秋菊有佳色，裛露掇其英。
泛此忘忧物，远我遗世情。
一觞虽独进，杯尽壶自倾。
日入群动息，归鸟趋林鸣。
啸傲东轩下，聊复得此生。

结庐在人境，而无车马喧。
问君何能尔？心远地自偏。
采菊东篱下，悠然见南山。
山气日夕佳，飞鸟相与还。
此中有真意，欲辨已忘言。

从军行（四首）
王昌龄

烽火城西百尺楼，黄昏独坐海风秋。
更吹羌笛关山月，无那金闺万里愁。

琵琶起舞换新声，总是关山旧别情。
撩乱边愁听不尽，高高秋月照长城。

青海长云暗雪山，孤城遥望玉门关。
黄沙百战穿金甲，不破楼兰终不还。

大漠风尘日色昏，红旗半卷出辕门。
前军夜战洮河北，已报生擒吐谷浑。

出塞(一首)

王昌龄

秦时明月汉时关,
万里长征人未还。
但使龙城飞将在,
不教胡马度阴山。

轮台歌奉送封大夫出师西征（一首）
岑 参

轮台城头夜吹角，轮台城北旄头落。
羽书昨夜过渠黎，单于已在金山西。
戍楼西望烟尘黑，汉兵屯在轮台北。
上将拥旄西出征，平明吹笛大军行。
四边伐鼓雪海涌，三军大呼阴山动。
虏塞兵气连云屯，战场白骨缠草根。
剑河风急雪片阔，沙口石冻马蹄脱。
亚相勤王甘苦辛，誓将报主静边尘。
古来青史谁不见，今见功名胜古人。

走马川行奉送出师西征（一首）

岑 参

君不见走马川，雪海边，平沙莽莽黄入天。
轮台九月风夜吼，一川碎石大如斗，随风满地石乱走。
匈奴草黄马正肥，金山西见烟尘飞，汉家大将西出征。
将军金甲夜不脱，半夜军行戈相拨，风头如刀面如割。
马毛带雪汗气蒸，五花连钱旋作冰，幕中草檄砚水凝。
虏骑闻之应胆慑，料知短兵不敢接，车师西门伫献捷。

悲陈陶(一首)
杜 甫

孟冬十郡良家子,血作陈陶泽中水。
野旷天清无战声,四万义军同日死。
群胡归来血洗箭,仍唱胡歌饮都市。
都人回面向北啼,日夜更望官军至。

悲青坂（一首）

杜甫

我军青坂在东门，天寒饮马太白窟。
黄头奚儿日向西，数骑弯弓敢驰突。
山雪河冰野萧瑟，青是烽烟白人骨。
焉得附书与我军，忍待明年莫仓卒。

述怀（一首）
杜　甫

去年潼关破，妻子隔绝久。今夏草木长，脱身得西走。
麻鞋见天子，衣袖露两肘。朝廷愍生还，亲故伤老丑。
涕泪授拾遗，流离主恩厚。柴门虽得去，未忍即开口。
寄书问三川，不知家在否。比闻同罹祸，杀戮到鸡狗。
山中漏茅屋，谁复依户牖。摧颓苍松根，地冷骨未朽。
几人全性命，尽室岂相偶。崎岑猛虎场，郁结回我首。
自寄一封书，今已十月后。反畏消息来，寸心亦何有。
汉运初中兴，生平老耽酒。沉思欢会处，恐作穷独叟。

羌村(三首)

杜甫

峥嵘赤云西,日脚下平地。柴门鸟雀噪,归客千里至。
妻孥怪我在,惊定还拭泪。世乱遭飘荡,生还偶然遂。
邻人满墙头,感叹亦歔欷。夜阑更秉烛,相对如梦寐。

晚岁迫偷生,还家少欢趣。娇儿不离膝,畏我复却去。
忆昔好追凉,故绕池边树。萧萧北风劲,抚事煎百虑。
赖知禾黍收,已觉糟床注。如今足斟酌,且用慰迟暮。

群鸡正乱叫,客至鸡斗争。驱鸡上树木,始闻叩柴荆。
父老四五人,问我久远行。手中各有携,倾榼浊复清。
莫辞酒味薄,黍地无人耕。兵戈既未息,儿童尽东征。
请为父老歌,艰难愧深情!歌罢仰天叹,四座泪纵横。

茅屋为秋风所破歌(一首)

杜 甫

八月秋高风怒号,卷我屋上三重茅。
茅飞渡江洒江郊,高者挂罥长林梢,下者飘转沉塘坳。
南村群童欺我老无力,忍能对面为盗贼。
公然抱茅入竹去,唇焦口燥呼不得,归来倚杖自叹息。
俄顷风定云墨色,秋天漠漠向昏黑。
布衾多年冷似铁,娇儿恶卧踏里裂。
床头屋漏无干处,雨脚如麻未断绝。
自经丧乱少睡眠,长夜沾湿何由彻。
安得广厦千万间,大庇天下寒士俱欢颜,风雨不动安如山。
呜呼,何时眼前突兀见此屋,吾庐独破受冻死亦足。

闻官军收河南河北(一首)

杜 甫

剑外忽传收蓟北,初闻涕泪满衣裳。
却看妻子愁何在,漫卷诗书喜欲狂。
自首放歌须纵酒,青春作伴好还乡。
即从巴峡穿巫峡,便下襄阳向洛阳。

登楼(一首)

杜甫

花近高楼伤客心,万方多难此登临。
锦江春色来天地,玉垒浮云变古今。
北极朝廷终不改,西山寇盗莫相侵。
可怜后主还祠庙,日暮聊为梁甫吟。

登岳阳楼(一首)

杜 甫

昔闻洞庭水,今上岳阳楼。
吴楚东南坼,乾坤日夜浮。
亲朋无一字,老病有孤舟。
戎马关山北,凭轩涕泗流。

新乐府·缚戎人

白居易

缚戎人,缚戎人,耳穿面破驱入秦。
天子矜怜不忍杀,诏徙东南吴与越。
黄衣小使录姓名,领出长安乘递行。
身被金疮面多瘠,扶病徒行日一驿。
朝餐饥渴费杯盘,夜卧腥臊污床席。
忽逢江水忆交河,垂手齐声呜咽歌。
其中一虏语诸虏,尔苦非名我苦多。
同伴行人因借问,欲说喉中气愤愤。
自云乡贯本凉原,大历年中没落蕃。
一落蕃中四十载,遣著皮裘系毛带。
唯许正朝服汉仪,敛衣整巾潜泪垂。
誓心密定归乡计,不使蕃中妻子知。
暗思幸有残筋力,更恐年衰归不得。
蕃候严兵鸟不飞,脱身冒死奔逃归。
昼伏宵行经大漠,云阴月黑风沙恶。
惊藏青冢寒草疏,偷渡黄河夜冰薄。
忽闻汉军鼙鼓声,路傍走出再拜迎。

游骑不听能汉语,将军遂缚作蕃生。
配向江南卑湿地,略无存恤空防备。
念此吞声仰诉天,若为辛苦度残年。
凉原乡井不得见,胡地妻儿虚弃捐。
没蕃被囚思汉土,归汉被劫为蕃虏。
早知如此悔归来,两地宁如一处苦。
 缚戎人,戎人之中我苦辛。
自古此冤应未有,汉心汉语吐蕃身。

新乐府·官牛

白居易

官牛官牛驾官车,
浐水岸边般载沙。
一石沙,
几斤重?
朝载暮载将何用?
载向五门官道西,
绿槐阴下铺沙堤。
昨来新拜右丞相,
恐怕泥涂污马蹄。
右丞相,
马蹄踏沙虽净洁,
牛领牵车欲流血。
右丞相,
但能济人治国调阴阳,
官牛领穿亦无妨。

夜泊水村

陆 游

腰间羽箭久凋零,太息燕然未勒铭。
老子犹堪绝大漠,诸君何至泣新亭。
一身报国有万死,双鬓向人无再青。
记取江湖泊船处,卧闻新雁落寒汀。

书　愤

陆　游

早岁那知世事艰,中原北望气如山。
楼船夜雪瓜洲渡,铁马秋风大散关。
塞上长城空自许,镜中衰鬓已先斑。
出师一表真名世,千载谁堪伯仲间。

纵笔（第二首）

　　　　陆　游

东都宫阙郁嵯峨，忍听胡儿敕勒歌。
云隔江淮翔翠凤，露沾荆棘没铜驼。
丹心自笑依然在，白发将如老去何。
安得铁衣三万骑，为君王取旧山河！

纵笔(第三首)

陆 游

行省当年驻陇头,腐儒随牒亦西游。
千艘冲雪鱼关晓,万灶连云骆谷秋。
天道难知胡更炽,神州未复士堪羞。
会须沥血书封事,请报天家九世雠。

书 愤
陆 游

清汴逶迤贯旧京,宫墙春草几番生。
剖心莫写孤臣愤,抉眼终看此虏平。
天地固将容小丑,犬羊自惯渎齐盟。
蓬窗老抱横行路,未敢随人说弭兵。

夜登千峰榭

陆 游

夷甫诸人骨作尘,至今黄屋尚东巡。
度兵大岘非无策,收泣新亭要有人。
薄酿不浇胸垒块,壮图空负胆轮囷。
危楼插斗山衔月,徙倚长歌一怆神!

北望感怀

陆 游

荥河温洛帝王州,七十年来禾黍秋。
大事竟为朋党误,遗民空叹岁时遒。
乾坤恨入新丰酒,霜露寒侵季子裘。
食粟本同天下责,孤臣敢独废深忧。

示 儿

陆游

死去元知万事空,
但悲不见九州同。
王师北定中原日,
家祭无忘告乃翁。

附编：西南联大语体文示范

西南联大文学院　编

卷头语

我们选这本小书是为了以下三种目的：

一、自部定"大学大一读本"颁布后，我们放弃了我们以前选有部份语体文的大一课本，遵用部定课本。部定课本中所选择的文章，无疑地都有学术的或文艺的甚高价值。教导了，可使学生瞻仰吾国旧日学术的风光与欣赏旧日文艺的古雅；但不能很适合的帮助学生习作。因为在今日要作那样古雅的文章，得读过许多线装书做基础，再加上数十年含英咀华的修养与简练揣摩的工夫。而我们大一学生包括文理法工及师范各学院的青年，他们将从事于各种学术与技能以报效国家，从文学、科学、工业各方面努力创造我们将来的新中国，若殚精竭力于学习古文，干脆说：他们不能。

二、我们认为每一个国民，尤其是大学生，必须能用本国文字恰当的表现他的思想与情感，这是每一个国民的义务，也是每一个国民的权利。反过来说，若是一个大学毕业生还不能把自己的思想与情感恰切的表现于文字，那是对于他自身的侮辱，也是对于国家的不敬。大一国文的目的，不应单是帮助学生读古书，更重要的是养成他们中每一个人都有善用文字的能力。那么大学里一年的国文训练——别忘了他们还有社会科学、自然科学及种种一年级必修的基本课程——能不能使他们用古文表现他们的意思？即使能，又是不是表现的能使他们所想说的那样精确与恰当？再干脆说：他们不能。

我们已经进入了一个新时代，在这个时代里，人类一种重要的收获就是对于思想与语言绝对的忠实。也就是：我们知道我们的所不知与所不能，而把所知与所能的那一点，只恰如所知所能的表现出来，这就是近代科学与文学的态度，我们不可强学生以不知为知的态度去接受古文，更不可强学生以不能为能的态度去使用古文。然则唯一可用的工具是使学生以确切的语言接受知识，更以确切的语言表现出来。这个工具是我们今日直接所用的语言而不是间接的古人所用的语言。今人而用古人的语言，至少在识字后还须十年以上的翻译训练；若把我们自己的语言直接写成文字，大学一念间的习作，训练得当的话，多少可以使学生确切的表现自己的思想与情感。确切，不就是科学文字的标准与美的文学的基础吗？

三、近代的文明国家，莫有不是语文一致的。以精致的语言洗练成文学的修辞，又以文学的修辞培养成语言的优美。文字的生长本为记载语言，由于记载时的从容修饰，文字又帮助了语言的发展。但修饰过度，离本愈远，遂成为语文的分裂。分裂久了，离语言太远的文字，就僵化为古文。只有语言是活的，因为它生长；也只有记载语言的文字是活的，因为它与语言共同生长。

欧洲的近世文明，谁都承认是起源于文艺复兴。而文艺复兴的基本精神是敢于承认现代，敢于承认自己的思想与情感，敢于以现代人的语言表示现代人的思想与情感。其实这就是希腊精神，也就是吾国周秦诸子的精神。有了这种精神才有现在，才能充实现在而创造将来。在文学上，楚辞、唐诗、五代词、元曲、明清小说，也都由于这种精神所创造。西洋近代文艺，更是最明显的例。让我们总承古人的精神，不要抄袭古人的陈言；让我们放开眼光到世界文学的场面；以现代人的资格，用现代人的语言，写现代人的生活，在世界文学共同的立场上创造现代的文明。

为了以上三种目的，我们选下这本参考小书。内容虽不完备——凡长篇及本校同人作品皆经割爱——却都是能忠实于自己的思想与情感的作品；从这些作品发展开来，便是修辞立诚的门径，便是创造中国文学的新途，便是中国文学走上世界文学的大路。

西南联大文学院中国文学系

狂人日记

鲁 迅

某君昆仲,今隐其名,皆余昔日在中学时良友;分隔多年,消息渐阙。日前偶闻其一大病;适归故乡,迂道往访,则仅晤一人,言病者其弟也。劳君远道来视,然已早愈,赴某地候补矣。因大笑,出示日记二册,谓可见当日病状,不妨献诸旧友。持归阅一过,知所患盖"迫害狂"之类。语颇错杂无伦次,又多荒唐之言;亦不著月日,惟墨色字体不一,知非一时所书。间亦有略具联络者,今撮录一篇,以供医家研究。记中语误,一字不易;惟人名虽皆村人,不为世间所知,无关大体,然亦悉易去。至于书名,则本人愈后所题,不复改也。七年四月二日识。

一

今天晚上,很好的月光。

我不见他,已是三十多年;今天见了,精神分外爽一快。才知道以前的三十多年,全是发昏;然而须十分小心。不然,那赵家的狗,何以看我两眼呢?

我怕得有理。

二

今天全没月光,我知道不妙。早上小心出门,赵贵翁的眼色便怪:似乎怕我,似乎想害我。还有七八个人,交头接耳的议论我。又怕我看见。一路上的人,都是如此。其中最凶的一个人,张着嘴,对我笑了一笑;我便从头直冷到脚跟,晓得他们布置,都已妥当了。

我可不怕,仍旧走我的路。前面一伙小孩子,也在那里议论我;眼色也同赵贵翁一样,脸色也铁青。我想我同小孩子有什么仇,他也这样?忍不住大声说,"你告诉我!"他们可就跑了。

我想:我同赵贵翁有什么仇,同路上的人又有什么仇;只有廿年以前,把古久先生的陈年流水簿子,踹了一脚,古久先生很不高兴。赵贵翁虽然不认识他,一定也听到风声,代抱不平;约定路上的人,同我作冤对。但是小孩子呢?那时候,他们还没有出世,何以今天也睁着怪眼睛,似乎怕我,似乎想害我。这真教我怕,教我纳罕而且伤心。

我明白了。这是他们娘老子教的!

三

晚上总是睡不着。凡事须得研究,才会明白。

他们——也有给知县打枷过的,也有给绅士掌过嘴的,也有衙役占了他妻子的,也有娘老子被债主逼死的;他们那时候的脸色,全没有昨天这么怕,也没有这么凶。

最奇怪的是昨天街上的那个女人,打他儿子,嘴里说道,"老子呀!我要咬你几口才出气!"他眼睛却看着我。我出了一惊,遮掩不住;那青面獠牙的一伙人,便都哄笑起来。陈老五赶上前,硬把我拖回家中了。

拖我回家,家里的人都装作不认识我;他们的脸色,也全同别人一样。进了书房,便反扣上门,宛然是关了一只鸡鸭。这一件事,越教我猜不出底细。

前几天,狼子村的佃户来告荒,对我大哥说,他们村里的一个大恶人,给大家打死了;几个人便挖出他的心肝来,用油煎炒了吃,可以壮壮胆子。我插了一句嘴,佃户和大哥便都看我几眼。今天才晓得他们的眼光,全同外面的那伙人一模一样。

想起来,我从顶上直冷到脚跟。

他们会吃人,就未必不会吃我。

你看那女人"咬你几口"的话,和一伙青面獠牙人的笑,和前天佃户的话,明明是暗号。我看出他话中全是毒,笑中全是刀。他们的牙齿,全是白厉厉的排着,这就是吃人的家伙。

照我自己想,虽然不是恶人,自从踹了古家的簿子,可就难说了。他们似乎别有心思,我全猜不出。况且他们一翻脸,便说人是恶人。我还记得大哥教我做论,无论怎样好人,翻他几句,他便打上几个圈;原谅坏人几句,他便说:"翻天妙手,与众不同。"我那里猜得到他们的心思,究竟怎样;况且是要吃的时候。

凡事总须研究,才会明白。古来时常吃人,我也还记得,可是不甚清楚。我翻开历史一查,这历史没有年代,歪歪斜斜的每叶上都写着"仁义道德"几个字。我横竖睡不着,仔细看了半夜,才从字缝里看出字来,满本都写着两个字是"吃人"!

书上写着这许多字,佃户说了这许多话,却都笑吟吟的睁着怪眼看我。

我也是人,他们想要吃我了!

四

早上，我静坐了一会儿。陈老五送进饭来，一碗菜，一碗蒸鱼；这鱼的眼睛，白而且硬，张着嘴，同那一伙想吃人的人一样。吃了几筷，滑一溜溜的不知是鱼是人，便把他兜肚连肠的吐出。

我说"老五，对大哥说，我闷得慌，想到园里走走。"老五不答应，走了，停一会，可就来开了门。

我也不动，研究他们如何摆布我；知道他们一定不肯放松。果然！我大哥引了一个老头子，慢慢走来；他满眼凶光，怕我看出，只是低头向着地，从眼镜横边暗暗看我。大哥说，"今天你仿佛很好。"我说"是的。"大哥说，"今天请何先生来，给你诊一诊。"我说"可以！"其实我岂不知道这老头子是刽子手扮的！无非借了看脉这名目，揣一揣肥瘠：因这功劳，也分一片肉吃。我也不怕；虽然不吃人，胆子却比他们还壮。伸出两个拳头，看他如何下手。老头子坐着，闭了眼睛，摸了好一会，呆了好一会，便张开他鬼眼睛说，"不要乱想。静静的养几天，就好了。"

不要乱想，静静的养！养肥了，他们是自然可以多吃；我有什么好处，怎么会"好了"？他们这群人，又想吃人，又是鬼鬼祟祟，想法子遮掩，不敢直捷下手，真要令我笑死。我忍不住，便放声大笑起来，十分快活。自己晓得这笑声里面，有的是义勇和正气。老头子和大哥，都失了色，被我这勇气正气镇压住了。

但是我有勇气，他们便越想吃我，沾光一点这勇气。老头子跨出门，走不多远，便低声对大哥说道，"赶紧吃罢！"大哥点点头。原来也有你！这一件大发见，虽似意外，也在意中：合伙吃我的人，便是我的哥哥!

吃人的是我哥哥!

我是吃人的人的兄弟!

我自己被人吃了,可仍然是吃人的人的兄弟!

五

这几天是退一步想:假使那老头子不是刽子手扮的,真是医生,也仍然是吃人的人。他们的祖师李时珍做的"本草什么"上,明明写着人肉可以煎吃;他还能说自己不吃人么?

至于我家大哥,也毫不冤枉他。他对我讲书的时候,亲口说过可以"易子而食";又一回偶然议论起一个不好的人,他便说不但该杀,还当"食肉寝皮"。我那时年纪还小,心跳了好半天。前天狼子村佃户来说吃心肝的事,他也毫不奇怪,不住的点头。可见心思是同从前一样狠。既然可以"易子而食",便什么都易得,什么人都吃得。我从前单听他讲道理,也糊涂过去;现在晓得他讲道理的时候,不但唇边还抹着人油,而且心里满装着吃人的意思。

六

黑漆漆的,不知是日是夜。赵家的狗又叫起来了。

狮子似的凶心,兔子的怯弱,狐狸的狡猾,……

七

我晓得他们的方法,直捷杀了,是不肯的,而且也不敢,怕有祸祟。所以他们大家连络,布满了罗网,逼我自戕。试看前几天街上男女的样子,和这几天我大哥的作为,便足可悟出八九分了。最好是解下腰带,挂在梁上,自己紧紧勒死;他们没有杀人的罪名,又偿了心愿，自然都欢天喜地的发出一种呜呜咽咽的笑声。否则惊吓忧愁死了，虽则略瘦，也还可以首肯几下。

他们是只会吃死肉的！——记得什么书上说，有一种东西，叫"海乙那"的，眼光和样子都很难看；时常吃死肉，连极大的骨头，都细细嚼烂，咽下肚子去，想起来也教人害怕。"海乙那"是狼的亲眷，狼是狗的本家。前天赵家的狗，看我几眼，可见他也同谋，早已接洽。老头子眼看着地，岂能瞒得我过。

最可怜的是我的大哥。他也是人，何以毫不害怕；而且合伙吃我呢？还是历来惯了，不以为非呢？还是丧了良心，明知故犯呢？

我诅咒吃人的人，先从他起头；要劝转吃人的人，也先从他下手。

八

其实这种道理，到了现在，他们也该早已懂得，……

忽然来了一个人，年纪不过二十左右，相貌是不很看得清楚，满面笑容，对了我点头，他的笑也不像真笑。我便问他，"吃人的事，对么？"他仍然笑着说，"不是荒年，怎么会吃人。"我立刻就晓得，他也是一伙，喜欢吃人的；便自勇气百倍，偏要问他。

"对么？"

"这等事问他什么。你真会……说笑话。……今天天气很好。"

"天气是好，月色也很亮了。可是我要问你，'对么？'"

他不以为然了。含含胡胡的答道，"不……"

"不对？他们何以竟吃？！"

"没有的事……"

"没有的事?狼子村现吃;还有书上都写着,通红崭新!"

他便变了脸,铁一般青。睁着眼说,"也许有的,这是从来如此……"

"从来如此,便对么?"

"我不同你讲这些道理;总之你不该说,你说便是你错!"

我直跳起来,张开眼,这人便不见了。全身出了一大片汗。他的年纪,比我大哥小得远,居然也是一伙;这一定是他娘老子先教的。还怕已经教给他儿子了;所以连小孩子,也都恶狠狠的看我。

九

自己想吃人,又怕被别人吃了,都用着疑心极深的眼光,面面相觑。……

去了这心思,放心做事走路吃饭睡觉,何等舒服!这只是一条门槛,一个关头。他们可是父子兄弟夫妇朋友师生仇敌和各不相识的人,都结成一伙,互相劝勉,互相牵掣,死也不肯跨过这一步。

十

大清早,去寻我大哥;他立在堂门外看天,我便走到他背后,拦住门,格外沉静,格外和气的对他说,

"大哥,我有话告诉你。"

"你说就是。"他赶紧回过脸来,点点头。

"我只有几句话,可是说不出来。大哥,大约当初野蛮的人,都吃过一点人。后来因为心思不同,有的不吃人了,一味要好,便变了人,变了真的人。有的却还吃,——也同虫子一样,有的变了鱼鸟

猴子，一直变到人。有的不要好，至今还是虫子。这吃人的人比不吃人的人，何等惭愧。怕比虫子的惭愧猴子，还差得很远很远。"

"易牙蒸了他儿子，给桀纣吃，还是一直从前的事。谁晓得从盘古开辟天地以后，一直吃到易牙的儿子；从易牙的儿子，一直吃到徐锡林；从徐锡林，又一直吃到狼子村捉住的人。去年城里杀了犯人，还有一个生痨病的人，用馒头蘸血舐。"

"他们要吃我，你一个人，原也无法可想；然而又何必去入伙。吃人的人，什么事做不出；他们会吃我，也会吃你，一伙里面，也会自吃。但只要转一步，只要立刻改了，也就人人太平。虽然从来如此，我们今天也可以格外要好，说是不能！大哥，我相信你能说，前天佃户要减租，你说过不能。"

当初，他还只是冷笑，随后眼光便凶狠起来，一到说破他们的隐情，那就满脸都变成青色了。大门外立着一伙人，赵贵翁和他的狗，也在里面，都探头探脑的挨进来。有的是看不出面貌，似乎用布蒙着；有的是仍旧青面獠牙，抿着嘴笑。我认识他们是一伙，都是吃人的人。可是也晓得他们心思很不一样，一种是以为从来如此，应该吃的；一种是知道不该吃，可是仍然要吃，又怕别人说破他，所以听了我的话，越发气愤不过，可是抿着嘴冷笑。

这时候，大哥也忽然显出凶相，高声喝道，"都出去！疯子有什么好看！"

这时候，我又懂得一件他们的巧妙了。他们岂但不肯改，而且早已布置；预备下一个疯子的名目罩上我。将来吃了，不但太平无事，怕还会有人见情。佃户说的大家吃了一个恶人，正是这方法。

这是他们的老谱!

陈老五也气愤愤的直走进来。如何按得住我的口，我偏要对这伙人说:

"你们可以改了，从真心改起! 要晓得将来容不得吃人的人，活在世上。

"你们要不改，自己也会吃尽。即使生得多，也会给真的人除灭了，同猎人打完狼子一样! ——同虫子一样!"

那一伙人，都被陈老五赶走了。大哥也不知那里去了。陈老五劝我回屋子里去。屋里面全是黑沉沉的，横梁和椽子都在头上发一抖; 抖了一会，就大起来，堆在我身上。

万分沉重，动弹不得; 他的意思是要我死。我晓得他的沉重是假的，便挣扎出来，出了一身汗。可是偏要说:"你们立刻改了，从真心改起! 你们要晓得将来是容不得吃人的人……"

十一

太阳也不出，门也不开，日日是两顿饭。

我捏起筷子，便想起我大哥; 晓得妹子死掉的缘故，也全在他。那时我妹子才五岁，可爱可怜的样子，还在眼前。母亲哭个不住，他却劝母亲不要哭; 大约因为自己吃了，哭起来不免有点过意不去。如果还能过意不去，……

妹子是被大哥吃了，母亲知道没有，我可不得而知。

母亲想也知道; 不过哭的时候，却并没有说明，大约也以为应当的了。记得我四五岁时，坐在堂前乘凉，大哥说爷娘生病，做儿子的须割下一片肉来，煮熟了请他吃，才算好人; 母亲也没有说不行。

一片吃得,整个的自然也吃得。但是那天的哭法,现在想起来,实在还教人伤心,这真是奇极的事!

<h2 style="text-align:center">十二</h2>

不能想了。

四千年来时时吃人的地方,今天才明白,我也在其中混了多年;大哥正管着家务,妹子恰恰死了,他未必不和在饭菜里,暗暗给我们吃。

我未必无意之中,不吃了我妹子的几片肉,现在也轮到我自己,……

有了四千年吃人履历的我,当初虽然不知道,现在明白,难见真的人!

没有吃过人的孩子,或者还有?

救救孩子……

一九一八年四月

——《呐喊》

死城（节录）

徐志摩

北京的一晚

廉枫站在前门大街发怔。正当上灯的时候，西河沿的那一头还漏着一片焦黄。风算是刮过了，但一路来往的车辆总不能让道上的灰土安息。他们忙的是什么？翻着皮耳朵的巡警不仅得用手指，还得用口嚷，还得旋着身体向左右转，翻了车，碰着人，还不是他的事？声响是杂极了的，但你果然当心听的话，这匀匀的一片也未始没有它的节奏；有起伏，有波折，也有间歇。人海里的潮声。廉枫觉得他自己坐着一叶小艇从一个涛峰上颠渡到又一个涛峰上。他的脚尖在站着的地方不由的往下一按，仿佛信不过他站着的是坚实的地土。

在灰土狂舞的青空兀突着前门的城楼，像一个脑袋，像一个枯髅。青底白字的方块像是枯髅脸上的窟窿，显着无限的忧郁，廉枫从不曾想到前门会有这样的面目。它有什么忧郁？它能有什么忧郁。可也难说，明陵的石人石马，公园的公理战胜碑，有时不也看得发愁？总像是有满肚的话无从说起似的。这类东西果然有灵性，能说话，能冲着来往人们打哈哈，那多有意思？但前门现在只能沉

死城（节录）

默，只能忍受——忍受黑暗，忍受漫漫的长夜。它即使有话，也得过些时候再说，况且它自己的脑壳都已让给蝙蝠们，耗子们做了家，这时候它们正在活动，——它即使能说话也不能说。这年头一座城门都有难言的隐衷，真是的！在黑夜的逼近中，它那壮伟，它那博大，看得多么远，多么孤寂，多么冷。

大街上的神情可是一点也不见孤寂，不见冷。这才是红尘，颜色与光亮的一个斗胜场，够好看的。你要是拿一块绸绢盖在你的脸上再望这一街的红艳，那完全另是一番景象。你没有见过威尼市大运河上的晚照不是？你没有见过纳尔逊大将在地中海口轰打拿破仑舰队不是？你也没有见过四川青城山的朝霞，英伦泰晤河上雾景不是？好了，这来用手绢一护眼看前门大街——你全见着了。一转手解开了无穷的想像的境界，多巧！廉枫搓弄着他那方绸绢，不是不得意他的不期的发现。但他一转身又瞥见了前门城楼的一角，在灰苍中隐现着。

进城吧。大街有什么好看的？那外表的热闹正使人想起丧事人家的鼓吹，越喧阗越显得凄凉。况且他自己的心上又横着一大饼的凉，凉得发痛。仿佛他内心的世界也下了雪，路旁的树枝都蘸着银霜似的。道旁树上的冰花可真是美：直条的，横条的，肥的瘦的，梅花也欠他几分晶莹，又是那恬静的神情，受苦还是含笑。可不是受苦，小小的生命躲在枝干最中心的纤维里耐着风雪的侵凌——它们那心窝里也有一大饼的凉，但它们可不怨；它们明白，它们等着。春风一到它们就可抬头，它们知道，荣华是不断的，生命是悠久的。

生命是悠久的。这大冷天，风雪在你的颈根上直刺，虫子潜伏在泥土里等打雷，心窝里带着一饼子的凉，你往哪儿去？上城墙去望望不好吗？屋顶上满铺着银，僵白的树木上也不见恼人的春色，况且那东南角上亮亮的不是上弦的月正在升起吗？月与雪是有默契的。残破的城砖上停留着残雪的斑点，像是无名的伤痕，月光淡淡的斜着来，如同有手指似的抚摸着它的荒凉的伙伴。猎夫星正从天边翻身起来，腰间翘着箭囊，卖弄着他的英勇。西山的屏峦竟许也望得到，青青的几条发丝勾勒着沉郁的暝色，这上面悬照着太白星耀眼的宝光。灵光寺的木叶，秘魔岩的沉寂，香山的冻泉，碧云山的云气，山坳里间或有一星二星的火光；在雪意的惨淡里点缀着惨淡的人迹……这算计不错，上城墙去，犯着寒，冒着夜。黑黑的，孤另另的，看月光怎样把我的身影安置到雪地里去。廉枫正走近交民巷一边的城根，听着美国兵营的溜冰场里的一阵笑响，忽然记起这边是帝国主义的禁地，中国人恐不让上去。果然，那一个长六尺高一脸糟斑守门兵只对他摇了摇脑袋，磨着他满口的橡皮糖，挺着胸脯来回走他的路。

不让进去，辜负了这荒城，这凉月，这一地的银霜。心头那一饼还是不得疏散，郁得更凉了。不得一个适当的境地你就不敢拿你自己尽量的往外放，你不敢面对你自己；不敢自剖。仿佛也有个糟斑脸的把着门哪。他不让进去。有人得喝够了酒才敢打倒那糟斑脸的。有人得仰伏迷醉的月色。人是这软弱。什么都怕，什么都不敢当面认一个清切；最怕看见自己。得！还有什么地方可去的？敢去吗？

死城（节录）

廉枫抬头望了望星。疏疏的没有几颗。也不显亮。七姊妹倒看得见，挨得紧紧的，像一球珠花。顺着往东去吗？往东是顺的。地球也是这么走。但这陌生的胡同在夜晚觉得多深沉，多窈远，单这静就怕人。半天也不见一副卖萝卜或是卖杂吃的小担。他们那一个小火照出红是红青是青的，在深巷里显得多可亲，多玲珑，还有他们那叫卖声，虽说有时曳长得叫人听了悲酸，亦是深巷里不可少的点缀。就像是空白的墙壁上挂上了字画，不论精粗，多少添上一点人间的趣味。你看他们把担子歇在一家门口，站直了身子，昂着脑袋，咧着大口唱——唱得脖子里筋都暴起了。这来邻近哪家都不能不听见。那调儿且在那空气里转着哪——他们自个儿的口鼻间蓬蓬的晃着一团的白云。

今晚什么都没有，狗都不见一只。家门全是关得紧紧的。墙壁上的油灯———小米的火——活像是鬼给点上的。方便鬼的。骡马车碾烂的雪地，在这鬼火的影映下，都满是鬼意。鬼来跳舞过的。化子们叫雪给埋了。口袋里有的是铜子，要见着化子，在这年头，还有不布施的？静：空虚的静，墓底的静。这胡同简直没有个底。方才拐了没有？廉枫望瞭望星知道方向没有变。总得有个尽头，赶着走吧。

走完了胡同到了一个旷场。白茫茫的。头顶星显得更多更亮了。猎夫早就全身披挂的支起来了，狗在那一头领着路。大熊也见了。廉枫打了个寒噤。他走到了一座坟山。外国人的，在这城根。也不知怎么的，门没有关上。他进了门。这儿地上的雪比道上的白得多，松松的满没有斑点。月光正照着，墓碑有不少，疏朗朗的排列着，一直到黑巍巍的城根。有高的，有矮的，也有雕镂着形像的。悄悄的全戴着雪帽，盖着雪被，悄悄的全躺着。这倒有意思，月下来拜会洋鬼子，廉枫叹了一口气。他走近一个墓墩，拂去了石上的雪，坐了下去。石上刻着字，许是金的可不易辨认。廉枫拿手指去摸那字迹。冷极了！那雪腌过的石板啄墨纸似的猛收着他手指上的体温。冷得发僵，感觉都失了。他哈了口气再摸，仿佛人家不愿意你非得请教姓名似的。摸着了，原来是一位姑娘，Farulein Etiza Benkgon。还得问几岁！这字小，更费事，可总得知道。早三年死的。二十八除六是二十二。呀，一位妙年姑娘，才二十二岁的！廉枫感到一种奇异的战栗，从他的指尖上直通到发尖；仿佛身背着一个黑影子在晃动。但雪地上只有淡白的月光。黑影子是他自己的。

做梦也不易梦到这般境界。我陪着你哪，外国来的姑娘。廉枫的肢体在夜凉里冻得发了麻，就是胸潭里一颗心热热的跳着，应和着头顶明星的闪动。人是这软弱，他非得要同情，盘踞在肝肠深处的那些非得要一个尽情倾吐的机会。活的时候得不着，临死只要一口气不曾断，还非得招承。眼珠已经退了光，发音都不得清楚，他一样非得忏悔，非得到永别生的时候，人才有胆量，才没有顾忌。每一个灵魂里都安着一点谎。谎能进天堂吗？你不是也对那穿黑长袍胸前挂金十字的老先生说了你要说的话才安心到这石块底下躺着不是，贝克生姑娘？我还不死哪。但这静定的夜景是多大一个引诱！我觉得我的身子已经死了，就只一点子灵性，在一个梦世界的浪花里浮萍似的飘着。空灵，安逸。梦世界是没有墙围的。没有涯涘的。你得宽恕我的无状，在深夜里踞坐在你的寝次，姑娘。

死城（节录）

但我已然感到一种超凡的宁静，一种解放，一种莹彻的自由。这也许是你的灵感——你与雪地上的月影。

我不能承受你的智慧，但你却不能吝惜你的容忍。我不是你的谁，不是你的朋友，不是你的相知，但你不能不认识我现在向你诉说的忧愁，你——廉枫的手在石板的一头触到了冻僵的一束什么。一把萎谢了的花——玫瑰。有三朵，叫雪给醃僵了。他亲了亲花瓣上的冻雪。我羡慕你在人间还有未断的恩情，姑娘，但这也是个累赘，说到澈底的话。这三朵香艳的花放上你的头边——他或是你的亲属或是你自己——你不能不生感动不是？我也曾经亲自到山谷里去采集野香去安放在我的她的头边。我的热泪滴上冰冷的石块时，我不能不怀疑她在泥土里或在星天外也含着悲酸在体念我的情意。但她是远在天的又一方，我今晚只能借景来抒解我的苦辛。

人生是辛苦的。最辛苦是那些在黑茫茫的天地间寻求光热的生灵。可怜的秋蛾，他永远不能忘情于火焰。在泥草间化生，在黑暗里飞行，抖擞着翅羽上的金粉——他的愿望是在万万里外的一颗星。那是我。见着光就感到激奋，见着光就顾不得粉脆的躯体，见着光就满身充满着悲惨的神异，殉献的奇丽——到火焰的底里去实现生命的意义。那是我。天让我望见那一柱光！那一个灵异的时间！"也就一半句话：甘露活了枯芽。"我的生命顿时豁裂成一朵奇异的愿望的花。"生命是悠久的"，但花开只是朝露与晚霞间的一段段插话。殷勤是夕阳的顾盼，为花事的荣悴关心。可怜这心头的一撮土，更有谁来凭吊？"你的烦恼我全知道，虽则你从不曾向我说破;你的忧愁我全明白,为你我也时常难受。"清丽的晨风,吹醒了大地的荣华!"你耐着吧,美不过这半绽的蓓蕾。""我去了,你不必悲伤,珍重这一卷诗心,光彩常留在星月间。"她去了!光彩常在星月间。

陌生的朋友,你不嫌我话说得晦塞吧。我想你懂得。你一定懂。月光染白了我的发丝,这枯槁的形容正配与墓墟中人作伴;它也仿佛为我照出你长眠的宁静……那不是我那她的眉目?迷离的月影,你何妨为我认真来刻划个灵通?她的眉目;我如何能遗忘你那永诀时的神情!竟许就那一度,在生死的边沿,你容许我怀抱你那生命的本真;在生死的边沿,你容许我亲吻你那性灵的奥隐;在生死的边沿,你容许我哺啜你那妙眼的神辉。那眼!爱的纯粹的精灵迸裂在神异的刹那间!你去了,但你是永远留着。从你的死,我才初次会悟到生,会悟到生死间一种幽玄的丝缕。世界是黑暗的,但我却永久存储着你的不死的灵光。

廉枫抬头望着月。月也望着他。青空添深了沉默。城墙外仿佛有一声鸦啼,像是裂帛,像是鬼啸。墙边一枝树上抛下了一捧雪,亮得辉眼。这还是人间吗?她为什么不来,像那年在山中的一夜?

"我送别他归去,与她在此分离,

　在青草里飘拂,她的洁白的裙衣。"

诡异的人生!什么古怪的梦!希望,在你擎上手掌估计分量时,已经从你的手指间消失,像是发珠光的青汞,什么都得变成灰,飞散,飞散,飞散……我不能不羡慕你的安逸,缄默的墓中人!我心头还有火在烧,我怀着我的宝;永没有人能探得我的痛苦的根源,

死城（节录）

永没有人知晓，到那天我也得瞑目时，我把我的宝还交给上帝：除了他更有谁能赐与，能承受这生命的生命？我是幸福的！你不羡慕我吗，朋友？

我是幸福的，因为我爱，因为我有爱。多伟大。多充实的一个字！提着它胸肋间就透着热，放着光，滋生着力量。多谢你的同情倾听，长眠的朋友，这光阴在我是希有的奢华。这又是北京的清静的一隅。在凉月下，在荒城边，在银霜满树时。但北京——廉枫眼前又扯亮着那狰恶的前门。像一个脑袋，像一个枯髅。丧事人家的鼓乐。北海的芦苇。荣叶能不死吗？在晚照的金黄中，有孤鹜在冰面上飞。销沉，销沉。更有谁眷念西山的紫气？她是死了——一堆灰。北京也快死了——准备一个钵盂，到枯木林中去安排它的葬事。有什么可说的？再会吧，朋友，还有什么可说的？

——《轮盘》——

论世说新语和晋人的美

宗白华

汉末魏晋六朝是中国政治上最混乱、社会上最苦痛的时代，然而却是精神史上极自由、极解放、最富于智慧、最浓于热情的一个时代。因此也就是最富有艺术精神的一个时代。王羲之父子的字，顾恺之和陆探微的画，戴逵和戴颙的雕塑，嵇康的广陵散（琴曲），曹植、阮籍、陶潜、谢灵运、鲍照、谢朓的诗，郦道元、杨衒之的写景文，云岗、龙门壮伟的造像，洛阳和南朝的闳丽的寺院，无不是光芒万丈，前无古人，奠定了后代文学艺术的根基与趋向。

这时代以前——汉代——在艺术上过于质朴，在思想上定于一尊，统治于儒教；这时代以后——唐代——在艺术上过于成熟，在思想上又入于儒、佛、道三教的支配。只有这几百年间是精神上的大解放，人格上思想上的大自由。人心里面的美与丑、高贵与残忍、圣洁与恶魔[①]、圣洁与恶魔[②]，同样发挥到了极致。这也是中国周秦诸子以后的哲学时代，一些卓越的哲学天才——佛教的大师，也是生在这个时代。

这是中国人生活史里点缀着最多的悲剧，富于命运的罗曼司的一个时期，八王之乱，五胡乱华，南北朝分裂，酿成社会秩序的大解体，旧礼教的总崩溃，思想和信仰底自由，艺术创造精神的勃发,使我们联想到西欧十六世纪的"文艺复兴"。这是强烈、矛盾、热情、浓于生命色彩的一个时代。

但是西洋"文艺复兴"的艺术(建筑、绘画、雕刻)所表现的美是秾郁的、华贵的、壮硕的;魏晋人则倾向简约玄淡,超然绝俗的哲学的美,晋人的书法是这美底最具体的表现。

这晋人的美,是这全时代的最高峰。《世说新语》一书记述得挺生动,能以简劲的笔墨画出它的精神面貌、若干人物的性格、时代的色彩和空气。文笔的简约玄淡尤能传神。撰述人刘义庆生于晋末,注释者刘孝标也是梁人;当时晋人的流风余韵犹未泯灭,所述的内容,至少在精神底传模方面,离真象不远(唐修《晋书》也多取材于它)。

要研究中国人的美感和艺术精神底特性,《世说新语》一书里有不少重要的资料和启示,是不可忽略的。今就个人读书札记粗略举出数点,以供读者参考,详细而有系统的发挥,则有待于将来。

(一)魏晋人生活上人格上的自然主义和个性主义,解脱了汉代儒教统治下的礼法束缚,在政治上先已表现于曹操那种超道德观念的用人标准。一般知识分子多半超脱礼法观点直接欣赏人格个性之美,尊重个性价值。桓温问殷浩曰:"卿何如我?"殷答曰:"我与我周旋久,宁作我!"这种自我价值的发现和肯定,在西洋是"文艺复兴"以来的事。而《世说新语》上第六篇《雅量》、第七篇《识鉴》、第八篇《赏誉》、第九篇《品藻》、第十篇《容止》,都系鉴赏和形容"人格个性之美"的。而美学上的评赏,所谓"品藻"底对象乃在"人物"。中国美学竟是出发于"人物品藻"之美学。美的概念、范畴、形容词,发源于人格美的评赏。"君子比德于玉",中国人对于人格美底爱赏渊源极早,而品藻人物的空气,已盛行于汉末。到"世说新语时代"则登峰造极了(《世说》载"温太真是过江第二流之高者。时名辈共说人物,第一将尽之间,温常失色。"即此可见当时人物品藻在社会上的势力)。

中国艺术和文学批评的名著,谢赫的《画品》,袁昂、庾肩吾的《书品》,钟嵘的《诗品》,刘勰的《文心雕龙》,都产生在这热闹的品藻人物的空气中。后来唐代司空图的《二十四品》,乃集我国美感范畴之大成。

(二)山水美的发现和晋人的艺术心灵。《世说》载东晋画家顾恺之从会稽还,人问山水之美,顾云:"千岩竞秀,万壑争流,草木蒙笼其上,若云兴霞蔚。"这几句话不是后来五代北宋荆(浩)、关(同)、董(源)、巨(然)等山水画境界的绝妙写照么?中国伟大的山水画的意境,已包具于晋人对自然美的发现中了!而《世说》载简文帝入华林园,顾谓左右曰:"会心处不必在远,翳然林水,便自有濠濮间想也。觉鸟兽禽鱼自来亲人。"这不又是元人山水花鸟小幅,黄大痴、倪云林、钱舜举、王若水的画境吗?(中国南宗画派的精意在于表现一种潇洒胸襟,这也是晋人的流风余韵。)

晋宋人欣赏山水,由实入虚,即实即虚,超入玄境。当时画家宗炳云:"山水质有而趋灵。"诗人陶渊明的"采菊东篱下,悠然见南山","此中有真意,欲辨已忘言";谢灵运的"溟涨无端倪,虚舟有超越";以及袁伯彦的"江山辽落,居然有万里之势"。王右军与谢太傅共登冶城，谢悠然远想，有高世之志。荀中郎登北固望海云："虽未睹三山，便自使人有凌云意。"晋宋人欣赏自然，有"目送归鸿，手挥五弦"，超然玄远的意趣。这使中国山水画自始即是一种"意境中的山水"。宗炳画所游山水悬于室中，对之云："抚琴动操，欲令众山皆响！"郭景纯有诗句曰："林无静树，川无停流"，阮孚评之云："泓峥萧瑟，实不可言，每读此文，辄觉神超形越。"这玄远幽深的哲学意味深透在当时人的美感和自然欣赏中。

晋人以虚灵的胸襟、玄学的意味体会自然，乃表里澄澈、一片空明，建立最高的晶莹的美的意境！司图空《诗品》里曾形容艺术心灵为"空潭写春，古镜照神"，此境晋人有之：

王羲之曰："从山阴道上行，如在镜中游！"心情的朗澄，使山川影映在光明净体中！

王司州（修龄）至吴兴印渚中看，叹曰："非唯使人情开涤，亦觉日月清朗！"

司马太傅（道子）斋中夜坐，于时天月明净，都无纤翳，太傅叹以为佳。谢景重在坐，答曰："意谓不如微云点缀。"太傅因戏谢曰："卿居心不净，乃复强欲滓秽太清邪？"

这样高洁的爱赏自然的胸襟，才能够在中国山水画的演进中产生元人倪云林那样"洗尽尘滓，独存孤迥"，"潜移造化而与天游"，"乘云御风，以游于尘埃之表"（皆恽南田评倪画语），创立一个玉洁冰清，宇宙般幽深的山水灵境。晋人的美底理想，很可以注意的，是显著的追慕着光明鲜洁，晶莹发亮的意象。他们赞赏人格美的形容词像："濯濯如春月柳"，"轩轩如朝霞举"，"清风朗月"，"玉山"，"玉树"，"磊砢而英多"，"爽朗清举"，都是一片光亮的意象。甚至于殷仲堪死后，殷仲文称他"虽不能休明一世，足以映彻九泉"。形容自然界的如："清露晨流，新桐初引"。形容建筑的如："遥望层城，丹楼如霞"。庄子的理想人格"藐姑射仙人，绰约若处子，肌肤若冰雪"，不是这晋人的美的意象底源泉么？桓温问谢尚"企脚北窗下，弹琵琶，故自有天际真人想"。天际真人是晋人理想的人格，也是理想的美。

晋人风神潇洒，不滞于物，这优美的自由的心灵找到一种最适宜于表现他自己的艺术，这就是书法中的行草。行草艺术纯系一片神机，无法而有法，全在于下笔时点画自如，一点一拂皆有情趣，从头至尾，一气呵成，如天马行空，游行自在。又如庖丁之中肯綮，神行于虚。这种超妙的艺术，只有晋人萧散超脱的心灵，才能心手相应，登峰造极。魏晋书法的特色，是能尽各字的真态。"钟繇每点多异，羲之万字不同。""晋人结字用理，用理则从心所欲不逾矩。"唐张怀瓘《书议》评王献之书云："子敬之法，非草非行，流便于行草；又处于其中间，无藉因循，宁拘制则，挺然秀出，务于简易。情驰神纵，超逸优游，临事制宜，从意适便。有若风行雨散，润色开花，笔法体势之中，最为风流者也！逸少秉真行之要，子敬执行草之权，父之灵和，手之神俊，皆古今之独绝也。"他这一段话不但传出行草艺术的真精神，且将晋人这自由潇洒的艺术人格形容尽致。中国最高美的书法——这书法也是中国绘画艺术的灵魂——

是从晋人的风韵中产生的。魏晋的玄学使晋人得到空前绝后的精神解放，晋人的书法是这自由的精神人格的最具体最适当的艺术表现。这抽象的音乐似的（非摹象的）艺术才能表达出晋人的空灵的玄学精神和个性主义的自我价值。欧阳修云："余尝喜览魏晋以来笔墨遗迹，而想前人之高致也！所谓法帖者，其事率皆吊哀候病，叙暌离，通讯问，施于家人朋友之间，不过数行而已。盖其初非用意，而逸笔余兴，淋漓挥洒，或妍或丑，百态横生，披卷发函，烂然在目，使骤见惊绝，徐而视之，其意态如无穷尽，使后世得之，以为奇玩，能想见其为人也！"个性价值之发现，是"世说新语时代"的最大贡献，而晋人的书法是这个性主义的代表艺术。到了隋唐，晋人书艺中的"神理"凝成了"法"，于是"智永精熟过人，惜无奇态矣"。

（三）晋人艺术境界造诣的高，不仅是基于他们的意趣超越，深入玄境，尊重个性，生机活泼，更主要的是他们的"一往情深"！无论对于自然，对探求哲理，对于友谊，都有可述：

王子敬云："从山阴道上行，山川自相映发，使人应接不暇。若秋冬之际，尤难为怀！"

好一个"秋冬之际尤难为怀！"

卫玠总角时问乐令"梦"。乐云："是想"。卫曰："形神所不接，而梦岂是想邪？"乐云："因也。未尝梦乘车入鼠穴，捣齑啖铁杵，皆无想无因故也。"卫思因经日不得，遂成病。乐闻，故命驾为剖析之。卫即小差。乐叹曰："此儿胸中当必无膏肓之疾！"

卫玠姿容极美，风度翩翩，而因思索玄理不得，竟至成病，这不是柏拉图所称富有"爱智的热情"么？

晋人虽超，未能忘情，所谓"情之所钟，正在我辈"（王戎语）！是以哀乐过人，不同流俗。尤以对于朋友之爱，里面富有人格美的倾慕。《世说》中《伤逝》一篇记述颇为动人。庾亮死，何扬州临葬云："埋玉树著土中，使人情何能已已！"伤逝中尤具悼惜美之幻灭的意思。

顾恺之拜桓温墓，作诗云："山崩溟海竭，鱼鸟将何依？"人问之曰："卿凭重桓乃尔，哭之状其可见乎？"顾曰："鼻如广莫长风，眼如悬河决溜！"

顾彦先平生好琴，及丧，家人常以琴置灵床上，张季鹰往哭之，不胜其恸，遂径上床，鼓琴，作数曲竟，抚琴曰："顾彦先颇复赏此不？"因又大恸，遂不执孝子手而出。

桓子野每闻清歌，辄唤奈何，谢公闻之，曰："子野可谓一往有深情。"

王长史登茅山，大恸哭曰："琅琊王伯舆，终当为情死！"

阮籍时率意独驾，不由路径，车迹所穷，辄痛哭而返。

深于情者，不仅对宇宙人生体会到至深的无名的哀感，扩而

充之,可以成为耶稣、释迦的悲天悯人;就是快乐的体验也是深入肺腑,惊心动魄;浅俗薄情的人,不仅不能深哀,且不知所谓真乐:

王右军既去官,与东土人士营山水弋钓之乐。游名山,泛沧海,叹曰"我卒当以乐死!"

晋人富于这种宇宙的深情,所以在艺术文学上有那样不可企及的成就。顾恺之有三绝:画绝、才绝、痴绝。其痴尤不可及!陶渊明的纯厚天真与侠情,也是后人不能到处。

晋人向外发现了自然,向内发现了自己的深情。山水虚灵化了,也情致化了。陶渊明、谢灵运这般人的山水诗那样的好,是由于他们对于自然有那一股新鲜发现时身入化境浓酣忘我的趣味;他们随手写来,都成妙谛,境与神会,真气扑人。谢灵运的"池塘生春草"也只是新鲜自然而已。然而扩而大之,体而深之,就能构成一种泛神论宇宙观,作为艺术文学的基础。孙绰《天台山赋》云:"恣语乐以终日,等寂默于不言,浑万象以冥观,兀同体于自然。"又云:"游览既周,体静心闲,害马已去,世事都捐,投刃皆虚,目牛无全,凝想幽岩,朗咏长川。"在这种深厚的自然体验下,产生了王羲之的《兰亭序》,鲍照《登大雷岸寄妹书》,陶宏景、吴均的《叙景短札》,郦道元的《水经注》;这些都是最优美的写景文学。

(四)我说魏晋时代人的精神是最哲学的,因为是最解放的最自由的。支道林好鹤,往郯东岇山,有人遗其双鹤。少时翅长欲飞。支意惜之，乃铩其翮。鹤轩翥不复能飞，乃反顾翅垂头，视之如有懊丧之意。林曰："既有凌霄之姿，何肯为人作耳目近玩！"养令翮成，置使飞去。晋人酷爱自己精神的自由，才能推己及物，有这伟大的意义的动作。这种精神上的真自由真解放，才能把我们的胸襟像一朵花似地展开，接受宇宙和人生的全景，了解它的意义，体会它的深沉的境地。近代哲学上所谓"生命情调""宇宙意识"，遂在晋人这超脱的胸襟里萌芽起来（使这时代容易接受和了解佛教大乘思想）。卫玠初欲过江，形神惨悴，语左右曰："见此茫茫，不觉百端交集，苟未免有情，亦复谁能遣此？"后来初唐陈子昂登幽州台诗："前不见古人，后不见来者。念天地之悠悠，独怆然而涕下！"不是从这里脱化出来？而卫玠的一往情深，更令人心恸神伤，寄慨无穷。（然而孔子在川上，曰："逝者如斯夫，不舍昼夜！"则觉更哲学，更超然，气象更大。）

谢太傅语王右军曰："中年伤于哀乐，与亲友别，辄作数日恶。"

人到中年才能深切的体会到人生的意义、责任和问题，反省到人生的究竟，所以哀乐之感得以深沉。但丁的《神曲》起始于中年的徘徊歧路，是具有深意的。

桓温北征，经金城，见前为琅玡时种柳皆已十围，慨然曰："木犹如此，人何以堪？"攀条执枝，泫然流泪。

桓温武人，情致如此！庚子山著《枯树赋》，末尾引桓大司马曰："昔年种柳，依依汉南；今逢摇落，凄怆江潭；树犹如此，人何以堪？"他深感到桓温这话的凄美，把它敷演成一首四言的抒情小诗了。

然而王羲之的《兰亭》诗："仰视碧天际，俯瞰渌水滨。寥阒无涯观，寓目理自陈。大哉造化工，万殊莫不均。群籁虽参差，适我无非新。"真为代表晋人这纯净的心襟和深厚的感觉所启示的宇宙观。"群籁虽参差，适我无非新"两句尤能写出晋人以新鲜活泼自由自在的心灵顿悟这世界，使触着的一切呈露新的灵魂、新的生命。于是"寓目理自陈"，这理不是机械的陈腐的理，乃是活泼泼的宇宙生机中所含至深的理。王羲之另有两句诗云："争竞非吾事，静照在忘求。"静照Contempletion，是一切艺术及审美生活的起点。这里，哲学澈悟的生活和审美生活，源头上是一致的。晋人的文学艺术都浸润着这新鲜活泼的"静照在忘求"和"适我无非新"的哲学精神。大诗人陶渊明的"日暮天无云，春风扇微和"，"即事多所欣"，"良辰入奇杯"，写出这丰厚的心灵"触着每秒光阴都成了黄金"。

（五）晋人的"人格的唯美主义"和友谊的重视，培养成为一种高级的社交文化（竹林之游，兰亭禊集等）。玄理底辩论和人物的品藻是这社交的主要内容。因此谈吐措词的隽妙，空前绝后。晋人书札和小品文中隽句天成，俯拾即是。陶渊明的诗句和文句的隽妙，也是这"世说新语时代"底产物。陶渊明散文化的诗句又遥遥地影响着宋代散文化的诗派。苏、黄、米、蔡等人们的书法也力追晋人萧散的风致。但总嫌做作夸张,没有晋人的自然。

(六)晋人之美,美在神韵(人称王羲之的字韵高千古)。神韵可说是"事外有远致",不沾滞于物的自由精神(目送归鸿,手挥五弦)。这是一种心灵的美,或哲学的美,这种事外有远致的力量,扩而大之可以使人超然于死生祸福之外,发挥出一种镇定的大无畏的精神来:

谢太傅盘桓东山,时与孙兴公诸人泛海戏。风起浪涌,孙(绰)、王(羲之)诸人色并遽,便唱使还。太傅神情方王,吟啸不言。舟人以公貌闲意说,犹去不止。既,风转急浪猛,诸人皆喧动不坐。公徐曰(云):"如此,将无归。"众人皆承响而回。于是审其量足以镇安朝野。

美之极,即雄强之极。王羲之书法人称其字势雄逸,如龙跳天门,虎卧凤阙。肥水的大捷植根于谢安这美的人格和风度中。谢灵运泛海诗"溟涨无端倪,虚舟有超越",可以借来体会谢公此时的境界和胸襟。

枕戈待旦的刘琨,横江击楫的祖逖,雄武的桓温,勇于自新的周处、戴渊,都是千载下懔懔有生气的人物。桓温过王敦墓,叹曰:"可儿!可儿!"心焉向往那豪迈雄强的个性,不拘泥于世俗观念,而赞赏"力",力就是美。

庾道季说:"廉颇、蔺相如虽千载上死人,懔懔如有生气。曹蜍、李志虽见在，厌厌如九泉下人。人皆如此，便可结绳而治。但恐狐狸猯貉啖尽！"这话何其豪迈、沉痛。晋人崇尚活泼生气，蔑视世俗社会中的伪君子、乡原、战国以后二千年来中国的"社会栋梁"。

（七）晋人的美学是"人物的品藻"，引例如下：

王武子、孙子荆各言其土地之美。王云："其地坦而平，其水淡而清，其人廉且贞。"孙云："其山嶵巍以嵯峨，其水㳌渫而扬波，其入磊砢而英多。"

桓大司马（温）病，谢公往省病，从东门入，桓公遥望叹曰："吾门中久不见如此人！"

嵇康身长七尺八寸，风姿特秀，见者叹曰："萧萧肃肃，爽朗清举。"或云："萧萧如松下风，高而徐引。"山公云："嵇叔夜之为人也，岩岩如孤松之独立，其醉也傀俄若玉山之将崩！"

海西时，诸公每朝，朝堂犹暗，唯会稽王来，轩轩如朝霞举。

谢太傅问诸子侄："子弟亦何预人事，而正欲其佳？"诸人莫有言者。车骑（谢玄）答曰："譬如芝兰玉树，欲使其生于阶庭耳。"

人有叹王恭形茂者，曰："濯濯如春月柳。"

刘尹云："清风朗月，辄思玄度。"

拿自然界的美来形容人物品格的美，例子举不胜举。这两方面的美——自然美和人格美——同时被魏晋人发现。人格美的推重已滥觞于汉末，上溯至孔子及儒家的重视人格及其气象。"世说新语时代"尤沉醉于人物的容貌、器识、肉体与精神的美。所以"看杀卫玠",而王羲之——他自己被时人目为"飘如游云,矫如惊龙"——见杜弘治叹曰:"面如凝脂,眼如点漆,此神仙中人也!"

而女子谢道韫亦神情散朗,奕奕有林下风。根本《世说》里面的女性多能矫矫脱俗,无脂粉气。

总而言之,这是中国历史上最有生气,活泼爱美;美的成就极高的一个时代。美的力量是不可抵抗的,见下一段故事:

桓宣武平蜀,以李势妹为妾,甚有宠,尝著斋后。郡主(温尚明帝女南康长公主)凶妒,不即知之。既闻,与数十婢拔白刃袭之。正值李梳头,发委藉地,肤色玉曜,不为动容,徐徐结发,敛手向主,神色闲正,辞甚凄婉,曰:"国破家亡,无心至此,今日若能见杀,乃是本怀!"主于是掷刀,趋前抱之曰:"阿子,我见汝犹怜,何况老奴!"遂善之。

话虽如此,晋人的美感和艺术观,就大体而言,是以老庄哲学的宇宙观为基础,富于简淡玄远的意味,因而奠定了一千五百年来中国美感——尤以表现于山水画、山水诗的——的基本趋向。

中国山水画的独立,起源于晋末。晋宋山水画的创作,自始即具有"澄怀观道"底意趣。画家宗炳好山水,凡所游历,皆图之于壁,坐卧向之,曰:"老病俱至,名山恐难遍游,惟当澄怀观道,卧以游之。"他又说:"圣人含道应物,贤者澄怀味像;圣人以神法道而贤者通,山水以形媚道而仁者乐。"他这所谓"道",就是这宇宙里最幽深最玄远却又弥沦万物的生命本体。东晋大画家顾恺之也说绘画的手段和目的是"迁想妙得"。这"妙得"的对象也即是那深远的生命,那"道"。

中国绘画艺术的重心——山水画——开端就富于这玄学意味(晋人的书法也是这玄学精神的艺术),他影响着一千五百年,使中国绘画在世界上成一独立的体系。

他们的艺术的理想和美的条件是一味绝俗。庾道季见戴安道所画行像,谓之曰:"神明太俗,由卿世情未尽!"以戴安道之高,还说是世情未尽,无怪他气得回答说:"唯务光当免卿此语耳!"

然而也足见当时美的标准树立得很严格,这标准也就一直是后来中国文艺批评底标准:"雅""绝俗"。

这唯美的人生态度还表现于两点,一是把玩"现在",在刹那的现量的生活里求极量的丰富和充实,不为着将来或过去而放弃现在价值的体味和创造:

王子猷尝暂寄人空宅住,便令种竹。或问:"暂住何烦尔?"王啸咏良久,直指竹曰:"何可一日无此君!"

二则美的价值是寄于过程的本身,不在于外在的目的,所谓"无所为而为"的态度。

王子猷居山阴,夜大雪,眠觉开室命酌酒,四望皎然,因起彷徨,咏左思《招隐》诗。忽忆戴安道;时戴在剡,即便乘小船就之。经宿方至,造门不前而返。人问其故,王曰:"吾本乘兴而行,兴尽而返,何必见戴?"

这截然地寄兴趣于生活过程底本身价值而不拘泥于目的,显视了晋人唯美生活的典型。

(八)晋人的道德观与礼法观。孔子是中国二千年礼法社会和道德体系的建设者。尼采说过:"创造一个道德体系的人,也就是真正能了解这道德的意义的人。"孔子知道道德的精神在于诚,在于真性情,真血性,所谓赤子之心。扩而充之,就是所谓"仁"。一切的礼法,只是它寄托的外表。舍本执末,丧失了道德和礼法底真精神真意义,甚至于假借名义以便其私,那就是"乡原",那就是"小人之儒"。这是孔子所深恶痛绝的。孔子曰:"乡原,德之贼也。"又曰:"女为君子儒,无为小人儒!"他更时常警告人们不要忘了礼法的真精神真意义。他说:"人而不仁如礼何?人而不仁如乐何?"子于是日哭,则不歌。食于丧者之侧,未尝饱也。这伟大的真挚的同情心是他的道德的基础。他痛恶虚伪。他骂"巧言令色鲜矣仁!"他骂"礼云,礼云,玉帛云乎哉"!然而孔子死后,汉代以来,孔子所深恶痛绝的"乡原"支配着中国社会,成为"社会栋梁",把孔子至大至刚、极高明的中庸之道化成弥漫社会的庸俗主义、妥协主义、折衷主义、苟安主义,孔子好像预感到这一点,他所以极力赞美狂狷而排斥乡原。他自己也能超然于礼法之表追寻活泼的真实的丰富的人生。他的生活不但"依于仁",还要"游于艺"。他对于音乐有最深的了解并有过最美妙、最简洁而真切的形容。他说:

"乐,其可知也!始作,翕如也。从之,纯如也。皦如也。绎如也。以成。"

他欣赏自然的美,他说:"仁者乐山,智者乐水。"

他有一天问他几个弟子的志趣。子路、冉有、公西华都说过了,轮到曾点,他问道:

"点,尔何如?"鼓瑟希,铿尔,舍瑟而作,对曰:"异乎三子者之撰!"子曰:"何伤乎?亦各言其志也。"曰:"莫春者,春服既成,冠者五六人,童子六七人,浴乎沂,风乎舞雩,咏而归!"夫子喟然叹曰:"吾与点也!"

孔子这超然的、蔼然的、爱美爱自然的生活态度,我们在晋人王羲之的《兰亭集序》和陶渊明的田园诗里见到遥遥嗣响的人,汉代的俗儒钻进利禄之途,乡原满天下。魏晋人以狂狷来反抗这乡原的社会,反抗这桎梏性灵的礼教和士大夫阶层的庸俗,向自己的真性情真血性里掘发人生的真意义、真道德。他们不惜拿自己的生命、地位、名誉来冒犯统治阶级的奸雄假借礼教以维持权位的恶势力。曹操拿"败伦乱俗,讪诱惑众,大逆不道"的罪名杀孔融。司马昭拿"无益于今,有败于俗,乱群惑众"的罪名杀嵇康。阮籍佯狂了,刘伶纵酒了,他们内心的痛苦可想而知。这是真性情真血性和这虚伪的礼法社会不肯妥协的悲壮剧。这是一班在文化衰堕时期替人类冒险争取真实人生道德的殉道者。他们殉道时何等的勇敢，从容而美丽：

> 嵇康临刑东市，神气不变，索琴弹之，奏广陵散，曲终曰："袁孝尼尝请学此散，吾靳固不与，广陵散于今绝矣！"

以维护伦理自命的曹操枉杀孔融，屠杀到孔融七岁的小女、九岁的小儿，谁是真的"大逆不道"者？

道德的真精神在于"仁"，在于"恕"，在于人格的优美。《世说》载：

> 阮思旷（裕）在剡，曾有好车，借者无不皆给。有人葬母，意欲借而不敢言。阮后闻之，叹曰："吾有车而使人不敢借，何以车为？"遂焚之。

这是何等严肃的责己精神！然而不是由于畏人言，畏于礼法的责备，而是由于对自己人格美的重视和伟大同情心的流露。

> 谢奕作剡令，有一老翁犯法，谢以醇酒罚之，乃至过醉，而犹未已。太傅（谢安）时年七八岁，著青布绔，在公膝边坐，谏曰："阿兄，老翁可念，何可作此！"奕于是改容，曰："阿奴欲放去耶？"遂遣之。

谢安是东晋风流的主脑人物，然而这天真仁爱的赤子之心实是他伟大人格底根基。这使他忠诚勤慎地支持东晋的危局至于数十年。肥水之役，苻坚发戎卒六十余万，骑二十七万，大举入寇，东晋危在旦夕。谢安指挥若定，遣谢玄等以八万兵一举破之。苻坚风声鹤唳，草木皆兵，仅以身免。这是军事史上空前的战绩，诸葛亮在蜀没有过这样的胜利！

一代枭雄，不怕遗臭万年的桓温也不缺乏这英雄的博大的同情心：

桓公入蜀，至三峡中，部伍中有得猿子者，其母缘岸哀号，行百余里，不去，遂跳上船，至便即绝。破视其腹中肠皆寸寸断。公闻之，怒，命黜其人。

晋人既从性情的真率和胸襟的宽仁建立他的新生命，摆脱礼法的空虚和顽固，他们的道德教育遂以人格底感化为主（教育上的自然主义）。我们看谢安这段动人的故事：

谢虎子尝上屋熏鼠。胡儿（虎子之子）既无由知父为此事，闻人道痴人有作此者，戏笑之。时道此非复一过。太傅既了已（指胡儿自己）之不知，因其言次语胡儿曰："世人以此谤中郎（虎子），亦言我共作此。"胡儿懊热一月，日闭斋不出。太傅虚托引己之过以相开悟，可谓德教。

我们现代有这样精神伟大的教育家吗？所以：

谢公夫人教儿，问太傅："那得初不见公教儿？"答曰："我常自教儿！"

这正是像谢公称赞褚季野的话："褚季野虽不言，而四时之气亦备！"

他确实在教，并不姑息，但他着重在体贴入微的潜移默化，不欲伤害小儿的羞耻心和自尊心：

谢玄少时好著紫罗香囊垂覆手。太傅患之，而不欲伤其意；乃谲与睹，得即烧之。

这态度多么慈祥，而用意又何其严格！谢玄为东晋立大功，救国家于垂危，足见这教育精神和方法的成绩。

当时文俗之士所最仇疾的阮籍，行动最为任诞，蔑视礼法也最为彻底。然而正在他身上我们看出这新道德运动的意义和目标。这目标就是要把道德的灵魂重新建筑在热情和率真之上，摆脱陈腐礼法的外形。因为这礼法已经丧失了它的真精神，变成阻碍生机的桎梏，被奸雄利用作政权工具，借以锄杀异己（曹操杀孔融）。

阮籍当葬母，蒸一肥豚，饮酒二斗，然后临诀。直言"穷矣！"举声一号，吐血数升，毁瘠骨立，殆至灭性。

他拿鲜血来灌溉道德的新生命！他是一个壮伟的丈夫。容貌瓌杰，志气宏放，傲然独得，任性不羁，当其得意，忽忘形骸，"时人多谓之痴"。③这样的人，无怪他的诗"旨趣遥深，反覆零乱，兴寄无端，和愉哀怨，杂集于中"。他的咏怀诗是古诗十九首以后第一流的杰作。他的人格坦荡谆至，虽见嫉于士大夫，却能见谅于酒估：

阮公邻家妇有美色，当垆沽酒。阮与王戎常从妇饮酒。阮醉，眠其妇侧。夫始殊疑之，伺察终无他意。

这样解放的自由的人格是扬溢着生命，神情超迈，举止历落，态度恢扩，胸襟潇洒：

王司州（修龄）在谢公坐，咏"人不言兮出不辞，乘回风兮载云旗！"（《九歌》句）语人云；"当尔时觉一坐无人！"
桓温读高士传，至于陵钟子，便掷去曰："谁能作此溪刻自处"

这不是善恶之彼岸的超然的美和超然的道德吗？
"振衣千仞冈，濯足万里流！"晋人用这两句诗写下他的千古风流和不朽的豪情！

注释：①：晋人的豪迈，不仅超然于世俗礼法之外，有时且超然于善恶之外,有如深山大壑的龙蛇,只是一种壮伟的夭矫的生活力底表现。他们有禽兽般的天真与残酷。粗豪的王敦,我们可拿这眼光去衡量他。《世说》载石崇每邀客宴集,常令美人行酒。客饮酒不尽者,使黄门交斩美人。王丞相(导)与大将军王敦,尝共诣崇。丞相素不能饮,辄自勉强,至于沉醉。每至大将军,固不饮以观其变。已斩三美人,颜色如故,尚不肯。丞相让之,大将军曰:"自杀伊家人,何预卿事?"

②:佛说"放下屠刀立地成佛",有作恶的魄力的人亦能具有向善的大勇气大毅力。乡原不但不能为善,且不能为恶。《世说》载:戴渊少年游侠,不治行检,尝在江淮间攻掠商旅。陆机赴假还洛,辎重甚盛。渊使少年掠劫。渊在岸,据胡床,指麾左右,皆得其宜。渊既神姿峰颖,虽处鄙事,神气犹异。机于船屋上遥谓之曰:"卿才如此,亦复作劫耶?"渊便泣涕投剑归机,辞厉非常。机弥重之。定交,作笔荐焉。过江仕至征西将军。

③:《晋书》载:阮籍尝登广武,观楚汉战处。叹曰:"时无英雄,遂使竖子成名!"登武牢山,望京邑而叹,于是赋《豪杰诗》。

阮籍人瑰伟,有济世志,大概也懂得兵法,如谢安之流,然胸中积块垒,惟借酒消之,不然,司马昭未必是他的敌手。

无言之美

朱光潜

孔子有一天突然很高兴地对他的学生说:"予欲无言。"子贡就接着问他:"子如不言,则小子何述焉?"孔子说:"天何言哉?四时行焉,百物生焉。天何言哉?"

这段赞美无言的话,本来从教育方面着想。但是要想明了无言的意蕴,宜从美术观点去研究。

言所以达意,然而意决不是完全可以言达的。因为言是固定的,有迹象的;意是瞬息万变,飘渺无踪的。言是散碎的,意是混整的。言是有限的,意是无限的。以言达意,好像用断续的虚线画实物,只能得其近似。

所谓文学,就是以言达意的一种美术。在文学作品中,语言之先的意象,和情绪意旨所附丽的语言,都要尽美尽善,才能引起美感。

尽美尽善的条件很多。但是第一要不违背美术的基本原理,要"和自然逼真"(True to nature)。这句话讲得通俗一点,就是说美术作品不能说谎。不说谎包含有两种意义:一、我们所说的话就恰似我们所想说的话;二、我们所想说的话,我们都吐肚子说出来了,毫无余蕴。

意既不可以完全达之以言,"和自然逼真"一个条件在文学上不是做不到么?或者我们问得再直截一点,假使语言文字能够完全传达情意,假使笔之于书的和存之于心的铢两悉称,丝毫不爽,这是不是文学上所应希求的一件事?

这个问题是了解文学及其他美术所必须回答的。现在我们姑且答道:文字语言固然不能全部传达情绪意旨,假使能够,也并非文学所应希求的。一切美术作品也都是这样,尽量表现,非惟不能,而也不必。

先从事实下手研究。譬如有一个荒村或任何物体,摄影家把它照一幅相,美术家把它画一幅画。这种相片和图画可以从两个观点去比较:第一,相片或图画,哪一个较"和自然逼真"?不消说得,在同一视阈以内的东西,相片都可以包罗尽致,并且体积比例和实物都两两相称,不会有丝毫错误。图画就不然;美术家对一种境遇,未表现之先,先加一番选择。选择定的材料还须经过一番理想化,把美术家的人格参加进去,然后表现出来。所表现的只是实物一部分,就连这一部分也不必和实物完全一致。所以图画决不能如相片一样"和自然逼真"。第二,我们再问,相片和图画所引起的美感哪一个浓厚,所发生的印象哪一个深刻,这也不消说,稍有美术口胃的人都觉得图画比相片美得多。

文学作品也是同样。譬如《论语》:"子在川上曰:逝者如斯夫,不舍昼夜!"几句话决没完全描写出孔子说这番话时候的心境,而"如斯夫"三字更笼统,没有把当时的流水形容尽致。如果说详细一点,孔子也许这样说:"河水滚滚地流去,日夜都是这样,没有一刻停止。世界上一切事物不都像这流水时常变化不尽么?过去的事物不就永远过去决不回头么?我看见这流水心中好不惨伤呀!……"但是纵使这样说去,还没有尽意。而比较起来,"逝者如斯夫,不舍昼夜!"九个字比这段长而臭的演义就值得玩味多了!

在上等文学作品中——尤其在诗词中——这种言不尽意的例子处处都可以看见。譬如陶渊明的《时运》:"有风自南,翼彼新苗。"《读山海经》:"微雨从东来,好风与之俱。"本来没有表现出诗人的情绪,然而玩味起来,自觉有一种闲情逸致,令人心旷神怡。钱起的《省试湘灵鼓瑟》末二句"曲终人不见,江上数峰青",也没有说出诗人的心绪,然而一种凄凉惜别的神情自然流露于言语之外。此外像陈子昂的《幽州台怀古》"前不见古人,后不见来者,念天地之幽幽,独怆然而泪下",李白的《怨情》"美人卷珠帘,深坐颦蛾眉。但见泪痕湿,不知心恨谁",虽然说明了诗人的情感,而所说出来的多么简单,所含蓄的多么深远。再就写景说,无论何种境遇,要描写得唯妙唯肖,都要费许多笔墨。但是大手笔只选择两三件事轻描淡写一下,完全境遇便呈露眼前,栩栩如生。譬如陶渊明的《归园田居》,"方宅十余亩,草屋八九间。榆柳阴后檐,桃李罗堂前。暧暧远人村,依依墟里烟。狗吠深巷中,鸡鸣桑树巅。"四十字把乡村风景描写多么真切!再如杜工部的《后出塞》,"落日照大旗,马鸣风萧萧。平沙列万幕,部伍各见招。中天悬明月,令严夜寂寥。悲笳数声动,壮士惨不骄。"寥寥几句话,把月夜沙场状况写得多么有声有色,然而仔细观察起来,乡村景物还有多少为陶渊明所未提及,战地情况还有多少为杜工部所未提及。从此可知文学上我们并不以尽量表现为难能可贵。

在音乐里面,我们也有这种感想,凡是唱歌奏乐,音调由洪壮急促而变到低微以至于无声的时候,我们精神上就有一种沉默肃穆和平愉快的景象。白香山在《琵琶行》里形容琵琶声音暂时停顿的情况说:"水泉冷涩弦凝绝,凝绝不通声暂歇。别有幽愁暗恨生,此时无声胜有声。"这就是形容音乐上无言之美的滋味。著名英国诗人济慈(Keats)在《希腊花瓶歌》也说:"听得见的声调固然幽美,听不见的声调尤其幽美。"(Heard melodies are sweet; but those unheard are sweeter)也是说同样道理。大概喜欢音乐的人都尝过此中滋味。

就戏剧说,无言之美更容易看出。许多作品往往在热闹场中动作快到极重要的一点时,忽然万籁俱寂,现出一种沉默神秘的景象。梅特林克(Maeterlinck)的作品就是好例。譬如《青鸟》的布景,择夜阑人静的时候,使重要角色睡得很长久,就是利用无言之美的道理。梅氏并且说:"口开则灵魂之门闭,口闭则灵魂之门开。"赞无言之美的话不能比此更透辟了。莎氏比亚的名著《哈姆雷特》一剧开幕便描写更夫守夜的状况,德林瓦特(Drinkwater)在其《林肯》中描写林肯在南北战争军事旁午的时候跪着默祷,王尔德(O.Wilde)的《文德米夫人的扇子》里面描写文德米夫人私奔在她的情人寓所等候的状况,都在兴酣局紧,心悬悬渴望结局时,放出沉默神秘的色彩,都足以证明无言之美的。近代又有一种哑剧和静的布景,或只有动作而无言语,或连动作也没有,就专靠无言之美引人入胜了。

雕刻塑像本来是无言的，也可以拿来说明无言之美。所谓无言，不一定指不说话，是注重在含蓄不露。雕刻以静体传神，有些是流露的，有些是含蓄的。这种分别在眼睛上尤其容易看见。中国有一句谚语说："金刚怒目，不如菩萨低眉。"所谓怒目，便是流露；所谓低眉，便是含蓄。凡看低头闭目的神像，所生的印象往往特别深刻。最有趣的就是西洋爱神的雕刻。他们男女都是瞎了眼睛。这固然根据希腊的神话，然而实在含有美术的道理，因为爱情通常都在眉目间流露，而流露爱情的眉目是最难比拟的。所以索性雕成盲目，可以耐人寻思。当初雕刻家原不必有意为此，但这些也许是人类不用意识而自然碰的巧。

要说明雕刻上流露和含蓄的分别，希腊著名雕刻《拉阿孔》（Laocoon）是最好的例子。相传拉阿孔犯了大罪，天神用了一种极惨酷的刑法来惩罚他，遣了一条恶蛇把他和他的两个儿子在一块绞死了。在这种极刑之下，未死之前当然有一种悲伤惨戚目不忍睹的一顷刻，而希腊雕刻家并不擒住这一顷刻来表现，他只把将达苦痛极点前一顷刻的神情雕刻出来，所以他所表现的悲哀是含蓄不露的。倘若是流露的，一定带了挣扎呼号的样子。这个雕刻，一眼看去，只觉得他们父子三人都有一种难言之恫；仔细看去，便可发见条条筋肉根根毛孔都暗示一种极苦痛的神情。德国蓝森（Lessing）的名著《拉阿空》就根据这个雕刻，讨论美术上含蓄的道理。

以上是从各种艺术中信手拈来的几个实例。把这些个别的实例归纳在一起，我们可以得一个公例，就是：拿美术来表现思想和情感，与其尽量流露，不如稍有含蓄；与其吐肚子把一切都说出来，不如留一大部份让欣赏者自己去领会。因为在欣赏者的头脑里所生的印象和美感，有含蓄比较尽量流露的还要更加深刻。换句话说，说出来的越少，留着不说的越多，所引起的美感就越大越深越真切。

这个公例不过是许多事实的总结。现在我们要进一步求出解释这个公例的理由。我们要问何以说得越少，引起的美感反而越深刻？何以无言之美有如许势力？

想答复这个问题，先要明白美术的使命。人类何以有美术的要求？这个问题本非一言可尽。现在我们姑且说，美术是帮助我们超脱现实而求安慰于理想境界的。人类的意志可向两方面发展：一是现实界，一是理想界。不过现实界有时受我们的意志支配，有时不受我们的意志支配。譬如我们想造一所房屋，这是一种意志。要达到这个意志，必费许多力气去征服现实，要开荒辟地，要造砖瓦，要架梁柱，要赚钱去请泥水匠。这些事都是人力可以办到的，都是可以用意志支配的。但是我们的意志建造一座空中楼阁。现实界凡物皆向地心下坠一条定律，就不可以用意志征服。所以意志在现实界活动，处处遇障碍，处处受限制，不能圆满地达到目的，实际上我们的意志十之八九都要受现实限制，不能自由发展。譬如谁不想有美满的家庭？谁不想住在极乐园？然而在现实界决没有所谓极乐美满的东西存在。因此我们的意志就不能不和现实发生冲突。

一般人遇到意志和现实发生冲突的时候，大半让现实征服了意志，走到悲观烦闷的路上去；以为件件事都不如人意，人生还有什么意味？所以堕落、自杀、逃空门种种的消极的解决法就乘虚而人了。不过这种消极的人生观不是解决意志和现实冲突最好的方法。因为我们人类生来不是懦弱者，而这种消极的人生观甘心让现实把意志征服了，是一种极懦弱的表示。

然则此外还有较好的解决法么？有的，就是我所谓超脱现实。我们处世有两种态度：人力所能做到的时候，我们竭力征服现实。人力莫可奈何的时候，我们就要暂时超脱现实，储蓄精力待将来再向他方面征服现实。超脱到哪里去呢？超脱到理想界去。现实界处处有障碍有限制，理想界是天空任鸟飞，极空阔极自由的。现实界不可以造空中楼阁，理想界是可以造空中楼阁的。现实界没有尽美尽善，理想界是有尽美尽善的。

姑取实例来说明。我们走到小城市里去，看见街道窄狭污浊，处处都是阴沟厕所，当然感觉不快，而意志立时就要表示态度。如果意志要征服这种现实哩，我们就要把这种街道房屋一律拆毁，另造宽大的马路和清洁的房屋。但是谈何容易？物质上发生种种障碍，这一层就不一定可以做到。意志在此时如何对付呢？他说：我要超脱现实，去在理想界造成理想的街道房屋来，把它表现在图画上，表现在雕刻上，表现在诗文上。于是结果有所谓美术作品。美术家成了一件作品，自己觉得有创造的大力，当然快乐已极。旁人看见这种作品，觉得它真美丽，于是也愉快起来了，这就是所谓美感。

因此美术家的生活就是超脱现实的生活；美术作品就是帮助我们超脱现实到理想界去求安慰的。换句话说我们有美术的要求，就因为现实界待遇我们太刻薄，不肯让我们的意志推行无碍，于是我们的意志就跑到理想界去求慰情的路径。美术作品之所以美，就美在它能够给我们很好的理想境界。所以我们可以说，美术作品的价值高低就看它超脱现实的程度大小，就看它所创造的理想世界是阔大还是窄狭。

但是美术又不是完全可以和现实界绝缘的。它所用的工具——例如雕刻用的石头，图画用的颜色，诗文用的语言——都是在现实界取来的。它所用的材料——例如人物情状悲欢离合——也是现实界的产物。所以美术可以说是以毒攻毒，利用现实的帮助以超脱现实的苦恼。上面我们说过，美术作品的价值高低要看它超脱现实的程度如何。这句话应稍加改正，我们应该说，美术作品的价值高低，就看它能否借极少量的现实界的帮助，创造极大量的理想世界出来。

在实际上说，美术作品借现实界的帮助愈少，所创造的理想世界也因而愈大。再拿相片和图画来说明。何以相片所引起的美感不如图画呢？因为相片上一形一影，件件都是真实的，而且应有尽有，发泄无遗。我们看相片，种种形影好像钉子把我们的想象力都钉死了。看到相片，好像看到二五，就只能想到一十，不能想到其他数目。换句话说，相片把事物看得忒真，没有给我们以想像余地。所以相片，只能抄写现实界，不能创造理想界。图画就不然。图画家用美术眼光，加一番选择的功夫，在一个完全境遇中选择了一小部事物，把它们又经过一番理想化，然后才表现出来。惟其留着一大部分不表现，欣赏者的想像力才有用武之地。想象作用的结果就是一个理想世界。所以图画所表现的现实世界虽极小而创造的理想世界则极大。孔子谈教育说:"举一隅不以三隅反,则不复也。"相片是把四隅通举出来了,不要你劳力去"复"。图画就只举一隅,叫欣赏者加一番想像,然后"以三隅反"。

流行语中有一句说:"言有尽而意无穷。"无穷之意达之以有尽之言,所以有许多意,尽在不言中。文学之所以美,不仅在有尽之言,而尤在无穷之意。推广地说,美术作品之所以美,不是只美在已表现的一部分,尤其是美在未表现而含蓄无穷的一大部分,这就是本文所谓无言之美。

因此美术要和自然逼真一个信条应该这样解释:和自然逼真是要窥出自然的精髓所在,而表现出来;不是说要把自然当作一篇印版文字,很机械的抄写下来。

这里有一个问题会发生。假使我们欣赏美术作品,要注重在未表现而含蓄着的一部分,要超"言"而求"言外意",各个人有各个人的见解,所得的言外意不是难免殊异么?当然,美术作品之所以美,就美在有弹性,能拉得长,能缩得短。有弹性所以不呆板。同一美术作品,你去玩味有你的趣味,我去玩味有我的趣味。譬如莎氏乐府所以在艺术上占极高位置,就因为各种阶级的人在不同的环境中都欢喜读他。有弹性所以不陈腐。同一样美术作品,今天玩味有今天的趣味,明天玩味有明天的趣味。凡是经不得时代淘汰的作品都不是上乘。上乘文学作品,百读都令人不厌的。

就文学说,诗词比散文的弹性大;换句话说,诗词比散文所含的无言之美更丰富。散文是尽量流露的,愈发挥尽致,愈见其妙。诗词是要含蓄暗示,若即若离,才能引人入胜。现在一般研究文学的人都偏重散文——尤其是小说。对于诗词很疏忽。这件事实可以证明一般人之文学欣赏力很薄弱。现在如果要提高文学，必先提高文学欣赏力，要提高文学欣赏力，必先在诗词方面特下功夫，把鉴赏无言之美的能力养得很敏捷。因此我很希望文学创作者在诗词方面多努力，而学校国文课程中诗歌应该占一个重要的位置。

本文论无言之美，只就美术一方面着眼。其实这个道理在伦理哲学教育宗教及实际生活各方面，都不难发现。老子《道德经》开卷便说："道可道，非常道；名可名，非常名。"这就是说伦理哲学中有无言之美。儒家谈教育，大半主张潜移默化，所以拿时雨春风做比喻。佛教及其他宗教之能深入人心，也是借沉默神秘的势力。幼稚园创造者蒙特梭利利用无言之美的办法尤其有趣：在她的幼稚园里，教师每天趁儿童顽得很热闹的时候，猛然地在黑板上写一个"静"字，或奏一声琴。全体儿童于是都跑到自己的座位去，闭着眼睛蒙着头，伏案假睡的姿势，但是他们不可睡着。几分钟后，教师又用很轻微的声音，从颇远的地方呼唤各儿童的名字。听见名字的就要立刻醒起来。这就是使儿童可以在沉默中领略无言之美。

就实际生活方面说，世间最深切的莫如男女爱情。摆在肚里面比摆在口头上来得恳切。"齐心同所愿，含意俱未伸"和"但无言语空相觑"，比较"细语温存""怜我怜卿"的滋味还要更加甜蜜。英国诗人勃来克（Blake）有一首诗叫做《爱情之秘》（Love's Secret）里面说：

（一）切莫告诉你的爱情，爱情是永远不可以告诉的，

因为她像微风一样，不做声不做气的吹着。

（二）我曾经把我的爱情告诉而又告诉，我把一切都披肝沥胆地告诉爱人了，

打着寒颤，耸头发地告诉，然而她终于离我去了！

（三）她离我去了，不多时一个过客来了。

不做声不做气地，只微叹一声，便把她带去了。

这首短诗描写爱情上无言之美的势力，可谓透辟已极了。本来爱情完全是一种心灵的感应，其深刻处是老子所谓不可道不可名的。所以许多诗人以为"爱情"两个字本身就太滥太寻常太乏味，不能拿来写照男女间神圣深挚的情绪。

其实何只爱情？世间有许多奥妙，人心有许多灵悟，都非言语可以传达，一经言语道破，反如甘蔗渣滓，索然无味。这个道理还可以推到宇宙人生诸问题方面去。我们所居的世界是最完美的，就因为它是最不完美的。这话表面看去，不通已极。但是实在含有至理。假如世界是完美的，人类所过的生活——比好一点是神仙的生活，比坏一点，就是猪的生活——便呆板单调已极，因为倘若件件都尽美尽善了，自然没有希望发生，更没有努力奋斗的必要。人生最可乐的就是活动所生的感觉，就是奋斗成功而得的快慰。世界既完美，我们如何能尝创造成功的快慰？这个世界之所以美满，就是缺陷，就是有希望的机会，有想象的田地。换句话说，世界有缺

陷,可能性(Potentiality)才大。这种可能而未能的状况就是无言之美。世间有许多奥妙,要留着不说出;世间有许多理想,也应该留着不实现。因为实现以后,跟着"我知道了!"的快慰便是"原来不过如是!"的失望。

  天上的云霞有多么美丽,海涛虫鸟的声息有多么和谐!用颜色来摹绘,用金石丝竹来比拟,任何美术家也是作践天籁,糟蹋自然!无言之美,何限?让我这种拙手来写照,已是糟粕枯骸!这种罪过我要完全承认的。倘若有人骂我胡言乱道,我也只好引陶渊明的诗回答他说:"此中有真味,欲辩已忘言!"

十三年仲冬脱稿于上虞白马湖畔

哥德与李白

梁宗岱

我们泛览中外诗的时候,常常从某个中国诗人联想到某个外国诗人,或从某个外国诗人联想到某个中国诗人,因而在我们心中起了种种的比较——时代、地位、生活,或思想与风格。这比较或许全是主观的,但同时也出于自然而然。屈原与但丁,杜甫与嚣俄,姜白石与马拉美,陶渊明之一方面与白仁斯(R. Burns),又另一方面与华茨活斯,和歌德底《浮士德》与曹雪芹的《红楼梦》……他们的关系似乎都不止出于一时偶然的幻想。

我第一次接触歌德底抒情诗的时候,李白的影像便很鲜明地浮现在我眼前。几年来认识他们底诗越深,越证实我这印象底确切。

原来歌德对于抒情诗的基本观念,和我国旧诗是再接近不过的。他说:"现在要求它的权利。一切每天在诗人里面骚动的思想和感觉都要求并且应该被表现出来……世界是那么大,那么丰富,生命献给我们的景物又那么纷纭,诗料是永不会缺乏的。不过那必定要是'即兴诗'(Gelegen—heitgedicht),换言之,要由事物供给题材与机缘……我底诗永远是即兴诗,它们都是由现实所兴发的,它们只建树在现实上面。我真用不着那些从空中抓来的诗。"

由于这特殊的观念,歌德底抒情诗都仿佛是从现实活生生地长出来的，是他的生命树上最深沉的思想或最强烈的情感开出来的浓红的花朵。这使它在欧洲近代诗坛占了一种唯一无二的位置，同时也接近了两个古代民族的诗：希腊与中国。

一九三二年德国佛朗府纪念歌德百年死忌的国际会上，英国有名的希腊学者墨垒（G. Murray）曾经发表过这样的意见：歌德直接模仿希腊的作品，诗歌或戏剧，无论本身价值如何，总不能说真正具有希腊的精神。这精神只存在歌德的天性最深处，在他无意模仿古典形式的时候流露得最明显。"我初次读Ueber Allen Gipfeln（一切的峰顶）的时候。"他说："便觉得它完全仿佛亚尔克曼（Alcman，纪元前七世纪的希腊抒情诗人）或莎浮的一个断片，并且立刻有把它翻成希腊抒情诗的意思。……这首小诗会在希腊文里很自然地唱起来。"

"歌德的抒情诗"，他接着说："还有一种特征在近代诗里很少见，在希腊诗里却常有的：就是那强烈的音韵和节奏与强烈的思想和情感底配合。英文和德文一样，那节奏分明，音韵铿锵的三音或五音的诗句普通只用来写那些轻巧或感伤的情调，特别是在'喜的歌剧'（Opera-comique）里；很少被用来表现深刻的情感或强烈的思想的，结束《浮士德》的那伟大的《和歌》：

一切消逝的

不过是象征；

那不美满的

在这里完成；

哥德与李白

不可言喻的
在这里实行;
永恒的女性
引我们上升。

在近代诗里几乎是唯一无二的,因为它把些五音的诗句和一种使人不能忘记的音乐的节奏配在一个深沉而且强烈的哲学思想上。我只能把它比拟埃士奇勒(Eschylus)的《柏米修士》里或幼里披狄的《女酒神们》里的几首抒情短歌,或后面一位诗人底《佗罗的女人》里惊人的结尾。"

节奏分明,音韵铿锵的短促的诗句蕴藏着深刻的情感或强烈的思想——这特征恐怕不是希腊和歌德的抒情诗所专有,我国旧诗不甘让美的必定不在少数。而歌德的"抒情诗应该是即兴诗"这主张,我国的旧诗差不多全部都在实行。我国旧诗的长处和短处也可以说全在这一点:长处,因为是实情实景的描写;短处,因为失了情与境的意义,被滥用为宴会或离别底虚伪无聊的赠答,没有真实的感触也要勉强造作。

歌德和我国抒情诗的共通点既如上述,他和李白特别相似的地方又何在呢?我以为有两点,而都不是轻微的:一是他们的艺术手腕,一是他们底宇宙意识。

我们都知道:歌德底诗不独把他当时所能找到的各时代和各民族——从希腊到波斯,从德国到中国——底至长与至短的格律都操纵自如,并且随时视情感或思想的方式而创造新的诗体。

李白亦然。王安石称"李白诗歌豪放飘逸,人固莫及。然其格止于此而已,不知变也。至于杜甫则发敛抑扬,疾徐纵横,无施不可"。这从内容说自然有相当的真理;若从形式而言,则李白的诗正如他的《天马歌》所说的:

神行电迈慴慌惚。

何尝不抑扬顿挫,起伏开阖,凝炼而自然,流利而不率易,明丽而无雕琢痕迹,极变化不测之致?

但这或者是一切富于创造性的大诗人所同的。英之莎士比亚,法之嚣俄,都是这样。歌德和李白底不容错认的共通点,我以为,尤其是他底宇宙意识,他们对于大自然的感觉和诠释。

西洋诗人对于大自然的感觉多少带泛神论色彩,这是不容讳言的。可是或限于宗教的信仰,或由于自我的窄小,或为人事所范围,他们底宇宙意识往往只是片段的、狭隘的,或间接的。独歌德以极准确的观察扶助极敏锐的直觉,极冷静的理智控制极热烈的情感——对于自然界则上至日月星辰,下至一草一叶,无不殚精竭力,体察入微;对于思想则卢骚与康德兼收并蓄,而上溯于史宾努沙(Spinoza)和莱宾尼滋的完美无疵底哲学系统。所以他能够从破碎中看出完整,从缺憾中看出圆满,从矛盾中看出和谐,换言之,纷纭万象对于他只是一体,"一切消逝的"只是永恒的象征。

至于李白呢,在大多数眼光和思想都逃不出人生的狭的笼的中国诗人当中,他独能以凌迈卓绝的天才,豪放飘逸的胸怀,乘了庄子的想象的大鹏，"燀赫乎宇宙，凭陵乎昆仑"，挥斥八极，而与鸿濛共翱翔，正如司空徒所说的"吞吐大荒……真力弥满，万象在傍"。透过了他底"搅之不盈掬"的"回薄万古心"，他从"海风吹不断，山月照还空"的飙忽喧腾的庐山瀑布认出造化的壮功，从"众鸟皆飞尽，孤云独去闲，相看两不厌"的敬亭山默识宇宙底幽寂亲密的面庞；他有时并且亲身蹑近太清的门庭：

夜宿峰顶寺，
手可扪星辰；
不敢高声语，
恐惊天上人。

总之，李白和歌德底宇宙意识同样是直接的、完整的：宇宙的大灵常常像两小无猜的游侣般显现给他们，他们常常和他喁喁私语。所以他们笔的下——无论是一首或一行小诗——常常展示出一个旷邈、深宏，而又单纯、亲切的华严宇宙，像一勺水反映出整个星空的天光云影一样。如果他们当中有多少距离，那就是歌德不独是多方面的天才，并渊源于史宾努沙底完密和谐的系统，而李白则纯粹是诗人的直觉，植根于庄子的瑰丽灿烂的想像的闪光。所以前者的宇宙意识永远是充满了喜悦、信心与乐观的亚波罗式的宁静：

我眺望远方，
我谛视近景；

月亮与星光,
小鹿与幽林。
纷纭万象中
皆见永恒美……

后者底却有时不免渗入多少失望、悲观,与凄惶,和那

扪萝欲就语,
却掩青门关。
遗我鸟迹书,
飘然落岩间。
其字乃上古,
读之了不闲。

的幻灭底叹息。

可是就在歌德的全集中,恐怕也只有《浮士德》里的天上序曲:

曜灵循古道,
步武挟雷霆。
列宿奏太和,
渊韵涵虚清……

可以比拟李白那首音调雄浑，气机浩荡，具体写出作者的人生观与宇宙观的《日出入行》吧：

日出东方隈，
似从地底来，
历天又复入西海！
六龙所舍安在哉！
其行终古不休息，
人非元气
安能与之久徘徊！
草不谢荣于春风，
木不怨落于秋天，
谁挥鞭策驱四运？
万物兴废皆自然。
羲和！羲和！
汝奚汩没于荒淫之波？
鲁阳何德，驻景挥戈？
逆道违天，
矫诬实多。
予将囊括大块
浩然与溟涬同科！

——《诗与真二集》——

诗、诗人与批评家

梁宗岱

"古之学者为己，今之学者为人。"——不独学者有"为己""为人"的分别，诗人亦然。一个受自己强烈的感觉、印象，甚或异象所驱使不得不写，只知努力去表现自己。一个目的却在讨好或求知于人，不惜抹煞自己去迁就一般人底口味和理解力，或者，更彻底地说，压根儿就不知道有"自己"。因此，前者往往发前人所未发，使我们读后耳目一新；后者却永远滞留在平凡、浅薄、庸俗的圈套里。

而最大的讽刺是：努力表现自己的很少自觉满足；亟亟求知于他人的却往往抱着自己的丑陋矜矜自喜：自赞和自赏。

一切艺术的创造和欣赏都建立在两种关系上：物与物的关系，和我与物的关系，——在某一意义上，后者尤为重要。

无疑地，所谓一件艺术品底美就是它本身各部分之间，或推而至于它与环绕着它的各事物之间的匀称、均衡与和谐。但是如果我们的感官，譬如视觉和听觉，比较现在的更锋锐更发达，我们所要求的物体上的匀称、均衡与和谐也必定更精微更复杂更准确。一颗具有深入的透视力和广博的理解力的心灵，断不容忍一件粗糙简陋的作品或一些浅薄浮泛的思想。

有些人底头脑根本是"加减式"或"算术式"的。他们所能了解的道理，所能想像和欣赏的诗文，自然只限于一加一减，至多也不过是一乘一除而已。你和他们谈代数，谈几何，谈微积分，不独等于"对牛弹琴"，并且他们很少不目你为"痴人说梦"，——这才是人底不幸最可悯的部分。

一首伟大的有生命的诗底创造同时也必定是诗人底自我和人格底创造。

作者在执笔前和搁笔后判若两人。

现代的读者偏爱一切亲密的文学——日记和书信——的倾向如其是不可鼓励的，至少是可解释的。一封信或一页日记只要随笔写出来便很容易有我底面目，就是说，读者很容易在其中接触着一个"人"。对于一首诗或其他完成的艺术品我们却在"人"之外，还要求"艺术"。

这所谓"艺术"，并非傅在"我"面上的脂粉，而是给它以至高的表现，把它扩大，发展到一个普遍的程度。所以一首好诗必定同时具有"最永久的普遍"和"最内在的亲切"；一首坏诗——或因艺术底火候未纯青，或因误以脂粉当艺术——却连"我"也被掩没或丧失了。

在另一方面呢，要理解和欣赏一件经过更长的火候和更强烈的集中创造出来的艺术品必定需要更久的注意和更大的努力——两者都不是我们现在一般读者所能供给的。

大我和小我——一切有生命的作品所必具的两极端：写大我须有小我底亲切；写小我须有大我底普遍。

我们对于事物的评价常因它底品类而或严或宽。我们常常觉得某些作家底散文或散文诗比他们自己的诗更富于诗意便基于一种"品类上的混乱"。因为我们读散文，或散文诗时只把它当散文看，只要它略具诗底成分便觉得异常丰富了；读一首"诗"时我们眼光和判断力便无形中增加它底要求：期望内容和形式上一个更高度的强烈与稠密。

批评家和诗人之间的鸿沟也许永无联接的希望。一个真正的诗人永远是"绝对"与"纯粹"底追求者，企图去创造一些现世所未有或已有而未达到完美的东西；批评家却是一个循谨的（往往并且是诚恳的）守成者，只知道援已往的成例来绳新生的现象，或站在岸上指责诗人没入海底的探求。——诗人兼批评家或批评家而具有诗人底禀质的自然是例外。

批评家说："诗和散文并非截然分离的：它们之间自有一种由浅入深，或由深入浅的边界，或过渡区域，正如光之与影一样。要创造绝对或纯粹的诗岂非痴妄？"

诗人答道："我并非不知道这个。但已成的事实用不着我；我用武的场所正是那一无所有的空虚，在那里我要创出那只靠我底努力或牺牲而存在的东西来。"

批评的文章不难于发挥得淋漓尽致，而难于说得中肯；不难于说得中肯，而难于应用得准确。

我知道有些批评家阐发原理时娓娓动听；等到他引用一句或一首诗来做例证时，却显出多么可怜的趣味！于是我可以对那批评家说："你这番议论，任你怎样善于掩饰，并非你自己的而是借来的——至少你并不了解你自己所说的话,或不认识你所讨论的东西。"

还有些谈到名家底杰作时头头是道;试把一首无名的诗放在他面前,他便茫然若失了。

瑞典神秘哲学家士威敦波耳氏(Swedenborg)说:"一个人理解力底明证并不是能够自圆他所喜欢说的;而能够分辨真的是真,假的是假,才是智慧底记号和表征。"

应用到文艺上,我们可以说,批评底极致——虽然这仿佛只是第一步工夫——是能够认出好的是好,坏的是坏。投合和专反大众底趣味都是缺乏判断力底证据。多少批评家,因为急于站在时代的前头,把"晦涩"认为杰作底记号,"乖僻"认为天才底表征!——虽然这比那些顽固守旧,毫无好奇心的已经高一着了。

同样,在创作上,我们可以说,最理想的艺术是说其所当说,不说其所不当说:理想,因为做得到的实在太少了。一般作者姑勿论,就是以文章名世的,有多少个不词浮于意?我们往往忘记最高的骑术并非纵横驰骋于平原上,而是能够临崖勒马。

你想说服我,得先说服你自己;想感动我,得先感动你自己。

你得受你底题材那么深澈地渗透,那么完全地占有,以致忘记了一切;忘记了读者,忘记了你自己,尤其是你底虚荣心,你底聪明,而只一心一德去听从题材底指引和支配。然后你底声音才变成一股精诚,一团温热,一片纯辉。

否则你在执笔的时候刻刻忘不了对读者说:"看我多聪明!看我多精巧!"任你花枪掉得多么高明,终不免是个没有灵魂的卖艺者,至多亦不过博得门外汉底一阵喝采而已。

压　迫

丁西林

剧中人物

　　男客人

　　女客人

　　房东太太

　　老妈子

　　巡警

布景

一间中国旧式的房子。后面一门通院子，左右壁各一门通耳房。房的中间偏右方，一张方桌，四围几张小椅上铺了白布，中间放着一架煤油灯及茶具。偏左方，一张茶几，两张椅子，靠壁放着。一张椅背上挂着一件雨衣，旁边放着一个手提的皮包。后面的左边靠墙放着一张类似洗脸架带有镜子的小桌，上面放着一个时钟及花瓶。屋内尚有其他的陈设，壁上还有一些字画，但都很简单而俭朴。

开幕时，一个粗呢洋服、长筒皮靴的男人坐在茶几旁边的一张椅上抽烟斗，一个老妈子立在门外，将手伸到屋檐的外边去试验有无雨点。

老妈：（走进屋来）雨倒不下了，怎么还不回来？（从桌上拿了茶壶，走到茶几边代客人倒茶）

男客：（不耐烦，站起）唉，你先弄一点东西来吃，好不好？

老妈：东西倒有在那里，不过这也得等太太回来。

男客：吃东西也得等太太回来？

老妈：（叹了一口气）是的，吃东西得等太太回来，房子的事情也得等太太回来。

男客：好吧，等太太回来吧。横竖是那么一回事，太太回来也是那样，太太不回来也是那样。（复坐下）

老妈：（摇头）看那样子，太太不像肯答应把这房子租给你。

男客：不把这房子租给我？谁叫她受我的定钱？

老妈：是的，那只怪小姐不好。其实——唉——太太的脾气也太古怪了。像你先生这样的人，有什么要紧？深更半夜，屋里有一个男人，还可以有个照应。

男客：这房子以前有人租过没有？

老妈：这房子已经空了有一年多了，也没有租出去。

男客：这房子并不坏，为什么没有人要？

老妈：没有人要？谁看了都说这房子好，都愿意租。这房子又干净，又显亮，前面还有那样的一个花园。

男客：这样说为什么一年多没有租出去呢？

老妈：你先生也不是外人，告诉你也没有什么要紧。你知道，我们的太太爱的就是打牌，一天到晚在外边。家里只有我和小姐两个人。有人来看房，都是小姐去招呼。有家眷的人，一提到太太、小孩，小姐就把他回了。没有家眷的人，小姐才答应。等到太太回来，一打听，说是没有家眷，太太就把他回了。这样不要说一年，就是十年，我看这房子也租不出去。

男客：怎么，像这一回的事，以前已经有过么？

老妈：也不知有过多少次。每回租房，小姐都要和太太吵一次，不过平常小姐不敢做主，这一次她做主受了你先生的定钱，所以才生出这样的事来。

男客：她如果早做主，这房子老早就租了出去。

老妈：是的。不过平常租房的人，听说房子不能租给他们，他们也就没有话说，不像你先生这样的……

男客：古怪，是不是？是的，你们太太的脾气太古怪了，我的脾气太古怪了，这一回两个古怪碰在一块儿，所以这事就不好办了。不过我也觉得这房子不坏，尤其是前面的那个小花园。

老妈：看你先生的样子，一定也是爱清静的。这里一天到晚听不到一点嘈杂的声音，离你先生办事的地方又近，所以……我曾在那里替你先生想……

男客：你替我想？

老妈：……就说你先生是有家眷的，家眷要过几天才来，这样一说，太太一定可以答应把这房子租给你。

男客：好了，如果过几天没有家眷来，怎样？

老妈：住了些时，太太看了你先生什么都好，她也就不管了。

男客： 不行不行，一个人没有结婚，并没有犯罪，为什么连房子都租不得？

老妈： 喔，我不过觉得你先生这样地爱这房子，如果租不成功，心里一定不舒服，所以那么瞎想罢了，我原是不懂事的。——啊，这大概是太太回来了。（走到门口，高声）是太太么？（答应。外面）是的，在这儿。（走出，客人也站了起来少停，房东太太由后门走进，老妈跟在她的后面）

房东： 对不住，劳你等了。

男客： 我对你不住，打搅了你。我教你们的老妈子不要去惊动你，她没有听我的话。

房东： 那没有什么。（从一个皮夹里拿出一张票子）啊，这是你先生留下的定钱，请你收起来。

男客： 啊，对不住，我今天是到这边来住宿的，不是来讨定钱的。

房东： 怎么？昨天我不是对你说明白了么，说这房子不能租给你？

男客： 啊，是的，你说得很明白。

房东： 那么今天你还教人把行李送到这儿来是什么意思？

男客： （高兴得很）因为教我不要来是你说的，不是我说的，我并没有答应你说不来。我答应了没有？

房东： （渐渐地感到不快）你这话我真不大明白你的意思，好像是说这房子的租不租要由你答应，是不是？

男客： 喔，不是，这房子的租不租，自然是要由你答应。不过，既把房子租了给我,这房子的退不退,就得由我答应。你知道,现在这房子不是租不租的问题,是退不退的问题。

房东: (渐渐生起气来)我这房子是几时租给你的?

男客: 你既受了我的定钱,这房子就算租了给我。

房东: 真是碰到鬼,我几时受你的定钱?那是我的女儿,她不懂事。

男客: 不懂事?她又不是一个小孩子。

房东: 喔,现在这些废话都不必讲,我这房子并不是不租,我是要租一个有家眷的人,如果你先生有家眷来同住,我这房子租给你,我没有话说。

男客: 你这话说得毫无道理。你租房的时候,说明了要家眷没有?我骗了你没有?

房东: (改用和平的方法)租房的时候没有说,可是我昨天已经对你先生说过,我们家里没有一个男人……

男客: (停止她)唉,唉,我问你。你租房的时候,你家里有男人没有?为什么现在才想到?

房东: 你这人一点道理不讲,我没有这许多工夫来和你争论。

老妈: (想做和事佬)喔,太太,今天时候也不早,天又下雨,现在要这位先生另外找房子,也不大方便,可不可以让这位先生暂时在这儿住一宵,明天再想旁的法子。

男客: (固执)不行!这话不是这样讲,如果我不租这房子,我即刻就走,既是受我的定钱了,这房子就非租我不可!

房东: 那么我告诉你,你今晚非走不可!

男客: (冷笑了一声)哼!(坐了下来)

房东: (站到他的面前)你走不走?

男客: 不走!

房东: 王妈,去把巡警叫来。

老妈: 喔,太太!

房东: 你去叫巡警来。

男客: 巡警来了又怎样?巡警也得讲理呀。

老妈: 太太,我想……

房东: 我教你去叫巡警去,你听见了没有?——你去不去?

老妈: 好吧。(由后门走出)

房东: 要他即刻就来!(由后门走出,用力将门一关)

男客: (没有了办法。袋里摸出烟包和烟斗,包里的烟又完了,从皮包里取出一个烟罐,开了一罐新烟,先把烟包装满了,然后装了烟斗。正想抽烟的时候,忽然来了敲门的声音,厉声地)进来!(仍然背了门立着)

女客: (推开门,轻轻走进。身上着了一件雨衣,一手提了一只小皮包,一手拿了一把雨伞。一进门就开了口,一开了口就有不能停止的势力)啊!对不起,请你原谅。(男客人急转过身来,这时他才看见进来的是这样的一个人)这是很无理的,我知道,但是我没有办法,你们的大门没有关,我一连敲了好几下,都没有人答应,所以只好一直走进来。

男客: (气还未平,但没有忘记把衔在嘴里的烟斗拿下来放在桌上)你有什么事?

女客: 我？我是到这边大成公司做事来的。今天刚从北京来，下午三点的车子，直到六点钟才到，九十里路，走了两个半钟头，你看！现在我要找一个住宿的地方，在火车站上，我打听了几个地址，一连走了三四家，都没有找到一间合用的房子。有人告诉我，说这边还有几间空房……

男客:（遇到了对头）啊，你是来租房的！

女客: 是的。不知道这边的房子租出去了没有？

男客:（狠心地回答）你的运气不好，这房子刚刚租出去。

女客: 啊，你说我运气不好，我的运气可真不好。碰到这样的天气，这乡下的路又不好走，你看，我一身的衣服都打湿了。两只脚步得发酸。（叹了一口气）唉。我可以借你们的凳子坐了歇一会儿么？

男客: 对不起，请坐。（气全没有了）

女客:（放下皮包、雨伞）谢谢你。（坐在茶几里边的一张椅上，向四边观察房里的一切）

男客:（引起了趣味，坐在方桌旁的一张小椅上）刚才你说你是到大成公司来做事的，不知道在那边担任的什么事？——啊，也许我不应该问。

女客: 不应该问？那有什么？这又不是不可以告诉人的事。前两个星期，他们在报上登了一个广告，要聘请一位书记。那个广告，什么报上都有，我想你一定看到的。

男客（点了一点头）

女客: 上星期五，他们又在报上登了一个启事，说："敝公司拟聘书记一席,现已聘定,所有亲友寄来荐书,恕不一一作复,特此声明。"这个启事,你看见了没有?

男客(又点了一点头)

女客: 那位聘定的书记就是我。你没有想到吧?——你没有想到是一个女人吧?

男客: 这倒没有想到。

女客:(得意地很)不过现在怎么办呢?你替我想想,后天就要到公司里去接事,现在连住的地方还没有找到。从六点半钟一直到现在,就没有停脚。不瞒你说,我连饭还没吃呢。(起身整理了一回衣,走到镜子的前面洗脸)

男客:(好像很同情的样子)饭还没有吃?那怎么行?这一层说不定我或者可以帮助你。(起身倒了一杯茶)

女客: 谢谢你,我不过是告诉你。我不是来骗饭吃的。

男客: 喔,对不起!——好,请先喝一杯茶吧。

女客: 谢谢。(复坐原处)

男客:(袋里摸出纸烟盒)你不抽烟吧?

女客: 我不抽烟,不过我并不反对旁人抽烟。(喝了一口茶)

男客: 谢谢你。(放回烟盒,收了烟斗,背转了身,燃火抽烟)

女客:(摸到她的脚)喔,天呀!你看我的这双脚,还像是人的脚么?……

男客:(急转过身来)怎么样?

女客: 不仅是水,连泥都走进去了!

男客:(殷勤起来)那真糟。要不要换袜子?如果要换袜子,我可以走到外边去。

女客：谢谢你，我不要换袜子，就是换袜子，也用不着把你赶到外边去。

男客：不要紧，如果袜子没有带，我还可以借你一双。

女客：谢谢你，你的好意我很感激，不过换它有什么用处？反正是要到水里走去的。

男客：要到水里走去？——干吗要到水里走去？

女客：不到水里走有什么办法？这样漆黑的天，一到街上，你还分得出哪里是水哪里是路来么？

男客（如有所思）

女客：（又喝了一口茶，叹了一口气，起身告辞）啊，打搅了你，对不住得很。（拿了皮包、雨伞，预备走出）

男客：（阻止她）不用忙，再歇一会儿。——刚才你说，你是要租房的，是不是？

女客：（面向了他）怎么！我说了半天，你还没有听懂么？

男客：听是听懂了。不过……唉，你看这三间房子怎么样？

女客：怎么，你不是说已经租出去了么？（放下皮包）

男客：租是租出去了，不过也许可以让给你。

女客：（高兴起来）可以让给我？真的么？（放下雨伞）

男客：自然是真的。（又替她倒好了一杯茶）

女客：（坐下，接了茶）谢谢。不过为什么可以让给我？是不是这房子如果我愿租，你就可以不租给那个人？

男客（摇头）

女客：不然，你刚才说的是句谎话，这房子就没有租出去？

男客：不，我说的是实话。这房子是已经租出了。现在也不是不租给那个人。我说可以让给你，是说已经租好这房的那个人，自己愿意让给你。

女客：那我可不明白。为什么那个人愿意把房子让给我？他连见都没有见过我，为什么要把房子让给我？

男客：那你不用管。

女客：这房子闹鬼不闹鬼？

男客：怎么，难道你怕鬼么？

女客：喔，我是不怕鬼的，我说也许那个人怕鬼。

男客：喔，那个人也是不怕鬼的。……不管有鬼没有鬼，让我们来看看房子，好不好？（从桌上拿了灯引她看房）这是一间睡房。（开了右壁的门，让她走进）芦苇的顶篷，洋灰地，洋灰床，现成的铺盖。窗子外面是一个小小的花园。一清早就可听到鸟的声音。白天撩开窗帘，满屋里都是太阳。（女客人走出。又把她引到右边的耳房）这边也是一个睡房。铺盖、家具也都是现成。房间的大小，和那边一样。就是光线差一点。一个人住的时候，这里可以做睡房，那边可以做书房。（女客人走出）中间可以吃饭、会客。（放下灯）这屋子又干净，又显亮，一天到晚，听不到一点嘈杂的声音。这里离你办事的地方又近。我看这房子是于你再合式没有了。

女客：这三间房子租多少钱？（坐下）

男客：喔，便宜得很。这样的三间房子，只租五块钱一月。

女客：房子倒不错，房价也不贵。（想了一想）这房子真的可以让给我吗?

男客: 自然是真的,为什么要骗你?

女客: 不过今晚就来住,总不行吧?

男客: 行,行。(好像忽然想起一件事来)不过……你结了婚没有?

女客: (跳了起来,挺了胸脯,竖起眉毛)什么!

男客: (还要补一句)你结了婚没有?

女客: (怒了)你这话问地太无道理!

男客: 太无道理?

女客: 简直是一种侮辱!

男客: (高兴起来)"侮辱",对了,一点都不错,我也是这样说。但是现在有房出租的人,似乎最重要的是先要知道你结婚没有。

女客: 我结婚没有,干你什么事?

男客: 是的,一点都不错,我结婚没有,干她们什么事?可是她们一定要问,你说奇怪不奇怪?

女客: 我完全不懂你的意思。

男客: 谁说你懂?你自然不懂我的意思。不过你不要性急,让我告诉你,你就会懂。——刚才你说,你是到这边大成公司来做事的,是不是?……

女客: 你这人的记忆力真坏,怎么刚说过了的话,即刻就忘了。

男客: 不要生气。我不过是告诉你,我也是到这边大成公司来做事的。

女客: 你也是到大成来做事的?

男客: 是的。你没有想到吧?

女客: 你在大成做什么事?

男客: 我在这边当工程师。

女客: 这样说,你并不是这里的房东?

男客: 谁说我是这里的房东? 我说了我是这里的房东没有? 你看我的样子,像一个房东么?

女客: (抢着说)啊,我知道了! 你是这里的房客! 这三间房子是你租的,现在你觉得不合式,想把它退了。

男客: 想把它退了! 谁说我想把它退了?

女客: 刚才你不是说这房子可以让给我的么?

男客: 是的,我是说可以让,没有说要退。

女客: 那我更加不明白了,你既不想退,为什么要让呢?

男客: 你真的不明白么?

女客: 真的不明白。(坐下)

男客: 因为——我看了你……喔,不是,因为房东不肯租给我房。

女客: 为什么房东不肯租给你?

男客: 啊,就是这婚姻的问题。现在我们讲到题目上来了。一星期以前,我到这里来看房子,碰到了房东小姐。一见了我,她就盘问我,问我有没有老太太,有没有小孩子,有没有兄弟姐妹,直等到我明明白白地告诉了她我是没有结过婚,她才满了意。连房价也没有多讲,她就答应了把房子租给我。

女客: 懂么? 她一定知道了你是一个工程师, 她想嫁给你!

男客: 真的么? 这我倒没有想到。——昨天下午, 我到这里来的时候, 她们老太太告诉我, 说如果我没有家眷来同住, 她这房子不能租给我。她明明知道我没有家眷, 她把这话来要挟我, 你说可恶不可恶?

女客: 为什么没有家眷来同住, 这房子就不能租给你?

男客: 我不知道啊。她说她们家里没有男人。

女客: 笑话。

男客: 这简直是一种侮辱, 是不是?

女客: 是的。——后来怎么样?

男客: 后来我把她教训了一顿。

女客: 她明白了这个道理没有?

男客: 明白了这个道理? 一个人一过了四十岁, 他脑子里就已经装满了旧的道理, 再也没有地方装新的道理, 我告诉你。

女客: 现在怎么样?

男客: 现在? 现在我不走!

女客: 她呢?

男客: 她? 她去叫巡警。

女客: 叫巡警? 叫巡警来干什么?

男客: 叫巡警来撵我!

女客: 真的么?

男客: 为什么要骗你? 你如果不相信, 等一会儿巡警就要来,你自己看好了。

女客: 这倒是怪有趣的事。不过巡警如果真的要撵你,你怎么样?

男客: 你没有来以前,我不知道怎样。现在我有了主意。

女客: 你预备怎样?

男客: 我把巡警痛打一顿,让他把我带到巡警局里去,教房东把房子租给你。这样一来,我们两个人就都有了住宿的地方。

女客: 那不行。(若有所思)

男客: 那为什么不行?

女客: 你还是没有出那口气。——唉,我倒有个主意。

男客: 你有什么主意?

女客: (少顿)让我来做你的太太,好不好?

男客: 什么?

女客: 喔,你不用吓得那么样,我不是向你求婚。

男客: 喔,你误会了我的意思,——我——我——因为我实在没有想到这个方法。

女客: 这是最妙的一个方法。她说你没有家眷同住,这房子就不能租给你。现在你说你有了家眷,看她还有什么话说?

男客: 她一定没有话说。不过——你愿意么?

女客: 我为什么不愿意?这于我有什么损害?——又不是真的做你的太太。

男客: 喔,谢谢你!

女客: 你不要把我意思弄错。我不是说做了你的太太,我就有什么损害,那完全是另外一个问题。

男客: 是的,那完全是另外一个问题。不过你帮我把租房的这个问题解决了,我总应该向你道谢。

女客: 嗤!道谢,无产阶级的人,受了有产阶级的压迫,应当联合起来抵抗他们。(侧耳静听)

男客: 不错,不错。

女客: 我听见有人说话。

男客: 那一定是巡警!(急促地)唉,不过我已经说过我没有家眷的,现在怎么对她们讲?

女客: 就说我们吵了嘴,你是逃出来的,不愿意给人知道……

男客:（巡警已经走到门外,急忙地点了一点头,教她不要再讲话）吁!（男客人坐在方桌边,装作生气的样子。女客人坐在茶几旁边。后门由外推开,走进一个巡警,手里提了一个风灯,后面跟了老妈子和房东太太。她们看见房里来了一个女人,非常地惊讶。房里来的这个女人,见她们来了,起了一回身,向她们行了一个很谦和的礼。巡警将风灯放在桌上,与那位生气的先生行了一礼）

巡警: 你贵姓?

男客:（不客气地）我姓吴。

巡警:（把头点了一点）喔。——府上是?

男客: 府上?我没有府上。

女客:（起始做起受了委屈的太太来）啊,你是拿定主意不要家了,是不是?

巡警:（注意到插嘴的人,向男客人）这位……贵姓是?

男客：（答不出，看了女客人一眼。女客也正在代他为难。他只好起始做起依旧赌气的丈夫来）我不知道。你问她自己好了。

巡警：（真的问她自己）你贵姓？

女客：（很高兴地）我？我……也姓吴。

巡警：喔，你也姓吴。

女客：是的。

巡警：（也想不出别的话）府上是？

女客：我？我住在北京西四牌楼太平胡同关帝庙对面，门牌三百七十五号，电话西局四千六百九十二。——啊，你把它写下来吧，等一会儿你一定要忘记。

巡警：（真的摸出一本小簿子来）北京……（写字）

女客：西四牌楼太平胡同，（让巡警写）关帝庙对面。

巡警：门牌多少？

女客：三百七十五号。电话西局——四千——六百——九十二。

巡警：（写完了）谢谢你。（藏好了簿子，又转到男客）你是来这边租房的，是不是？

男客：不是！我是来这边住宿的。这房子我老早就租好了。

巡警：（难住了。没有了办法，又转到女客）你是来这边？……

女客：我！我是来这边找人的。

房东：（不能再忍耐了）你到这边找什么人？

女客：（很客气地向她点了一点头）我到这边来找我的男人。

房东：找你的男人？谁是你的男人？

女客: 我想你应该知道吧？——你既把房子都租了给他。

房东: 怎么！这位先生是你的男人么？

女客: 我不知道。你问他好了，看他承认不承认？

老妈:（也不能再忍耐了）太太，你看怎么样！我老早就对你说过，这位先生一定是有太太的，您不信。

巡警:（糊涂了）怎么？刚才你们不是说这位先生没有家眷，怎么现在他又有了家眷？

老妈: 不要糊涂吧，刚才这位太太还没来，我们怎么会知道？如果这位太太早来这里，还可以省了我在雨地里走一趟呢。

女客: 对你不住。这实在不能怪我，五点钟的车子，六点半钟才到这里。

老妈: 请您不要多心。我不过是说他太不懂事。

巡警: 这话可得要说明白了。太太要我到这边来，是说这位先生租了三间房子，要一个人在这边住。这屋里住的都是堂客，他先生一个人在这边住，很不方便，是那么个意思。现在这位先生的太太既是来了，这事就好办。如果太太是和先生在这边同住，那就没有我的事，如果太太不在这边住，这件事还得……

老妈: 不要瞎说吧。太太自然是在这边住。——你一看还不知道——先生和太太不过是为了一点小事，闹了一点意见，你不来劝解劝解，还来说那样的话。太太不在这边住，到哪里住去？——好了，现在没有你的事了，你赶紧回去打你的牌去吧。（把风灯送到他手里）走！走！

巡警: 这样说，那就没有我的事了。好了，再见，再见。

女客: 再见。你放心好了,哪一天我不在这里住的时候,我通知你就是了。

巡警: 对不起,打搅,打搅。

(巡警走出。老妈兴高采烈地拿了茶壶走出。房东太太承认了失败,看了她的客人一眼,也只好板了面孔走出)

男客: (关上门,想起了一个老早就应该问而还没有问的问题,忽然转过头来)啊,你姓什么?

女客: 我——啊——我——

(幕下)